COMPARTILHAMENTO DE DADOS FISCAIS SIGILOSOS

COMPARTILHAMENTO DE DADOS FISCAIS SIGILOSOS

2022

Rebeca Drummond de Andrade Müller e Santos

ALMEDINA

COMPARTILHAMENTO DE DADOS FISCAIS SIGILOSOS
© Almedina, 2022
AUTORA: Rebeca Drummond de Andrade Müller e Santos

DIRETOR ALMEDINA BRASIL: Rodrigo Mentz
EDITORA JURÍDICA: Manuella Santos de Castro
EDITOR DE DESENVOLVIMENTO: Aurélio Cesar Nogueira
ASSISTENTES EDITORIAIS: Isabela Leite e Larissa Nogueira
ESTAGIÁRIA DE PRODUÇÃO: Laura Roberti

DIAGRAMAÇÃO: Almedina
DESIGN DE CAPA: Roberta Bassanetto

ISBN: 9786556276861
Novembro, 2022

Dados Internacionais de Catalogação na Publicação (CIP)
(Câmara Brasileira do Livro, SP, Brasil)

Santos, Rebeca Drummond de Andrade Müller e
Compartilhamento de dados fiscais sigilosos /
Rebeca Drummond de Andrade Müller e Santos. --
São Paulo, SP : Almedina, 2022.

Bibliografia.
ISBN 978-65-5627-686-1

1. Direito à privacidade - Brasil 2. Direito tributário 3. Inviolabilidade
4. Proteção de dados - Leis e legislação I. Título.
22-121908 CDU-34:336.2(81)

Índices para catálogo sistemático:
1. Brasil : Direito tributário 34:336.2(81)
Eliete Marques da Silva - Bibliotecária - CRB-8/9380

Este livro segue as regras do novo Acordo Ortográfico da Língua Portuguesa (1990).

EDITORA: Almedina Brasil
Rua José Maria Lisboa, 860, Conj.131 e 132, Jardim Paulista | 01423-001 São Paulo | Brasil
www.almedina.com.br

Ao Saul Tourinho Leal,
minha felicidade e força.

Por mais afetados que sejamos pelas coisas do mundo, por mais profundamente que possam nos instigar e estimular, só se tornam humanas para nós quando podemos discuti-las com nossos companheiros. Tudo o que não possa se converter em objeto de discurso — o realmente sublime, o realmente horrível ou o misterioso — pode encontrar uma voz humana com a qual ressoe no mundo, mas não é exatamente humano. Humanizamos o que ocorre no mundo e em nós mesmos apenas ao falar disso, e no curso da fala aprendemos a ser humanos.

Hannah Arendt. A Condição Humana

NOTA DA AUTORA

Esta obra analisa, dentro das normas brasileiras e sob a esfera federal, os parâmetros que atualmente regem o compartilhamento doméstico de dados fiscais sigilosos entre a Receita Federal do Brasil e outros órgãos e entidades públicas, sobretudo aqueles que possuem competências outras que não a proteção da arrecadação, para, no fim, ponderá-las frente ao direito fundamental do contribuinte à nova face do sigilo, por nós entendida como a proteção de dados.

Para o desenvolvimento dos trabalhos, reconhecemos a superação do debate que se limitava à autorização judicial prévia sempre que fosse necessário o compartilhamento entre autoridades, para então adotar como ponto de partida a exigência de soluções que a era da massificação de informações demanda no campo da privacidade.

A premissa, portanto, é a de que o compartilhamento de dados fiscais deve ocorrer em nome do interesse público, mas é por esse mesmo valor assegurado pela Constituição Federal que um regramento claro deverá existir como contenção aos abusos no tratamento de dados fiscais protegidos pelo sigilo.

A obra é estruturada em uma sequência que primeiro identifica nomenclaturas e termos-chave importantes para o estudo jurídico, como as diferenças entre dados e informações. Após, adentraremos no conteúdo de maior densidade e que se refere ao mosaico normativo que atualmente autoriza o compartilhamento de tais dados, incluindo alguns exemplos polêmicos. Ele será importante para compreendermos, ainda que minimamente, a dimensão do ecossistema regulatório sobre a matéria – um reflexo da ausência de legislação única e do carnaval de diretrizes via atos infralegais.

O encerramento ficará a cargo da ponderação sobre a proteção de dados como um direito fundamental, o reconhecimento da unidade informacional de poderes e a necessidade de adotar a separação (ou divisão) informacional, resultando na conclusão de que, tal como ocorre no âmbito da segurança pública, o Congresso Nacional é o personagem central para a proteção de dados fiscais sigilosos.

Desejo boa leitura!

AGRADECIMENTOS

Nenhuma conquista é solitária, nenhum caminho dessa longa jornada, que é a vida, pode ser percorrido sozinho. Para que ele seja forte e robusto, experiências e, sobretudo, pessoas, precisam compor esse cenário. Esse pequeno, mas sincero espaço, é dedicado àquelas que foram responsáveis por, de alguma forma, segurarem a minha mão, seja dedicando um tempo de suas atenções para compartilhar e dividir, seja pelo encorajamento em meio a tempos de tanta provação que os anos de pandemia exigiram de todos nós.

À família, fonte e base de inspiração e sabedoria. E aqui incluo os meus de sangue e aqueles em que a caminhada se encarregou de realizar o feliz e eterno encontro, concedendo-me a graça do afeto incondicional. Aos meus pais, Jorge e Maria, pelo amor, por acreditarem e apostarem sempre; às minhas avós, Ophelia, pelas lições de sabedoria, pelas tradições e por nos ensinar a conviver em meio a livros, histórias e poesias; e Cely, pelas lições de força e de alegrias. Ao Dr. Raimundo Leal, não apenas por ser um dos maiores incentivadores, mas, especialmente, por tornar tudo possível, e à Dona Tereza Tourinho, fonte de carinho e de momentos felizes. A todos, o meu amor e gratidão.

Ao Professor Doutor Guilherme Pinheiro, pelas valiosas considerações sobre a Lei Geral de Proteção de Dados. Ao Professor Doutor Ricardo Campos, pela indicação de materiais preciosos sobre a doutrina e a jurisprudência alemã, quanto à separação informacional. Ao amigo Diogo Signoretti, que me indicou os passos até julgamentos paradigmáticos do Tribunal Federal Alemão, traduziu importante artigo do Professor Doutor Roman Seer, e estava sempre a postos para dividir impressões, inclusive com contrapontos fundamentais.

Ao meu orientador de Mestrado, Professor Doutor Luciano Fuck, pelas aulas dadas com tanta maestria e por me guiar, sempre de forma cuidadosa, dividindo impressões e aperfeiçoamentos fundamentais.

Ao Professor Doutor Celso de Barros Correia Neto, que nunca deixou de acreditar e incentivar os seus alunos, dedicando tempo e atenção, sendo, ainda, um grande encorajador do tema aqui desenvolvido. O meu muito obrigada por todos os mais preciosos ensinamentos.

Também não poderia deixar de mencionar os Professores Doutores José Roberto Afonso, por contribuir com importantes observações sobre o tema na ocasião da minha banca de Mestrado, e Atalá Correia, pela cuidadosa atenção com os alunos do Instituto de Desenvolvimento e Pesquisa, o IDP.

Por fim, e o mais importante, ao meu parceiro de vida, Saul Tourinho Leal, por amar sem conta, pela incondicional parceria, por acreditar e apoiar, por estar junto, de corpo e alma, em todas as travessias. Nada seria possível sem você.

APRESENTAÇÃO

Gilmar Ferreira Mendes[1]

O direito constitucional é introduzido a um novo desafio: compatibilizar a consolidação da conhecida sociedade da informação, cujo elemento central é a troca de dados, com um tratamento jurídico compatível com a estrutura contemporânea do Estado Constitucional.

Sobreleva notar a transversalidade do impacto dessa transformação, que ocasiona mudanças que "*não atingem apenas as relações pessoais, mas também a maneira com a qual o Estado lida com a tomada de decisões, incluindo o combate ao crime organizado e a busca pelo pagamento dos tributos*" – anota a autora, em sua obra.

Como é de se esperar, a jurisdição constitucional tem encontro marcado com o tema. No direito comparado, destaca-se a construção de uma nova dogmática constitucional acerca da tutela da privacidade coincide com o reconhecimento, em 1983, do direito à autodeterminação informacional (*die informationelle Selbsstbestimmung*) pelo Tribunal Constitucional Alemão.

A característica especial do direito à autodeterminação informativa não é resultante de um invencionismo episódico, mas sim de "várias linhas de argumentação da jurisprudência do Tribunal, que já na decisão do microcenso, com recurso à sua jurisprudência sobre a dignidade humana, atribuiu ao cidadão individual uma esfera inviolável da vida privada, da qual se supõe que a influência da autoridade pública deve ser removida"[2].

[1] Doutor em Direito pela Universidade de Münster. Ministro do Supremo Tribunal Federal. Professor do Instituto Brasileiro de Ensino, Desenvolvimento e Pesquisa (IDP).

[2] FRANZIUS, Claudio. "Das Recht auf informationelle Selbstbestimmung". In: *Zeitschrift für das juristische Studium*. Gießen, 2015, p. 262.

No paradigmático *Volkszählungsurteil* (BVerfGE 65, 1), de 1983, o Tribunal declarou a inconstitucionalidade da chamada Lei do Censo alemã (*Volkszählunsgesetz*), que possibilitava que o Estado realizasse o cruzamento de informações sobre os cidadãos para mensuração estatística da distribuição especial e geográfica da população. Nesse julgado, a Corte Constitucional redefiniu os contornos do direito de proteção de dados pessoais, situando-o como verdadeira projeção de um direito geral de personalidade para além da mera proteção constitucional ao sigilo.

No Brasil, o Supremo Tribunal Federal também já reconheceu expressamente que a proteção de dados pessoais e a autodeterminação informacional são direitos fundamentais autônomos, dos quais decorrem tutela jurídica específica e dimensão normativa própria (ADI 6.387, Rel. Min. Rosa Weber). Em eloquente manifestação, o colegiado afirmou a necessidade de instituição de um controle efetivo e transparente da coleta, armazenamento, aproveitamento, transferência e divulgação de dados pessoais, ao mesmo tempo que reforçou a importância de a Corte exercer com extremo rigor o controle de políticas públicas que possam afetar substancialmente o direito fundamental à proteção de dados. Não é difícil prever que pronunciamentos sobre o tema se tornarão cada vez mais comum, considerando o advento da Emenda Constitucional n. 115, de 2022, que incluiu no texto da Constituição a proteção de dados como um direito fundamental que aproveita ao particular e é oponível ao Estado, sendo, consequentemente, passível de tutela perante o Poder Judiciário.

É nesse ambiente promissor que surge o trabalho "Compartilhamento de dados fiscais sigilosos", da advogada Rebeca Drummond de Andrade Müller, resultado da sua dissertação de mestrado apresentada no Instituto Brasileiro de Ensino, Desenvolvimento e Pesquisa (IDP), sob a orientação do Professor Luciano Felício Fuck.

O trabalho apresenta inicialmente as terminologias e definições necessárias à compreensão do assunto, como dados, informações, armazenamentos, compartilhamento, troca, transferência, intercâmbio, requisições, solicitações, acesso e divulgação.

Em seguida, concentra-se no compartilhamento de dados fiscais sigilosos na esfera federal, e se desenvolve em atenção aos direitos à privacidade, à intimidade, e à inviolabilidade do sigilo de dados. Enfatiza, nesse ponto, as limitações, especificidades setoriais e o impacto do "interesse público" e das "políticas públicas" na relação entre os dados de contribuintes pessoas físicas e jurídicas, com os seus específicos deveres instrumentais.

A autora estima existir, quanto ao tratamento de dados, uma intensa flexibilização, sem que isso seja acompanhado dos parâmetros necessários à proteção de tais dados, de tal como que o estado da arte sugere uma tendência de compartilhamento amplo e irrestrito. Indica – ainda – não ter sido possível localizar, por exemplo, previsão de direitos básicos por meio de regras procedimentais, como o lapso temporal do armazenamento das informações. Em outros casos, como o do envio de informações fiscais ao Ministério Público Eleitoral, a finalidade que justificou a coleta do dado pelo Fisco (proteção da arrecadação) teria sido desvirtuada para investigar doações ilegais com o suporte de convênio, ou seja, sem qualquer base legal, ainda que não específica.

O compartilhamento de dados fiscais sigilosos, de fato, tem ganhado contornos dignos de uma investigação teórica consistente. Atualmente, ele já envolve a Receita Federal, o Tribunal de Contas da União e a Controladoria-Geral da União. Também a Receita Federal, a Procuradoria-Geral da Fazenda Nacional, as instituições financeiras e outros órgãos ou entidades fazendárias. Há ainda interações entre a Receita Federal e o Ministério Público da União e entre a Receita Federal e o Ministério Público Eleitoral.

É preciso ter em mente que essas múltiplas interações interinstitucionais precisam ocorrer sem que o primado do Estado de Direito seja colocado em risco. O trabalho, ciente dessa necessidade e dessas perplexidades, sugere um caminho possível entre a autodeterminação, a unidade e a separação informacional de poderes, trazendo, nesse ponto, uma primeira dimensão relativa à reserva legal e a mitigação de efeitos e, como segunda dimensão, a reserva legal e as garantias procedimentais, concluindo com a necessidade de elaboração de lei específica que estipule parâmetros protetivos mínimos aos contribuintes.

Trata-se, portanto, de obra necessária ao nosso tempo, cuja leitura recomendo na certeza de que se alinha com os propósitos mais essenciais do Estado Constitucional contemporâneo.

PREFÁCIO

A assim chamada separação informacional de poderes, juntamente com o devido processo informacional, tem assumido cada vez mais atualidade e relevância, de modo especial no contexto da era digital e seus desafios, não só, mas também para o Direito e para o Estado Democrático de Direito.

O devido processo informacional constitui, de certo modo, uma decorrência lógica e exigência do Estado Democrático de Direito contemporâneo, em razão da radicalidade das assimetrias, da sutileza e do potencial invasivo das novas tecnologias, e, consequentemente, das possibilidades de práticas abusivas que afetam ou potencialmente podem afetar o processo de tomada de decisão das pessoas em geral, especial, contudo, dos atores estatais encarregados da proteção e promoção dos direitos e garantias fundamentais). Por isso, o devido processo informacional implica a existência de instrumentos adequados ao estabelecimento de limites aos fatores referidos, como é o caso, e. g., da garantia da ampla defesa e do contraditório, assegurando condições de efetividade reais para o livre desenvolvimento da personalidade, dentre outros direitos e garantias fundamentais[1].

É nesse sentido, que – para ilustrar a questão – se revela imperiosa a vedação de bases de dados comuns, cujo compartilhamento é ilimitado entre e para todos os entes estatais. Dito de outro modo, é crucial que se assegure também uma separação/divisão informacional de poderes.

[1] CRAWFORD, Kate; SCHULTZ, Jason. Big data and due process: Toward a framework to redress predictive privacy harms. *BCL Rev.*, v. 55, p. 93, 2014. Disponível em: https://lawdigitalcommons.bc.edu/bclr/vol55/iss1/4. Acesso em: 04 mar. 2022.

O devido processo informacional e a separação informacional de poderes devem ser compreendidos e concretizados numa perspectiva afinada com o assim designado constitucionalismo digital[2], implicando, dentre outros aspectos, uma reconfiguração do Estado e do federalismo brasileiro, e, em virtude disso, do papel dos agentes estatais em razão da atualização do rol de direitos fundamentais, sobretudo a partir da promulgação da EC 115, que incluiu o direito à proteção de dados pessoais no catálogo constitucional.

Outrossim, urge, nesse mesmo contexto, levar a sério o dever constitucionalmente vinculativo, no sentido do desenvolvimento de uma gestão republicana, ética, confiável e segura dos dados durante todo o seu ciclo de vida, forjando as condições para o exercício da cidadania digital e, assim, o fortalecimento das instituições democráticas e do Estado de Direito[3].

Para que o Brasil possa ascender à condição de um Estado Democrático Digital de Direito, necessário criar e implementar providências relativas à edificação de barreiras eficazes contra a formação de uma unidade (e centralização sem limites e controle) informacional, principalmente no que se refere ao compartilhamento irrestrito de dados pessoais, ao arrepio das exigências do direito fundamental à proteção de dados e da LGPD, assim como em desconsideração às recomendações da ANPD, mais especificamente de seu guia orientativo[4] para o tratamento de dados pessoais pelo poder público. Necessita-se, portanto, de uma aguda atenção para o emprego de relatórios de impacto de risco, sobretudo de risco algorítmico.

[2] ROBL FILHO, Ilton Norberto. Alguns apontamentos sobre o constitucionalismo digital. Revista Consultor Jurídico, 22 de janeiro de 2022. Disponível em: https://www.conjur.com.br/2022-jan-22/observatorio-constitucional-alguns-apontamentos-constitucionalismo-digital. Acesso em: 26.02.2022. Sobre o tema, v., ainda, o excelente texto de MENDES, Gilmar Ferreira; OLIVEIRA FERNANDES, Victor. Constitucionalismo digital e jurisdição constitucional: uma agenda de pesquisa para o caso brasileiro. *Revista Brasileira de Direito*, Passo Fundo, v. 16, n. 1, p. 1-33, out. 2020. ISSN 2238-0604. Disponível em: https://doi.org/10.18256/2238-0604.2020.v16i1.4103. Acesso em: 28 fev. 2022.

[3] OCDE. Good practice principles for Data Ethics in the Public Sector, 2020, p. 04. Disponível em: www.ocde.org/digital/digital-goverment/good-practice-principles-for-data-ethics-in-the-public-sector.htm Acesso em: 26 fev. 2022.

[4] ANPD. Tratamento de dados pessoais pelo poder público. Guia orientativo. Versão 1.0. janeiro 2022. Disponível em: https://www.gov.br/anpd/pt-br/documentos-e-publicacoes/guia-poder-publico-anpd-versao-final.pdf. Acesso em: 28.02.2022

Na condição – aqui advogada[5] – de princípio fundamental estruturante, implicitamente positivado pela CF, a separação/divisão informacional de poderes vincula toda a atuação do Estado brasileiro, devendo ser concretizada pelo legislador, ademais de exigir a motivação das decisões que envolvam todas as formas de tratamento de dados, sobretudo dados pessoais, o que guarda sinergia com o que se extrai das recentes decisões em sede de controle de constitucionalidade exaradas pelo STF.

É justamente sobre as relações entre proteção de dados pessoais e separação informacional de poderes, com foco no compartilhamento de dados fiscais sigilosos e seus limites, que versa a excelente obra que ora tenho a honra de prefaciar, da lavra de **Rebeca Drummond de Andrade Müller e Santos**, jovem e talentosa jurista e advogada, que já vem despontando no cenário nacional.

O texto, que corresponde, com ajustes, ao teor de sua dissertação elaborada no âmbito do mestrado profissional do Instituto de Desenvolvimento e Pesquisa (IDP), orientada com a habitual competência pelo ilustre Prof. Doutor Luciano Felício Fuck (IDP) e defendida com brilhantismo perante banca integrada, além do orientador, pelos Professores Doutores José Roberto Afonso e Celso Correia Neto, ambos do IDP, caracteriza-se pela sua estrutura e organização interna rigorosa, densidade no que diz respeito ao conteúdo, fluidez e correção da linguagem, ampla e atualizada pesquisa bibliográfica, jurisprudencial e legislativa, ademais de enfrentar os principais problemas que a matéria suscita.

Rebeca, contudo, vai além do que se espera de uma dissertação de mestrado, porquanto não se limita a apresentar e sistematizar a matéria objeto de seus estudos, mas também agrega suas próprias reflexões e mesmo proposições sobre tema de tanta atualidade e relevância.

Entre tantos outros aspectos que aqui poderiam ser ressaltados, calha destacar que o texto de Rebeca bem evidencia, como referido acima, a necessidade de assegurar, também quanto ao compartilhamento de dados fiscais sigilosos, a separação informacional de poderes. Da mesma forma, é de enfatizar que a autora – a exemplo do que o signatário[6] e parte da doutrina mais

[5] Remetemos aqui a texto sobre o tema, da nossa lavra em coautoria com Gabrielle B.S. Sarlet, publicado no periódico CONJUR, publicado em 13.05.22, onde, em apertadíssima síntese, reproduzimos os principais pontos de parecer também de nossa autoria produzido para o Data Privacy Brasil.

[6] V. coluna publicada no CONJUR em 11.03.2022, versando sobre a importância da inclusão, pela EC 115/22, de um direito fundamental à proteção de dados pessoais no catálogo constitucional de direitos.

recente sobre o tema já tem sustentado – logra demonstrar, à luz do exemplo dos dados fiscais sigilosos (seara na qual, como referido, avança com seu toque pessoal), a crucial relevância do reconhecimento de um direito fundamental à proteção de dados pessoais na ordem jurídico-constitucional brasileira, assegurando – a despeito das exclusões estabelecidas na LGPD – uma proteção transversal, isenta de lacunas, dos dados pessoais no ordenamento pátrio.

Por tudo isso (e muito mais), trata-se de livro que não só merece, como deve ser lido, posto que consiste em ferramenta qualificada para que todos os que se ocupam, na teoria e prática, do tema, possam aperfeiçoar os seus próprios conhecimentos e atuar de modo afinado com as exigências do Estado Democrático de Direito e dos direitos e garantias fundamentais.

Assim, o que se espera, é que tanto REBECA quanto a sua obra encontrem ampla receptividade, de tal sorte que em breve se possa comemorar uma reedição.

Porto Alegre, agosto de 2022.

Ingo Wolfgang Sarlet
Professor Titular e Coordenador do Programa de Pós-Graduação em Direito da PUCRS.
Desembargador aposentado do TJRS. Advogado.

LISTA DE ABREVIATURAS E SIGLAS

ABIN – Agência Brasileira de Inteligência
ABRASF – Associação Brasileira das Secretarias de Finanças dos Municípios das Capitais
ACO – Ação Cível Originária
ADI – Ação Direta de Inconstitucionalidade
AEOI – *Automatic Exchange of Information*
AGU – Advocacia-Geral da União
ANPD – Autoridade Nacional de Proteção de Dados
ASESP – Assessoria Especial da Secretaria da Receita Federal do Brasil
BCB – Banco Central do Brasil
BEPS – *Base Erosion and Profit Shifting*
BVerfG – Tribunal Constitucional Federal alemão
CAFIR – Cadastro de Imóveis Rurais
CAT – Coordenação-Geral de Assuntos Tributários da Procuradoria-Geral da Fazenda Nacional
CF – Constituição Federal
CGU – Controladoria-Geral da União
CLT – Consolidação das Leis do Trabalho
CNPJ – Cadastro Nacional da Pessoa Jurídica
COAF – Conselho de Controle de Atividades Financeiras
COSIT – Coordenação-Geral de Tributação
COTEC – Coordenação-Geral de Tecnologia e Segurança da Informação
CP – Código Penal
CPF – Cadastro de Pessoa Física
CPI – Comissão Parlamentar de Inquérito

CPIs – Comissões Parlamentares de Inquérito
CPMF – Contribuição Provisória sobre Movimentação Financeira
CTN – Código Tributário Nacional
CVM – Comissão de Valores Mobiliários
DECRED – Declaração de Operações com Cartões de Crédito
DTC – *Double Taxation Convention*
EC – Emenda Constitucional
ECF – Escrituração Contábil Fiscal
EFD – Escrituração Fiscal Digital
EMERJ – Escola da Magistratura do Rio de Janeiro
e-MSF – Manual eletrônico de Sigilo Fiscal
FGTS – Fundo de Garantia do Tempo de Serviço
GDPR – *General Data Protection Regulation*
IBGE – Instituto Brasileiro de Geografia e Estatística
ICMS – Imposto sobre Circulação de Mercadorias e Serviços
IN – Instrução Normativa
IPI – Imposto sobre Produtos Industrializados
LAI – Lei de Acesso à Informação
LC – Lei Complementar
LGPD – Lei Geral de Proteção de Dados
LRF – Lei de Responsabilidade Fiscal
MF – Ministério da Fazenda
Min. – Ministro(a)
MP – Ministério Público
MPE – Ministério Público Eleitoral
MPF – Ministério Público Federal
MPU – Ministério Público da União
NFC-e – Nota Fiscal do Consumidor eletrônica
NF-e – Nota Fiscal Eletrônica
OCDE – Organização para a Cooperação e Desenvolvimento Econômico
PEC – Proposta de Emenda Constitucional
PGFN – Procuradoria-Geral da Fazenda Nacional
PGR – Procuradoria-Geral da República
PNUD – Programa das Nações Unidas para o Desenvolvimento
RE – Recurso Extraordinário
Rel. – Relator(a)
RFB – Receita Federal do Brasil
RFFP – Representação Fiscal para Fins Penais

RGPD – Regulamento Geral sobre Proteção de Dados
RIF – Relatório de Inteligência Financeira
RIR – Regulamento do Imposto de Renda
RMS – Recurso em Mandado de Segurança
SERPRO – Serviço Federal de Processamento de Dados
SISAM – Sistema de Seleção Aduaneira por Aprendizado de Máquina
SISBIN – Sistema Brasileiro de Inteligência
SPED – Sistema Público de Escrituração Digital
SRF – Secretaria da Receita Federal
STF – Supremo Tribunal Federal
STJ – Superior Tribunal de Justiça
TCU – Tribunal de Contas da União
TIEA – Tax Information Exchange Agreement
TSE – Tribunal Superior Eleitoral
UIF – Unidade de Inteligência Financeira

ÍNDICE

INTRODUÇÃO

Um dos principais focos dos estudos, dentro dos limites da tributação e do uso de dados, se volta aos desafios que a troca de informações internacional enseja às relações comerciais e individuais. Na esfera de segurança do contribuinte, surge a defesa de mecanismos que garantam os seus direitos fundamentais enquanto, do lado das Administrações Tributárias, o mote da proteção das bases tributáveis ganha força.

O cenário mostrou ao mundo o poder da transparência e da necessidade de se rever as regras que resguardavam os dados e as informações sob o manto sagrado do sigilo, seja ele bancário, seja ele de natureza fiscal. Países que tanto abraçavam a forma absoluta dessa proteção, como a Suíça[7], remanejaram as legislações internas para se adequarem ao movimento que, com nova intensidade, surgia com o apoio de organismos multilaterais, como a Organização para a Cooperação e Desenvolvimento Econômico (OCDE).

Não é segredo que vivemos em uma era de informação, em que as maiores riquezas têm se transformado em bens intangíveis, a ponto de se reconhecer mudanças, decorrentes da inovação e da tecnologia, que ressignificarão as fontes tradicionais de todas as bases que formam a sociedade[8]. Tais mudanças não atingem apenas as relações pessoais, mas também a maneira com a qual o Estado lida com a tomada de decisões, incluindo o combate ao crime organizado e a busca pelo pagamento dos tributos.

A presente obra, portanto, dedica esforços às consequências dessa nova ordem que reorganizou as peças do xadrez da tributação, mas, no lugar de se

[7] NEWS EUROPEAN PARLIAMENT. **Ending EU citizens' bank secrecy in Switzerland,** 27 out. 2015. Disponível em: https://www.europarl.europa.eu/news/en/press-room/20151022IPR98809/ending-eu-citizens-bank-secrecy-in-switzerland Acesso em: 22 jun. 2021.

[8] SCHWAB, Klaus. **Aplicando a quarta revolução industrial**. São Paulo: Edipro, 2018.

ater à dinâmica internacional, ela analisa o impacto das alterações ocorridas em solo brasileiro, notadamente quanto ao panorama do compartilhamento das informações fiscais sigilosas que partem da Receita Federal para outros órgãos e entidades federais, adicionando à conjuntura os elementos que cercam a proteção de dados. Tudo para que consigamos perquirir a pergunta sobre se, atualmente, o Brasil fornece elementos mínimos de proteção aos direitos fundamentais dos contribuintes.

Para esse intento, nos valemos ainda de uma visão geral de fluxos de compartilhamentos de dados fiscais, uma amostragem que não se esgota, mas, por apresentar aspectos controvertidos, certamente auxiliará na percepção da problemática.

Essa adição não ocorre por conveniência momentânea, mas com o intuito de acompanhar as necessidades que decorrerão da massificação de dados pelo Poder Público e a forma com a qual ela atingirá as garantias dos contribuintes, em uma difícil tarefa de confrontar mandamentos constitucionais que garantem o exercício das competências pelo Estado e, ao mesmo tempo, preservem os direitos fundamentais dos pagadores de tributos.

Nesse sentido, podemos nos perguntar se é possível, sem lei uma específica sobre o assunto e com base na interpretação de que o rol do art. 198 do Código Tributário Nacional (CTN) é exemplificativo, reconhecer a constitucionalidade e a legalidade da requisição à Receita Federal de dados fiscais protegidos pelo sigilo, a exemplo da que é feita pelo Ministério Público da União (MPU). Ou, ainda, se, a partir somente da hermenêutica que lança o olhar ponderando as normas com a pesada carga do interesse público, o Ministério Público Eleitoral (MPE) pode ter acesso a informações de mesma envergadura com base solitária em convênio celebrado com o Tribunal Superior Eleitoral (TSE).

Essas são indagações que, somadas a outras, integrarão a análise e as provocações que nos propusemos com este estudo. A análise possui diversas ramificações, que certamente não se esgotam aqui. Pelo contrário, é necessário que a pauta continue e se aperfeiçoe de acordo com a evolução da temática. O nosso objetivo, portanto, não é o de agasalhar todas as possibilidades de envio de informações, pois fugiria do escopo pretendido. A proposta é a de, a partir de panoramas, mostrar o sistema normativo caótico, insuficiente para proteger direitos fundamentais dos cidadãos-contribuintes, e, assim, convidar à reflexão sobre a necessidade de uma regra única, a ser debatida pelo Poder Legislativo.

Partimos, assim, de um cenário em que o sigilo de informações bancárias e fiscais fora flexibilizado pelo legislador, com a chancela do Supremo

Tribunal Federal (STF), para possibilitar, sem a necessidade de autorização judicial prévia, o fornecimento de informações sob guarda da Receita Federal a outros órgãos e entidades, tudo sob o entendimento de que, em verdade, o trâmite atrai não a quebra do sigilo, mas a sua transferência, isto é, o dever de guarda por cada autoridade que as receber.

Com a sedimentação desse racional, enxergamos a necessidade de saber se referida transferência poderá seguir como uma regra uniforme. Além disso, vislumbramos uma nova face do sigilo fiscal e da consequente preservação do direito fundamental à privacidade, traduzida na proteção de dados[9], um equivalente funcional que, por sua vez, possui ditames diferenciados para o Direito Tributário e igualmente para a esfera penal. A partir daí é que os desdobramentos se iniciam.

A obra é estruturada em três capítulos. O primeiro Capítulo é dedicado a contextualizar a dinâmica dos fatos históricos, como o atentado terrorista de 11 de setembro nos Estados Unidos, que influenciou sobremaneira a concepção atual de troca de informações e da necessária mitigação dos direitos fundamentais, correlacionando-os ao surgimento da necessidade de adaptação das regras nacionais.

Uma vez situada a influência do passado no presente, é necessário esclarecer as terminologias que rondam o compartilhamento, já que em diferentes momentos surgem termos como troca, dados, informações, acesso, intercâmbio, dentre outros. São conceitos importantes que, a depender da nomenclatura, podem levar a interpretação do regramento da temática para diferentes caminhos.

O Capítulo 2 é acompanhado por uma maior densidade, pois dedicado a cobrir as diferentes fontes do direito que acobertam os fluxos de compartilhamento de dados fiscais sigilosos, incluindo os pontos de (não) aplicação da Lei Geral de Proteção de Dados (LGPD) – a Lei nº 13.709, de 14 de agosto de 2018. A sua importância deriva do auxílio que essas fontes nos fornecem na visualização da quantidade de normas que hoje são responsáveis pelo regramento e como são elas aplicadas em alguns dos fluxos de envio e recebimento dos dados. Em diferentes situações, a título de exemplo,

[9] Seguindo o precedente do STF, no julgamento das ADI's nºs 6387, 6388, 6389, 6390 e 6393, que reconheceu a proteção de dados pessoais como um direito fundamental autônomo ao analisar o compartilhamento de dados de usuários de telefônicas com o IBGE. Dedicamos o tópico "Ano de 2020: Proteção dos dados como um direito autônomo e fundamental", no Capítulo 2, para analisá-lo. Posteriormente, o reconhecimento constitucional da proteção de dados como um direito fundamental, inserido no inciso LXXIX do art. 5º da Constituição Federal pela Emenda Constitucional nº 115, de 2022.

normas infralegais, em que pesem vigentes, não estão facilmente disponíveis ao público, sendo necessária solicitação via Lei de Acesso à Informação (LAI) – Lei nº 12.527/2011.

Além de trazermos esses ecossistemas, procuramos analisar cada tópico com comentários e críticas, especialmente sobre o alcance das razões de decidir que compõem os julgamentos do Supremo Tribunal Federal.

Por fim, o último Capítulo, de número 3, encerrará com uma proposta que somente é possível de se dar início após termos noção do conjunto normativo que o País adota, e como ele trata as informações nos fluxos de compartilhamento.

Buscamos na doutrina e jurisprudência alemã, expoentes nos debates de proteção de dados que se desenvolveram mundo afora, o apoio para introduzir os conceitos de unidade e separação informacional como uma possível forma de se garantir os direitos fundamentais dos contribuintes.

Toda a nossa abordagem se vale, com o uso do método hermenêutico, da análise da doutrina e da jurisprudência – cujo recorte é dedicado aos precedentes vinculantes do STF firmados entre 2016 e 2020, os quais discutiram a constitucionalidade do compartilhamento de dados protegidos pelo sigilo bancário e fiscal e, saindo da esfera estritamente fiscal, reconheceram a proteção de dados como um direito fundamental autônomo.

Como citamos, o direito comparado exercerá influência ao falarmos da proteção dos contribuintes. Nessa oportunidade, a jurisprudência do Tribunal Constitucional Federal da Alemanha sobre a Lei do Censo e seus desdobramentos, que influenciaram o julgamento do STF em situação semelhante, em conjunto com a doutrina, fornecerá aspectos importantes de princípios que carecem de investigação no Brasil e, mais uma vez, lançaremos mão do método hermenêutico abalizado pela teleologia, buscando a sua aplicação para os dados fiscais.

Desse modo, nos distanciamos dos debates de quebra de sigilo e da reserva de jurisdição para nos aliar à proteção de dados, reconhecendo o movimento necessário que é, em determinados casos e sob condições específicas, a mitigação do sigilo fiscal e a possibilidade de compartilhamento. Entretanto, assim nos posicionamos com a convicção de que ajustes são imprescindíveis para que, na era da informação em que vivemos, não se alimente um Estado policial em detrimento do Estado Democrático de Direito.

1.
PANORAMA INICIAL: APRESENTAÇÃO, TERMINOLOGIAS E DEFINIÇÕES

Hoje, quem detém dados detém poder. Essa não é uma afirmação retórica. Ela tem se mostrado, a cada dia, mais pragmática e corresponde a muitas iniciativas legislativas no mundo e no Brasil.

A Lei Geral de Proteção de Dados (Lei nº 13.709/2018), por exemplo, se dedica à proteção dos dados gerais e pessoais das pessoas naturais, mas não abarca o tratamento de dados realizados para fins exclusivos de segurança pública, defesa nacional ou investigações penais (art. 4º, III), razão pela qual uma Comissão de Juristas designada pela presidência da Câmara dos Deputados apresentou anteprojeto da chamada LGPD-Penal.

A necessidade de novas salvaguardas para a proteção de dados em outras áreas, estas mais específicas, foi uma das hipóteses observáveis, resultando na resposta afirmativa de que as iniciativas até agora apresentadas no Brasil no sentido de proteger o manejo de dados pessoais não abarcaram os dados dos contribuintes, razão pela qual seria importante investigar qual o quadro contemporâneo de proteção dos dados dos contribuintes brasileiros em suas múltiplas relações cotidianamente travadas com o Estado.

Há, portanto, um contexto que envolve as hipóteses levantadas. Há, pois, motivos pelos quais hoje enxergamos uma intensificação na utilização de dados e informações, sobretudo aquelas protegidas pelo sigilo fiscal, e também do universo ao redor do qual orbita o tema quanto às definições e nomenclaturas.

Processos de mudança iniciados no exterior, tais como a caça ao terrorismo e o impacto da crise do *subprime* que solapou a economia mundial em 2009, impulsionaram o uso de dados de natureza fiscal e pressionaram mudanças nas legislações domésticas dos países, forçando, no plano legislativo ou mesmo por meio da interpretação adotada pelos aparatos estatais, a flexibilização do sigilo e do uso compartilhado de dados.

Assim, lembramos que o presente estudo explorará o fluxo de informações a partir da Receita Federal, ou seja, ele se volta para informações de cunho fiscal e sigiloso, mantendo a atenção naquelas dinâmicas nas quais identificamos polêmicas em razão da parametrização muitas vezes escassa ou confusa e de utilização mais intensiva, pelas autoridades, em busca da proteção da arrecadação e dos desdobramentos investigativos, estes a cargo do Ministério Público (MP).

No âmbito tributário, a figura das "razões de Estado", que passou a justificar a atuação mais intensa do aparato estatal – suas autoridades e instituições –, foi rejuvenescida para justificar o avanço no tratamento de dados fiscais, sobretudo os de caráter sigiloso, ao argumento da proteção da arrecadação.

Esses pressupostos atraem, portanto, a governança e gestão de volume, velocidade e variedade dos dados, vetores que compõem o que hoje conhecemos como Big Data[10], e da necessidade de conferir qualidade às informações daí derivadas, além da tomada de decisões que igualmente partem do tratamento, com enfoque nos aspectos legais e a consequência desse cenário para a privacidade dos contribuintes. Qual o justo e adequado tratamento a ser conferido aos dados fiscais dos contribuintes no Brasil? Quais parâmetros para o seu manejo pelas autoridades? Quais finalidades justificam qualquer releitura do caráter histórico da expressão sigilo?

Esses questionamentos exprimem hipóteses várias que forjaram a investigação. Todos os dias, as Administrações Tributárias ao redor do mundo buscam a integração de novas tecnologias baseadas na coleta de dados para o aprimoramento da arrecadação de seus países.[11]

No Brasil, Everardo Maciel, cuja experiência na Administração Pública inclui a posição de secretário da Receita Federal, com propriedade alertou que "malgrado todas as queixas contra seu complexo sistema tributário,

[10] A *Big Data* é, "acima de tudo, uma fusão multidisciplinar e evolutiva de novas tecnologias combinadas com novas dimensões de armazenamento e processamento de dados (volume e velocidade); uma nova era de variedade de fontes de dados (variedade) em conjunto com o desafio de gerenciar a qualidade de dados de forma adequada". Tradução literal extraída em: BUHL, Hans Ulrich et al. Big Data: A fashionable topic with(out) sustainable relevance for research and practice?. **Business & Information Systems Engineering**. v. 5, p.65-69, mar. 2013, p. 68. Disponível em: <https://fim-rc.de/Paperbibliothek/Veroeffentlicht/0001/wi-0001.pdf>. Acesso em: 31 maio 2021.

[11] A tendência é acompanhada de estudos desenvolvidos pela OCDE e, no âmbito da União Europeia, influenciando outras nações, pela *Intra-European Organisation of Tax Administrations* (IOTA). (SCARCELLA, Luisa. Tax compliance and privacy rights in profiling and automated decision making. **Internet Policy Review**, v.8. Issue 4, 2019, p. 3).

[o Brasil] conquistou merecido prestígio internacional, em termos de capacidade de inovação e aperfeiçoamento da administração tributária".[12]

A automação do processamento de dados fiscais, amplamente utilizada pelo Brasil em ambientes como o Sistema de Seleção Aduaneira por Aprendizado de Máquina (SISAM), o Sistema Público de Escrituração Digital (SPED) e o eSocial, ilustra a dinâmica pela qual o tratamento de informações é guiado e a preocupação que a sistemática deve trazer para indivíduos e empresas.

O processamento em massa de dados fiscais pelas administrações tributárias é capaz de realizar agrupamentos com base em perfis dos contribuintes de modo a facilitar o monitoramento e a escolha de quais indivíduos ou empresas serão auditadas. A tendência atual é que, com a construção desse "perfil automático", as decisões que afetam os contribuintes sejam igualmente automatizadas. A preocupação ainda alcança os responsáveis pelo fornecimento de sistemas de Tecnologia da Informação (TI), sejam eles da mesma estrutura governamental, sejam agentes terceirizados.[13]

Sobre pioneirismos e o fornecimento de sistemas de Tecnologia da Informação na área fiscal, em solo brasileiro é o Serviço Federal de Processamento de Dados (SERPRO), uma empresa pública que tem como a sua principal cliente a Receita Federal[14], o responsável por construções como o lago de dados para a Procuradoria-Geral da Fazenda Nacional (PGFN).[15]

Percebe-se, pelas menções a várias instituições cujas atribuições envolvem o tratamento de dados dos contribuintes, dados esses legalmente cobertos pelo manto do sigilo, que, no Brasil, há um aparato estatal bem institucionalizado e dedicado a esse mister. Mas o fato de tal manejo se dar por meio de instituições não significa, necessariamente, que em todas elas haja parâmetros seguros e que o caráter sigiloso desses dados esteja sendo respeitado.

Por isso, nessa conjuntura que avança e se espalha, privacidade é um dos pontos-chave da discussão. Não podemos esquecer, conforme abordaremos no próximo capítulo, que o sigilo fiscal não tem previsão expressa na

[12] MACIEL, Everardo. Tópicos de administração tributária. In: VASCONCELLOS, Roberto França de (Coord.). **Política fiscal**. Série GVLaw. 2. ed. São Paulo: Saraiva, 2016, p. 394.

[13] SCARCELLA, Luisa. Tax compliance and privacy rights in profiling and automated decision making. **Internet Policy Review,** v.8. Issue 4, 2019, p. 2.

[14] BRASIL. SERPRO. **Receita Federal do Brasil.** Disponível em: https://intra.serpro.gov.br/sobre/lei-de-acesso-a-informacao-1/perguntas-frequentes/respostas/receita-federal-do-brasil Acesso em: 22 jun. 2021.

[15] A implementação do sistema se deu após a solução dada pelo Grupo de Trabalho, criado pela Portaria MF nº 421/2018, para que a PGFN contratasse um *data lake* com o SERPRO.

Constituição Federal, mas apenas na legislação, com destaque ao art. 198 do Código Tributário Nacional. A sua proteção, em verdade, é uma decorrência de direitos fundamentais – esses sim, expressos na Carta Magna (art. 5º, X e XII) –, e que esboçam a intimidade, privacidade e o sigilo das comunicações.

Também, conforme analisaremos até o fim da obra, com a flexibilização do sigilo fiscal, a qual desde já antecipamos juízo conclusivo no sentido de sê-la legítima, e do compartilhamento de dados fiscais, atualmente uma nova face desse sigilo surge, dando passagem à proteção de dados dentro da seara tributária e a princípios que dela decorre.

Esse tipo de compreensão sai dos textos legais e constitucional para ilustrar a exegese decorrente de casos concretos. Apenas como exemplo, em voto proferido na Ação Cível Originária (ACO) nº 1.271/RJ, o Ministro Joaquim Barbosa afirmou que a "proteção destas informações atende a duas finalidades, uma voltada à esfera privada, e outra voltada à esfera pública".[16]

Enquanto na esfera privada o acesso, por outros indivíduos, a dados pessoais de contribuintes se preocupava com a revelação de detalhes sobre patrimônio e atividades do sujeito passivo, a proteção voltada à esfera pública não lançaria mão de cláusula geral e absoluta, mas apenas de um viés funcional, ou seja, "somente os agentes públicos destacados para tal atividade específica é que devem ter acesso aos dados".

Afinal, "[a] restrição ajuda a Administração a lidar melhor com os riscos de vazamento indevido de informações, bem como diminui o risco de utilização geral indevida dos dados (pressão política, econômica etc)".[17]

Em contraste a essa concepção, baseada na premissa de que o sigilo não é oponível à Administração Tributária e tampouco se pode exigir que haja o consentimento prévio do sujeito passivo para o tratamento de todos os seus dados (trata-se da autodeterminação informativa, que será explicada)[18], que surgem novas indagações acerca dos tipos de parâmetros que devam existir para que os direitos fundamentais dos contribuintes sejam preservados em contrapartida à intensificação do uso de suas informações.

Mais do que a possibilidade de ocorrer vazamentos, nosso enfoque está na etapa prévia, isto é, na busca por ferramentas que tenham o objetivo de

[16] BRASIL. STF. **ACO nº 1.271/RJ**, Rel. Min. Joaquim Barbosa, Tribunal Pleno, julgado em 12 fev. 2014, processo eletrônico – mérito dje-213, divulg. 29 out. 2014, pub. 30 out. 2014, p. 7.

[17] BRASIL. STF. **ACO nº 1.271/RJ**, Rel. Min. Joaquim Barbosa, Tribunal Pleno, julgado em 12 fev. 2014, processo eletrônico – mérito dje-213, divulg. 29 out. 2014, pub. 30 out. 2014, p. 7.

[18] Cf. Tópico "Limitações, autodeterminação, especificidades setoriais, o impacto do 'interesse público' e das 'políticas públicas'".

impedir o uso indevido de informações e possibilitem o controle de legalidade dos fluxos de compartilhamento, preservando a privacidade e a intimidade de acordo com os moldes atuais do sigilo.

Fiel às hipóteses levantadas, o que se pretende é averiguar o estado da arte do tratamento dos dados fiscais de contribuintes no Brasil quanto à sua normatização e praxe estatal para, a partir dessa identificação, cotejar com as bases jurídicas existentes, de modo a definir, então, parâmetros que vitalizem os comandos realizadores dos direitos fundamentais.

A abordagem é de uma utilização das informações com limites pré-estabelecidos dentro da atual perspectiva, na qual os dados possuem o mesmo status que um dia pertencera à terra e ao ferro. Na era em que vivemos, baseada na extração de informações para a tomada de decisões, são os dados sinônimo de riqueza e poder. São, em outras palavras, uma verdadeira matéria-prima.[19]

1.1. Origem, relevância e utilidade do tema para o Direito Tributário

Foram as negociações em busca da coordenação e do multilateralismo, marca registrada da tributação internacional do Século XXI, que impulsionaram o Brasil a rever o curso de suas legislações e jurisprudências que ditavam a proteção do sigilo de informações fiscais.

Sérgio André Rocha, ao mencionar Ulrich Beck, relembra que a tendência é fruto da chamada "sociedade de risco", "em que os riscos sociais, políticos, econômicos e individuais tendem cada vez mais a escapar das instituições para o controle e a proteção da sociedade industrial."[20]

Com ela, a política fiscal internacional foi desafiada a lidar com uma gama de perplexidades que caminhou desde a proteção das bases tributáveis até a problemas estruturais, como o tráfico de drogas, as crises econômicas globais, "e, nas áreas financeira e tributária, o desequilíbrio orçamentário provocado pela crise, o combate à evasão fiscal internacional e aos chamados planejamentos tributários internacionais 'agressivos'."[21]

[19] ROSS, Alec. **The industries of the future**. Nova York: Simon & Schuster Paperbacks, 2016, p. 13.

[20] ROCHA, Sérgio André. **Política fiscal internacional brasileira**. Rio de Janeiro: Lumen Juris, 2017, p. 1.

[21] ROCHA, Sérgio André. **Política fiscal internacional brasileira**. Rio de Janeiro: Lumen Juris, 2017, p. 2.

As consequências dessa sociedade de risco e da busca pela proteção da sociedade industrial vão ao encontro da visão que o Ministro Carlos Ayres Britto, em 2010, anotou em seu voto, proferido no Recurso Extraordinário (RE) nº 389.808/PR, no qual o STF discutira a quebra de sigilo pelo Fisco no repasse de informações relacionadas à extinta Contribuição Provisória sobre Movimentação Financeira (CPMF):

> Os dados do ter serão cada vez mais escancarados, porque o patrimônio e renda são obtidos da sociedade, e a sociedade precisa saber o modo pelos quais esses bens, conversíveis em pecúnia, foram obtidos e em que eles consistem. Isso é a lógica natural de uma sociedade que faz da transparência e da visibilidade pilares da democracia.

A busca global por transparência deu lugar ao movimento que construiu o mote adotado por países como, em tradução literal, "a era do sigilo bancário acabou". Em abril de 2009, os líderes do G20 iniciaram uma série de ações para combater o uso abusivo do sigilo como ferramenta facilitadora da evasão fiscal e dos arranjos tributários reputados abusivos, em sua maioria envolvendo empresas localizadas nos chamados paraísos fiscais.[22]

Todavia, apesar de a troca de informações em si ter restaurado algum fôlego anos antes, em 1998, após relatório publicado pela OCDE sobre competição fiscal prejudicial[23], a grande virada de chave para o investimento na transparência – e que utiliza como mecanismo a troca de informações – ocorreu entre 2001 e 2008, período em que documentos então elaborados sobre o tema foram revisados.[24]

[22] OCDE. **The era of bank secrecy is over:** The G20/OECD process is delivering results, 26 out. 2011. Disponível em: <https://www.oecd.org/ctp/exchange-of-tax-information/48996146.pdf>. Acesso em: 1º maio. 2021.

[23] TONELLI JR., Renato Rodolfo. **A troca internacional de informações em matéria tributária e a cláusula due processo of law:** uma análise do contexto brasileiro. Porto Alegre: Núrua Fabris, 2017, p. 33-34.

[24] ROCHA, Sérgio André. **Política fiscal internacional brasileira**. Rio de Janeiro: Lumen Juris, 2017, p. 187.

A janela temporal não é por acaso – em 2001, despontou a Guerra ao Terror[25], e, em 2008, foi a vez da crise que tomou a economia mundial[26]. Enquanto a busca pela rede de financiamento terrorista desencadeou a utilização de troca de informações para encontrar os autores do atentado de 11 de setembro, ocorrido nos Estados Unidos[27], e desmantelar as células a eles ligadas, a crise econômica precisou se valer de meios para garantir e proteger a arrecadação tributária, incluindo o combate a pilares de sustentação de paraísos fiscais, como o próprio sigilo.[28]

Esses fatos exigiram uma ação coordenada e multilateral. Os efeitos eram globais e global havia de ser a resposta a eles. Na era digital e globalizada, a mobilidade da moeda, seja ela física ou virtual, de indivíduos e das empresas foi maximizada a níveis que desafiam manobras de contenção isoladas mesmo daqueles países que são considerados mais fortes. Todavia, a força, nessa circunstância, não significa poder para impor leis tributárias individualmente.[29] O apelo ao multilateralismo termina sendo uma forma de demonstrar certa humildade nacional diante da inevitabilidade das consequências desses novos fenômenos.

[25] Nos Estados Unidos, o combate ao terrorismo fez surgir instrumentos como o *Uniting and Strenthening America by Providing Appropriate Tools Required to Intercept and Obstruct Terrorism*, conhecido como *USA Patriot Act*, de 2001. A lei refez o caminho da norma anterior que tratava do sigilo bancário, a *Bank Secrecy Act*, de 1970, para reduzir o direito à privacidade em torno dos dados bancários dos cidadãos. Nesse sentido, confira-se: DAURO, Maximiliano. La protección de datos personales en la actividad financeira. In: TRAVIESO, Juan Antonio (Coord.). **Regimén Jurídico de los Datos Personales**. Buenos Aires: Abeledo Perrot, 2014, v. 2, p. 791.

[26] Conforme descreve Bresser-Pereira, a crise econômica de 2008 decorreu "de uma cadeira de empréstimos originalmente imobiliários baseados em devedores insolventes". (BRESSER-PEREIRA, Luiz Carlos. A crise financeira de 2008. **Revista de Economia Política,** v. 29, n. 1 (113), p. 133-149, jan./mar. 2009).

[27] O rastreio de contas bancárias das organizações terroristas e de seus financiadores foi um dos mecanismos que não apenas auxiliou os Estados Unidos a identificar cada personagem, como a também desmantelar a organização, evitando futuros ataques. (TAYLOR, John. **Global financial Warriors:** the untold story of international finance in the post-9/11 world. Nova York: W.W. Norton, 2007, p. 28).

[28] Annet Oguttu recorda que a maioria das instituições financeiras internacionais se valem de jurisdições com tributação favorecida em razão dos regimes regulatórios mais favoráveis, a redução ou isenção de alíquotas e, além disso, do total sigilo oferecido a informações como as de controle societário de empresas e *trusts*. (OGUTTU, Annet Wanyana. **International Tax Law:** Offshore tax avoidance in South Africa. Cidade do Cabo: Juta, 2015, p. 40).

[29] ROCHA, Sérgio André. **Política fiscal internacional brasileira**. Rio de Janeiro: Lumen Juris, 2017, p. 3.

O movimento de cooperação internacional cedeu ambiente favorável à criação de grupos de trabalho como, nos anos 2000, também sob o comando da OCDE, o Fórum Global sobre Transparência e Troca de Informações, responsável por lançar um modelo de acordo para a troca de informações entre países, conhecido como *Tax Information Exchange Agreement* (TIEA)[30], com a evolução para mecanismos de troca automática, ou *Automatic Exchange of Information* (AEOI).[31] Atualmente, o Fórum conta com 162 membros, dentre eles, o Brasil.[32]

A influência do Fórum Global com o novo modelo de TIEA encorajou, por exemplo, a revisão, em 2005, da Convenção contra a dupla tributação – *Double Taxation Convention* (DTC), desenhada em 1963. Conforme recorda Xavier Oberson, o país signatário que receber a solicitação de envio de informações sobre determinado contribuinte não poderia declinar se valendo da justificativa de que referido dado estaria sob a guarda de alguma instituição financeira – e, portanto, somente ela teria acesso – ou porque se trataria de informação relacionada a interesses pertencentes a um indivíduo.[33]

Há, ainda, o pacote de quinze ações que surgiu após a crise financeira de 2008 a partir do trabalho conjunto entre a OCDE e o G20, nomeado como *Base Erosion and Profit Shifting* (BEPS), cujo intuito é o de manter as bases tributárias das Nações protegidas e tem a troca de informações uma das ferramentas para realizar os seus objetivos.[34]

Esses são episódios históricos que, apesar de apenas brevemente rememorados nesse ponto do trabalho, demonstram o fenômeno em torno da flexibilização dos sigilos bancário e fiscal. O pano de fundo principal é o interesse público e social, auxiliados pela coordenação entre países, membros ou não membros de organismos internacionais como a OCDE, responsável por capitanear e mediar as investidas mais recentes rumo à transparência.[35]

[30] OBERSON, Xavier. **International exchange of information in tax matters:** Towards global transparency. UK: Elgar, 2015, p. 6.

[31] OBERSON, Xavier. **International exchange of information in tax matters:** Towards global transparency. UK: Elgar, 2015, p. 184.

[32] OECD. **Global Forum on Transparency and Exchange of Information for Tax Purposes.** Disponível em: https://www.oecd.org/tax/transparency/ . Acesso em: 11 maio 2021.

[33] OBERSON, Xavier. **International exchange of information in tax matters:** Towards global transparency. UK: Elgar, 2015, p. 7.

[34] Mais informações em: OECD. **Mission and impact.** Disponível em: https://www.oecd.org/tax/beps/about/#mission-impact. Acesso em: 11 maio 2021.

[35] Apesar de a OCDE ocupar o protagonismo das discussões, a antiga Liga das Nações, hoje Nações Unidas, em meados de 1927, já havia conduzido trabalhos rumo à transparência e à troca de informações por meio da criação de um modelo de tratado internacional. (OBERSON, Xavier. **International exchange of information in tax matters:** Towards global transparency. UK: Elgar, 2015, p. 4).

Por exemplo, uma das conquistas mais celebradas nos anos 2000, obtida pelo Comitê para Assuntos Fiscais da OCDE, foi o parâmetro, a ser adotado pelos países membros, de permitir o acesso, direta ou indiretamente, pelo Fisco local, às informações bancárias[36]. Sem dúvidas, por toda essa conjuntura, "a transparência fiscal permite aos países expandirem o alcance de suas administrações fazendárias".[37]

No Brasil, os debates que antecederam a Lei Complementar (LC) nº 105, de 10 de janeiro de 2001, revelam que o País estava alinhado aos primeiros passos dados no âmbito internacional e a transição do individualismo para a preocupação com a coisa pública. O País manteve a sua tradição diplomática de se abrir para os novos elos globais construídos pelo multilateralismo.

No Senado Federal, o relator do projeto de lei que daria lugar à LC nº 105/2001, Senador José Roberto Arruda, demonstrou a intenção do Parlamento com a norma que viria a dar contornos mais flexíveis ao sigilo bancário.

Segundo os registros, a modernização tomada pelas operações bancárias e a utilização desse movimento para a prática de atividades ilícitas e o cometimento de crimes contra a Administração Pública e o sistema financeiro, exigiu a aprovação de uma norma que permitisse agilidade no acesso às informações, ao mesmo tempo em que o tornasse mais amplo.[38]

Posteriormente, foi a vez da jurisprudência mais recente – e vinculante – do STF, firmada em 2016, confirmar a constitucionalidade dos arts. 5º e 6º da LC nº 105/2001 para permitir o acesso da Receita Federal aos dados bancários dos contribuintes.

Na ocasião, os compromissos assumidos pelo Brasil dentro do Fórum Global foram ressaltados pelos ministros, tornando-se critérios relevantes

[36] *"All member countries should permit access to bank information, directly or indirectly, for all tax purposes so that tax authorities can fully discharge their revenue raising responsabilities and engage in effective exchange of information with their treat partners"*. (OECD. **Improving access to bank information for tax purposes:** The 2007 progress report. 2007. Disponível em: <https://read.oecd-ilibrary.org/taxation/improving-access-to-bank-information-for-tax-purposes_9789264014268-en#page4 >. Acesso em: 11 maio 2021).

[37] ROCHA, Sérgio André. **Política fiscal internacional brasileira.** Rio de Janeiro: Lumen Juris, 2017. p. 196.

[38] Segundo consta do parecer do relator: "A par dessa modernização das operações bancárias devemos registrar também o seu uso por aqueles que se organizam para praticar atividades ilícitas, se dedicando aos crimes contra a administração pública, contra o sistema financeiro, entre outros, o que nos impõe a necessidade de aprovar uma legislação que permita um acesso mais amplo e mais ágil do Poder público sobre as informações atinentes às operações bancárias e similares". (BRASIL. **Diário do Senado Federal,** 14 de dezembro de 2000. Disponível em: https://legis.senado.leg.br/diarios/ver/18666?sequencia=141 . Acesso em: 10 fev. 2021).

quando da análise normativo-dogmática que reafirmou a compatibilidade da lei e dos decretos que regulamentaram os dispositivos com a Constituição Federal.[39]

Por tudo o que vimos, o movimento em prol da transparência e da busca pela proteção de elementos que têm caráter social – tais como a arrecadação, a garantia da isonomia e da capacidade contributiva, além do combate ao crime organizado -, levaram os países a traçarem iniciativas de cooperação transfronteiriça e a reformularem os seus instrumentos normativos internos. Esse traço histórico foi definitivo para a abertura de espaço por meio da qual a discussão presente acerca da proteção do sigilo de dados fiscais se colocou no Brasil.

São iniciativas que remodelaram, pois, a concepção adotada pela era moderna, baseada no "enorme enriquecimento da esfera privada por meio do moderno individualismo"[40], e deram lugar ao interesse público.

Assim, uma das grandes ferramentas elegida para concretizar essa intenção é justamente o acesso a dados dos contribuintes, sobretudo os protegidos pelo sigilo fiscal, inclusive na etapa em que estão sob o domínio de instituições financeiras e são protegidos pelo sigilo bancário.

Foi, portanto, a força da cooperação internacional que pressionou o amadurecimento e as adequações das legislações tributárias domésticas para que fosse possível realizar as projeções pretendidas. Um movimento exterior pressionando por mudanças interiores.

Atualmente, a troca de informações e a manutenção do sigilo têm enfrentado uma crescente reformulação em resposta à mineração de dados[41]. Nesse sentido, conforme observa Hugo de Brito Machado Segundo, "no Brasil, atualmente, sistemas inteligentes ajudam autoridades a descobrir erros em

[39] RE nº 601.314, Tema nº 225-RG e ADIs nº 2390, 2386 e 2397.

[40] ARENDT, Hannah. **A condição humana**. Trad. Roberto Raposo. 13. ed. Rio de Janeiro: Forense Universitária, 2020, p. 92.

[41] A mineração de dados (*data mining*) se vale de tecnologias envolvendo análise estatística, inteligência artificial e *machine-learning* para identificar padrões, extraindo informações da enorme quantidade de dados armazenados. É uma técnica utilizada na Segunda Guerra Mundial e que passou a ser desenvolvida a partir dos anos 90. Para a Administração Pública, a extração de informação que é possível com a mineração de dados pode servir como uma ferramenta para melhorar a governança e para o processo de tomada de decisões, o que exigirá do gestor a busca pela maior qualidade possível dessas informações. (WANG, John; HU, Xiaohua; ZHU, Dan. Data mining in Public Administration. In: RAHMAN, Hakikur (Coord.). **Social and Political Inplications of Data Mining:** Knowledge Management in E-Government. New York: Information Science Reference, 2009, p. 302-303).

declarações apresentadas por contribuintes e a selecioná-los para uma inspeção mais detalhada".[42]

Parte das mudanças ocorrem por meio da adoção de tecnologia própria, a exemplo do investimento na aliança dos dados ao desenvolvimento da inteligência artificial. Podemos citar, apenas como amostragem e para além do SPED[43], o Sistema de Seleção Aduaneira por Aprendizado de Máquina (SISAM), mecanismo que indica a tendência cada vez maior e mais aprimorada da tecnologia atuando com a coleta e o tratamento de dados e informações.

Ao traçar o histórico do SISAM, Rafael Köche recorda que se trata da primeira inteligência artificial utilizada, de forma generalizada, pela Receita Federal. Além de ser uma plataforma disponível eletronicamente para todas as unidades aduaneiras, ela contém as declarações de importação registradas no País. Ao assim funcionar, o SISAM trouxe não apenas custos menores à Administração, mas assegurou sobretudo a maior eficiência da Administração Tributária.[44]

Os instrumentos de inteligência artificial utilizados pelo Fisco refletem na dinâmica da utilização dos dados em massa, a imagem de que ao lado da proteção da arrecadação está também a eficiência da Administração, convergindo com os ditames estabelecidos pela Constituição Federal (art. 145, §1º) e, como veremos, pelo Código Tributário Nacional. Afinal, as mudanças não param no repositório dos sistemas de informática do Fisco; elas são igualmente acompanhadas por uma trajetória legislativa.

Nessa trajetória, portanto, o desempenho das atividades conferidas às Autoridades Fiscais, e que se entrelaçam à comunicação de dados, é logo sinalizado por meio do fluxo entre as entidades públicas, que passam a funcionar em redes.

[42] SEGUNDO, Hugo de Brito Machado. Tributação e Inteligência Artificial. **4º Aniversário da RJLB**, n. 1, p. 1, 2020. Disponível em: <https://www.cidp.pt/revistas/rjlb/2020/1/2020_01_0057_0077.pdf>. Acesso em: 5 mar. 2021.

[43] Sistema Público de Escrituração Digital, instituído pelo Decreto nº 6.022, de 22 de janeiro de 2007.

[44] "Isso permitiu a redução da quantidade de mercadorias verificadas no momento do desembaraço aduaneiro, de conter os custos da Administração Fazendária, de combater a evasão fiscal e assegurar maior eficiência na fiscalização do cumprimento de exigências administrativas, como obtenção de licenças (para importação de medicamentos, produtos agrícolas ou armas, por exemplo)". (KÖCHE, Rafael. Inteligência artificial a serviço da fiscalidade: Sistema de seleção aduaneira por aprendizado de máquina (SISAM). In: MACHADO, Hugo de Brito (Coord.). **Tributação e novas tecnologias**. São Paulo: Editora Foco, 2021, p. 189).

Estamos diante de um fenômeno que dificilmente retrocederá. Pelo contrário, ele acompanha a era do aumento do volume e da velocidade de dados. A concepção dos sigilos bancário e fiscal em sua forma menos absoluta tem se mostrado a mais adequada às demandas atuais. Na outra ponta, por outro lado, direitos fundamentais como o da privacidade e o da intimidade ainda exigem o correto balanceamento em face dessa realidade. A Constituição não foi revogada pela força dos fatos; é dela que há de emanar a orientação normativa responsável por manter a essência do núcleo de proteção da privacidade e da intimidade, que, juntas, realizam o dever de sigilo de dados fiscais.

É importante que o debate evolua para, reconhecendo as escolhas já tomadas, passemos para o próximo passo com o objetivo de fortalecer, de igual modo, a rede de proteção em torno dos dados fiscais pertencentes aos contribuintes.

Afinal, como reconhecido pela própria OCDE, elevar a importância da proteção à privacidade aos mais altos níveis da estrutura governamental ajudará a melhorar a eficácia dessa mesma proteção[45]. Nesse debate, estamos diante de uma dicotomia onde, embora o uso intensivo de dados pessoais maximize os ganhos econômicos e sociais, os riscos à privacidade – valores igualmente caros à sociedade – aumentam em igual proporção[46].

Estudos históricos provam que, sob regimes autoritários, instrumentos fiscais foram utilizados para monitorar inimigos elegidos pelo Estado de então, como ocorrera com a perseguição à comunidade judaica durante o regime nazista. Ferramentas como o controle do rastro do dinheiro e do patrimônio constituíram importantes aliados nesse intento.[47]

Mesmo o fato de o presente estudo se desenvolver sob a égide de um Estado Democrático de Direito não é o bastante para olvidar os graves riscos gerados pela falta de controle sobre o Estado da sua forma de vasculhar e usar os dados fiscais dos seus próprios cidadãos-contribuintes. A invocação a causas elevadas, como a proteção das bases tributáveis e o combate ao terrorismo,

[45] OECD. **The OECD privacy framework.** 2013. Disponível em <https://www.oecd.org/sti/ieconomy/oecd_privacy_framework.pdf >. Acesso em: 12 maio. 2021.

[46] OECD. **Recommendation of the council concerning guidelines governing the protection of privacy and transborder flows of personal data.** 2020. Disponível em: <https://www.oecd.org/sti/ieconomy/oecdguidelinesontheprotectionofprivacyandtransborderflowsofpersonaldata.htm >. Acesso em: 12 maio. 2021.

[47] RITSCHL, Albrecht. Fiscal destruction: confiscatory taxation of jewish property and income in nazi germany. **Discussion Paper Series**. 2019. Disponível em: <https://repec.cepr.org/repec/cpr/ceprdp/DP13594.pdf >. Acesso em: 5 jun. 2021.

não serve para negligenciar o núcleo protetivo essencial sem o qual o conceito de sigilo de dados seria algo meramente retórico ou simbólico.

Por isso, lembrar para que não mais se repita é máxima que demonstra a força que a tributação pode assumir e do liame que envolve a redução de direitos fundamentais igualmente revestidos de interesse público.

É sempre necessário robustecer as proteções conforme haja a evolução dos sistemas, pavimentando o caminho para a constituição de um arcabouço normativo sólido em busca do fortalecimento das leis, das instituições e da própria sociedade. Como registrou Warren e Brandeis, "é necessário, de tempos em tempos, definir novamente a natureza exata e a extensão de tal proteção".[48] O presente trabalho abraça essa filosofia e a desenvolve por meio dos capítulos seguintes.

1.2. Diferenças terminológicas e definições

1.2.1 Dados, informações e os seus armazenamentos

Será possível verificar que ora iremos nos referir a dados, a começar pelo próprio título, ora a informações, em uma remissão que poderá induzir à conclusão de que ambos são sinônimos. Assim faremos não apenas pela similitude entre ambos, mas também para facilitar o transcurso do tema aqui tratado, cuja questão central se refere aos parâmetros para o compartilhamento dos dados, ou informações, fiscais sigilosas dentro da esfera pública. Todavia, é preciso esclarecer que a doutrina especializada expõe as diferenças entre os termos.

Bruno Bioni as utiliza "de maneira intercambiável", apesar de "destacar que dados e informação não se equivalem, ainda que sejam recorrentemente tratados na sinonímia". A diferença entre dados e informação, retratada pelo autor, está no sentido de que os dados são um elemento prévio, que não agregam conhecimento. São "simplesmente fatos brutos que, quando processados e organizados, se convertem em algo inteligível, podendo ser deles extraída uma informação".[49]

[48] WARREN, Samuel D; BRANDEIS, Louis D. The right to privacy. **Harvard Law Review**, v. 5, n. 5, p. 193, 1890. Disponível em: <http://links.jstor.org/sici?sici=0017811X%2818901215%294%3A5%3C193%3ATRTP%3E2.0.CO%3B2-C>. Acesso em: 2 jun. 2021.

[49] BIONI, Bruno Ricardo. **Proteção de dados pessoais:** a função e os limites do consentimento. Rio de Janeiro: Forense, 2019, p. 36.

Isso quer dizer que um número pode ser um dado, a exemplo do número 38. De forma isolada, ele não representa muita coisa. Contudo, se vier ele seguido de "graus Celsius", isto é, um contexto, então saberemos que se trata de uma temperatura. Teremos, assim, uma informação.

O exemplo é retratado por Carlos Barbieri, que complementa: "percebe-se que o dado, que é o elemento atômico disso tudo, precisa de contexto (metadados) para começar a agir e produzir informação."[50]

O motivo pelo qual seguimos a linha de autores como a do Bruno Bioni, utilizando dados e informações como sinônimos, encontra apoio nos estudos de Barbieri. Para o autor, quando contextualizamos dados e informações dentro do espectro da governança e gestão[51], os dois conceitos devem ser, em nome da praticidade, intercambiáveis.

Informação e dado parecem tão intrínsecos do ponto de vista jurídico que, para além das conceituações trazidas pela área de Tecnologia da Informação, os bancos de dados (*database*), os armazéns de dados (*data warehouses*) e os lagos de dados (*data lake*) reúnem os elementos para essa conclusão. Todos são estruturas de gerenciamento que coletam, armazenam dados e processam informações.

Cada uma representa a evolução da massificação de dados e reúne o passo pelo qual a informação é extraída. Conforme esclarece Bioni, o banco de dados "envolve a entrada (*input*) e o processamento de dados e a saída (*output*) de uma informação."[52]. Ele é, em regra, manual, ou seja, alimentado por um ser humano. Com a evolução da tecnologia, softwares passaram a auxiliar, automatizando o procedimento. Podemos recordar a Nota Fiscal como um exemplo dessa dinâmica.

Se analisarmos o passado, ao tempo os dados representavam uma necessidade mais precária ou simplista. Barbieri recorda que as estruturas e a linguagem "atendiam bem as demandas do processamento 'basicão' das empresas", tais como rodar "folhas de pagamento, sistemas com emissão de notas fiscais e pedidos, controle de almoxarifados".[53]

[50] BARBIERI, Carlos. **Governança de dados:** Práticas, conceitos e novos caminhos. Rio de Janeiro: Alta Books, 2019, p. 15.

[51] Governança de Dados "foca em princípios de organização e controle sobre esses insumos [dados] essenciais para a produção de informação e conhecimento", que podem se dar no âmbito das empresas ou do governo. (BARBIERI, Carlos. **Governança de dados:** Práticas, conceitos e novos caminhos. Rio de Janeiro: Alta Books, 2019, p. 37).

[52] BIONI, Bruno Ricardo. **Proteção de dados pessoais:** a função e os limites do consentimento. Rio de Janeiro: Forense, 2019, p 37.

[53] BARBIERI, Carlos. **Governança de dados:** Práticas, conceitos e novos caminhos. Rio de Janeiro: Alta Books, 2019, p. 6.

Com a nova formatação da tecnologia e da sociedade, a nova demanda passou a ser em torno dos dados "informacionais", ou seja, dados que possibilitassem a produção de relatórios gerenciais, "com possibilidade de visualizações mais agradáveis, via gráficos" e que, se valendo dos "mesmos dados básicos já existentes", seriam "agora estruturados por 'dimensões', como tempo, geografia, tipo, etc., que permitiriam segmentação e busca mais efetivas".[54]

Os *data warehouses* seguem a lógica do banco de dados, contudo, por meio de seus dados estruturados e do acúmulo de dados históricos[55], vão além para possibilitar a tomada de uma decisão.[56]

O lago de dados, por sua vez, transita entre os dados transnacionais[57] e informacionais, se tratando de uma espécie de depósito construído para suportar uma grande quantidade e volume de novos tipos de dados (não estruturados, isto é, habilitado a armazenar imagens, e-mails, dentre outros), além dos tipos anteriores. Nesse sentido:

> São depósitos passageiros que servem para a filtragem, limpeza e consolidação dos dados, que normalmente podem ser buscados em fontes transnacionais distintas, com formatos diferentes. Daí a necessidade de escová-los adequadamente antes deles entrarem no depósito, cujo conteúdo tem uma plateia seleta (camada gerencial).[58]

[54] BARBIERI, Carlos. **Governança de dados:** Práticas, conceitos e novos caminhos. Rio de Janeiro: Alta Books, 2019, p. 6.

[55] O nome "armazém de dados", ou *data warehouse*, "remete ao lugar onde há o acúmulo controlado dos dados transnacionais, que crescem vegetativamente com a incorporação constante de novos fatos (vendas, empréstimos, etc.), vindos do mundo operacional da empresa." (BARBIERI, Carlos. **Governança de dados:** Práticas, conceitos e novos caminhos. Rio de Janeiro: Alta Books, 2019, p. p. 6.

[56] "Tal sistema de gerenciamento permite, por exemplo, identificar um fator que será determinante para adoção ou não de uma ação de marketing, como a classificação daqueles clientes que têm maior probabilidade de ser seduzidos por uma "mala direta", ou, por outro tipo de abordagem publicitária." (BIONI, Bruno Ricardo. **Proteção de dados pessoais:** a função e os limites do consentimento. Rio de Janeiro: Forense, 2019, p. 38).

[57] Dados transnacionais são aqueles dinâmicos e estão atrelados à movimentação dos negócios, a exemplo de Notas Fiscais, matrícula de aluno, pedidos de serviços. (BARBIERI, Carlos. **Governança de dados:** Práticas, conceitos e novos caminhos. Rio de Janeiro: Alta Books, 2019, p. 19).

[58] BARBIERI, Carlos. **Governança de dados:** Práticas, conceitos e novos caminhos. Rio de Janeiro: Alta Books, 2019, p. 7).

Todos são mecanismos utilizados pelo Poder Público e não apenas pelas entidades privadas. Podemos citar, por exemplo, a celebração de contrato com o SERPRO e a implementação de um lago de dados em 2020, onde estão concentradas "informações como Cadastro de Pessoa Física (CPF), Cadastro Nacional da Pessoa Jurídica (CNPJ), Nota Fiscal Eletrônica (NF-e)", dentre outras.[59]

O "lago de dados" da Procuradoria-Geral da Fazenda Nacional é um grande exemplo da aliança entre a tecnologia baseada na *Big Data*[60] e a busca pelo aperfeiçoamento da tomada de decisões e formulação de políticas públicas, uma vez que a estrutura permite novos cruzamentos de informações com maior velocidade.

Por meio dela, as respectivas informações extraídas dos dados podem ser analisadas e tratadas, sendo possível "traçar perfis de devedores propensos à negociação, expectativas de risco nos processos de cobrança ou modelos preditivos em relação à inadimplência".[61]

Seja qual for o mecanismo de tecnologia adotado para armazenamento de dados e processamento de informações, do ponto de vista tributário a expectativa é a de que a reunião de dados e informações cresça rapidamente em volume e velocidade com o fim de automatizar o procedimento, monitorando os contribuintes e garantindo a arrecadação, além de combater crimes tributários ou financeiros. [62]

[59] SERPRO. **Notícias.** Data Lake Serpro: uma nova forma de prover políticas públicas para a sociedade. Disponível em: <https://serpro.gov.br/menu/noticias/noticias-2018/data-lake-serpro-uma-nova-forma-de-prover-politicas-publicas-para-a-sociedade >. Acesso em: 16 maio 2021.

[60] "O conceito de Big Data nada mais é do que a representação de um novo momento da sociedade, quando diversas mudanças de tecnologia acabaram por gerar uma profunda produção de dados, de variados tipos e com volumes e velocidades de dimensões diferentes. Assim, Big Data, muito mais do que tecnologias específicas, representa um novo estado das tecnologias existentes, algumas agora evoluídas e outras relativamente novas (...). Fenômenos como a internet, redes sociais, portabilidade, 'devices' mais inteligentes (...), suas respectivas produções de dados e novas formas de tratá-los (como Inteligência Artificial com aprendizado de máquina) compuseram esse mosaico de fatores do que hoje é chamado simplificadamente de Big Data". (BARBIERI, Carlos. **Governança de dados:** Práticas, conceitos e novos caminhos. Rio de Janeiro: Alta Books, 2019, p. 108).

[61] SERPRO. **Notícias.** Serpro implanta Data Lake para PGFN. Disponível em: <https://www.serpro.gov.br/menu/noticias/noticias-2020/serpro-implanta-data-lake-para-pgfn>. Acesso em: 16 maio. 2021.

[62] cf. CIAT. Centro Interamericano de Administraciones Tributarias. **Las TIC como herramienta estratégica para potenciar la eficiência de las administraciones tributarias.** 2020. p. 185. Disponível em:
< https://biblioteca.ciat.org/opac/book/5731>. Acesso em: 16 maio 2021).

A armazenagem de dados é uma peça da engrenagem que igualmente move a estrutura da Receita Federal, como a Central de Dados que reúne informações e estatísticas econômico tributárias e aduaneiras, chamada de ReceitaData[63], e a ferramenta "ContÁgil", que engloba as informações contábeis dos contribuintes.[64]

O universo de dados dos contribuintes, e as ferramentas que os reúnem, como os bancos de dados, são formas de visualizar a imbricada relação que mencionamos entre os dados e as informações. A tecnologia atual os organiza e disponibiliza para que sejam gerenciados a fim de "produzir um conhecimento que possa ser revertido para tomada de uma decisão".[65]

No caso da Fazenda Nacional e da Receita Federal, a reunião dos dados de contribuintes oferece, apenas de início, informações que traçam o perfil e a capacidade de pagamento de cada contribuinte. Se contabilizarmos o seu cruzamento, haverá uma infinidade de informações disponíveis. A verdade é que os dados, seguidos por um contexto (metadados), se tornaram uma poderosa matéria-prima da era da informação.[66]

Vale lembrar que a LGPD brasileira (Lei nº 13.709/2018), no inciso I do art. 5º, define "dado pessoal" como uma **informação** "relacionada a pessoa natural identificada ou identificável".

A Portaria RFB nº 4, de 22 de janeiro de 2021, ao dispor sobre o Protocolo de Auditabilidade da Administração Tributária e Aduaneira, possibilitando o compartilhamento de dados e informações fiscais sigilosas, traz a definição de dados como "fatos ou mensurações acerca de um universo de análise ou observação" (art. 2º, I) e informações como "resultados do processamento, da manipulação e da interpretação de dados organizados, ou obtidos a partir de documentos, de modo a disponibilizar seu significado aos destinatários interessados" (art. 2º, II).[67]

Diante de todo esse escopo, e recordando que o foco do presente trabalho pende, no fim, para a Governança e gestão de dados fiscais sigilosos que

[63] BRASIL. Receita Federal. Ministério da Economia. **Receita Data.** Disponível em: https://receita.economia.gov.br/dados/receitadata . Acesso em: 10 fev. 2021.

[64] FIGUEIREDO, Gustavo Henrique de Britto. Um novo paradigma na auditoria em meio digital. In: SECRETARIA DA RECEITA FEDERAL DO BRASIL. **Prêmio de Criatividade e Inovação Auditor-Fiscal da Receita Federal do Brasil José Antônio Schöntag.** 7. ed. Brasília: RFB, 2010, p. 15-54.

[65] BIONI, Bruno Ricardo. **Proteção de dados pessoais:** a função e os limites do consentimento. Rio de Janeiro: Forense, 2019, p. 39.

[66] ROSS, Alec. **The industries of the future.** Nova York: Simon & Schuster Paperbacks, 2016.

[67] Portaria RFB nº 4, de 22 de janeiro de 2021.

partem da Receita Federal[68], seguiremos a doutrina que utiliza dado e informação como intercambiáveis.

Não deixamos de reconhecer, todavia, que existe vertente da Tecnologia da Informação e Comunicação que as diferencia. Há, também, possíveis influências da distinção sobre o que abordaremos no Capítulo 3 acerca da separação informacional de poderes.

E isso porque, segundo alguns estudiosos defendem[69], os conceitos de dados, informações, compartilhamento, acesso ou fornecimento merecem ser diferenciados para análise da competência legal do órgão. Outros relembram que somente o universo das informações seria alvo de proteção legal. No nosso entendimento inicial, porém, o cotejo não impactará na análise ou conclusões jurídicas que aqui propomos, sobretudo em razão de interesse estar voltado aos dados acumulados, os quais, juntos, resultam em informações. Assim, a remissão a dados sempre terá como pressuposto uma informação.

1.2.2 Informações fiscais sigilosas

As informações fiscais sigilosas são aquelas obtidas "sobre a situação econômica ou financeira do sujeito passivo ou de terceiros e sobre a natureza e o estado de seus negócios ou atividades" (art. 198 do CTN) e "são colhidas com as chamadas obrigações acessórias (deveres instrumentais), que registram dados da atividade dos sujeitos passivos relevantes à apuração de tributos devidos", além dos levantamentos de "fatos sobre a vida dos contribuintes" realizados pelo próprio Estado por meio das atividades de fiscalização.

No plano exegético da jurisdição constitucional brasileira construída pelo STF, o Ministro Joaquim Barbosa, relator da ACO nº 1.271/RJ, entende que as informações fiscais sigilosas se voltam para dois aspectos: esfera privada e esfera pública. Na primeira, a proteção tem como foco impedir que terceiros

[68] Para o *Tax Inspectors Without Borders*, iniciativa formada dentro da OCDE em parceria com o Programa das Nações Unidas para o Desenvolvimento (PNUD), não haveria uma definição universal do que seria informação tributária (ou fiscal). (OECD. **Confidentiality of Tax Information.** Disponível em: <http://www.tiwb.org/get-involved/host-administration/confidentiality-of-tax-information/ >. Acesso em: 10 fev. 2021).

[69] NEAR-lab. **Separação de Poderes Informacional.** Disponível em: https://near-lab.com/2020/10/04/separacao-de-poderes-informacional/#_ftn7. Acesso em: 20 jun. 2021).

acessem os dados que revelem, direta ou indiretamente, o patrimônio ou as atividades do sujeito passivo.

Na esfera pública, por sua vez, a restrição imposta pelo sigilo possui o viés funcional, ou seja, "se as informações servem para auxiliar o Fisco a constituir e cobrar créditos tributários, somente os agentes públicos destacados para tal atividade específica é que devem ter acesso aos dados".

Essas são concepções que nos remetem às lições de Hannah Arendt, no plano filosófico. Ao citar Werner Jaeger, Arendt constata que o "surgimento da cidade-Estado significou que o homem recebera, 'além de sua vida privada, uma espécie de segunda vida, o seu *bios politikos*". Desse modo, contrastando com o individualismo, "agora cada cidadão pertence a duas ordens de existência; e há uma nítida diferença em sua vida entre aquilo que lhe é próprio (*idion*) e o que é comum (*koinon*)."[70]

Isso não poderá ensejar, contudo, que a consolidação de um Estado Democrático imponha, sem limites, regras com base no que é comum, tão somente sob o argumento de ser um interesse público. Afinal, direitos para além do sigilo, como os direitos fundamentais à intimidade e à privacidade, igualmente compõem o peso da balança. Essa é a análise que buscaremos contemplar ao longo do trabalho e que importa para o que se entende como informação sigilosa.

Para o presente tópico, o esforço será somente para delimitarmos quais são e o contexto das informações fiscais sigilosas. Nesse sentido, a Portaria RFB nº 2.344, de 24 de março de 2011, "disciplina o acesso a informações protegidas por sigilo fiscal constantes de sistemas informatizados da Secretaria da Receita Federal (SRF)"[71].

Segundo o ato, as informações fiscais sigilosas consubstanciam (i) a situação econômica ou financeira e (ii) a natureza e o estado de negócios ou atividades, sejam elas do sujeito passivo[72] ou de terceiros, obtidas com o fim

[70] ARENDT, Hannah. **A condição humana**. Trad. Roberto Raposo. 13. ed. Rio de Janeiro: Forense Universitária, 2020, p. 82.

[71] Portaria RFB nº 2344, de 24 de março de 2011. Vale destacar que a Portaria RFB nº 1.277, de 9 de julho de 2012, delegou a competência para classificação de informação sigilosa "às autoridades que exerçam cargo em comissão do Grupo-Direção e Assessoramento Superiores-DAS, nível 101.4".

[72] Os arts. 121 e 122 do CTN definem o conceito de sujeito passivo da obrigação principal e da obrigação acessória. O primeiro pode ser entendido como contribuinte, "quando tenha relação pessoal e direta com a situação que constitua o respectivo fato gerador", ou responsável, "quando, sem revestir a condição de contribuinte, sua obrigação decorra de disposição expressa de lei". Já a segunda hipótese, de obrigação acessória, o sujeito passivo é aquela "pessoa obrigada às prestações que constituam o seu objeto".

de proteger a arrecadação e fiscalizar os tributos (art. 2º da Portaria RFB nº 2.344/2011). São informações que vão abarcar informações como as seguintes, a teor do inciso II do mencionado art. 2º:

(a) relativas a rendas, rendimentos, patrimônio, débitos, créditos, dívidas e movimentação financeira ou patrimonial;
(b) que revelem negócios, contratos, relacionamentos comerciais, fornecedores, clientes e volumes ou valores de compra e venda;
(c) relativos a projetos, processos industriais, fórmulas, composição e fatores de produção.

Estão englobados nesse âmbito os deveres instrumentais como o Balanço Patrimonial; a Demonstração de Resultado do Exercício (DRE); Declaração de Operações Imobiliárias (DOI); Declaração do ICMS e do Movimento Econômico (DIME); a Escrituração Fiscal Digital (EFD); Nota Fiscal eletrônica (NF-e), dentre outros.

Estão fora do rol informações cadastrais como o nome, a data de nascimento, endereço, filiação, qualificação, composição societária, relativas à regularidade fiscal (como as que estão contidas nas certidões negativas) e outras de caráter mais genérico. São dados que, sem a proteção do sigilo fiscal, serão disponibilizados a órgãos e entidades da Administração Pública, podem ser extraídos de bases como as da NF-e, do Cadastro de Imóveis Rurais (CAFIR), das inscrições em Dívida Ativa, dentre outros[73], e podem também ser objeto de disponibilização e comercialização a terceiros (setor privado)

Em ambos os casos – ie, dados protegidos ou não por sigilo fiscal – a Coordenação de Tecnologia e Segurança da Informação da Receita Federal, por meio da Portaria COTEC nº 21, de 9 de abril de 2020, prevê procedimentos de segurança da informação para a entrega dessas informações a outros entes, autoridades ou cidadãos.[74]

[73] A Portaria RFB nº 34, de 14 de maio de 2021, trata do compartilhamento de dados não protegidos por sigilo fiscal dentro da Administração Pública. Ainda, a Portaria RFB nº 4.255/2020, posteriormente revogada pela Portaria RFB nº 167, de 14 de abril de 2022, autorizou a disponibilização, pelo SERPRO, do acesso a terceiros de dados e informações relativos à NFe. São atos administrativos que têm respaldo nos arts. 28 e 29 do Decreto nº 10.046, de 9 de outubro de 2019.

[74] Portaria COTEC nº 21, de 9 de abril de 2020.

1.2.3 Compartilhamento, troca, transferência e intercâmbio

Quando tratamos de envio e recebimento de dados e informações não é incomum expressões como "compartilhamento", "troca", "transferência", "intercâmbio" (art. 198, §2º do CTN) e até mesmo "assistência mútua" ou "permuta" (art. 199 do CTN)[75]. Considerando que são termos cada vez mais similares, adotamos todos com a mesma conotação.

Estamos partindo da premissa de que o compartilhamento, a transferência e o intercâmbio são expressões que podem ensejar tanto o envio de informações em uma única direção, ou seja, um ente enviar para o outro (como no caso de as instituições financeiras para a Receita Federal), como o fluxo de ambos os lados (por exemplo, a Receita Federal enviando dados para o Fisco local e este igualmente enviando ao Fisco Federal).

A LGPD (Lei nº 13.709/2018), nessa linha, definiu o uso compartilhado de dados como:

> Comunicação, difusão, transferência internacional, interconexão de dados pessoais ou tratamento compartilhado de bancos de dados pessoais por órgãos e entidades públicos no cumprimento de suas competências legais, ou entre esses e entes privados, reciprocamente, com autorização específica, para uma ou mais modalidades de tratamento permitidas por esses entes públicos, ou entre entes privados.[76]

A doutrina estrangeira também não costuma separar os termos. Nesse caso, ao explorar instrumentos de compartilhamento de informações, o mais comum é a referência à "troca", como *exchange of tax information* (troca de informações fiscais), incluindo a sua forma automática, ou AEOI, isto é, sem a necessidade de solicitação ou requisição[77].

[75] O termo permuta também foi replicado na Solução de Consulta Interna COSIT nº 2, de 26 de fevereiro de 2018. Disponível em: http://normas.receita.fazenda.gov.br/sijut2consulta/link.action?idAto=90415&visao=anotado. Acesso em: 22 maio 2021.

[76] Inciso XVI do art. 5º da LGPD.

[77] Recorremos, como um dos exemplos, à doutrina de Viktoria Wöhrer. A autora transita entre a utilização do termo *exchange* (troca) e o *sharing* (compartilhamento), utilizando-os no mesmo sentido. Cf. WÖHRER, Viktoria. **Data Protection and Taxpayers' Rights:** Challenges Created by Automatic Exchange of Information. Amsterdam: IBFD, 2018, p. 180.

Desse modo, em uma tentativa de simplificar, concluímos não haver razão para diferenciar todas as espécies, uma vez que a matéria é, por si só, revestida de variantes e variáveis.

Além disso, não enxergamos prejuízo em assim delimitar, considerando que a legislação, tal como o CTN, e os atos infralegais por vezes as utiliza como sinônimos, a exemplo do §2º do art. 198 do CTN, que, complementando a hipótese de requisição e solicitação do §1º, reforça as balizas que o fluxo de informações dentro da Administração Pública deve obedecer (processo instaurado e entrega pessoal), e ainda menciona "intercâmbio" e "transferência" dentro do mesmo contexto.[78]

1.2.4 Requisições, solicitações, acesso e divulgação

Os quatro elementos – requisição, solicitação, acesso e divulgação – são importantes para entendermos a estrutura do compartilhamento de dados e informações entre entes e autoridades públicas, assim como os limites dos parâmetros atualmente estabelecidos para tanto, com destaque para os precedentes do STF.

O art. 198 do CTN traz o núcleo central. No *caput*, ao introduzir os primeiros ditames para a proteção das informações fiscais e os limites do compartilhamento, a primeira referência remete ao termo "divulgação", que abordaremos logo mais. Inicialmente, "requisição" e "solicitação" são mencionadas pelos incisos I e II do §1º do art. 198 do CTN[79].

A principal diferença entre um e outro está na carga de discricionariedade com a qual a Receita Federal repassará as informações protegidas pelo sigilo fiscal. A **requisição**, portanto, remonta à obrigação, a um dever legal de enviar os dados requeridos pelo Poder Judiciário. Como regra, não há,

[78] "§2º O intercâmbio de informação sigilosa, no âmbito da Administração Pública, será realizado mediante processo regularmente instaurado, e a entrega será feita pessoalmente à autoridade solicitante, mediante recibo, que formalize a transferência e assegure a preservação do sigilo."

[79] "§ 1º Excetuam-se do disposto neste artigo, além dos casos previstos no art. 199, os seguintes:
I – **requisição** de autoridade judiciária no interesse da justiça;
II – **solicitações** de autoridade administrativa no interesse da Administração Pública, desde que seja comprovada a instauração regular de processo administrativo, no órgão ou na entidade respectiva, com o objetivo de investigar o sujeito passivo a que se refere a informação, por prática de infração administrativa."

nessa hipótese, margem discricionária para a Fazenda Pública opor o sigilo, negando o envio dos dados.[80]

Do outro lado, a solicitação, ao prescindir de ordem judicial, guardará a possibilidade de um juízo discricionário quando da análise a ser realizada pelo Fisco e envolverá o sopesamento de todos os requisitos contidos no inciso II do §1º do art. 198 do CTN, além da verificação da competência legal da autoridade que solicita e, de acordo com a orientação do Parecer PGFN/CAT nº 784, de 23 de abril de 2001, "se os fatos e motivos que justificam o pedido de dados fiscais e a instauração do processo administrativo têm pertinência direta com a informação sigilosa solicitada".

Em resumo, a **solicitação**, para ser aceita, deve, obrigatoriamente, preencher os seguintes requisitos cumulativos:

a) será feita por autoridade administrativa da administração direta ou indireta de qualquer dos Poderes legalmente constituídos;
b) terá como fim a investigação de infração administrativa;
c) ser adequada e necessária para o esclarecimento daquilo que é investigado (princípio da proporcionalidade);
d) conter requisito objetivo da existência de processo ou procedimento administrativo em trâmite no órgão solicitante (procedimento presidido pela autoridade administrativa);
e) que as informações se refiram exclusivamente ao sujeito que é investigado (aplicação do subprincípio da necessidade, pertencente ao princípio da proporcionalidade);
f) é imprescindível a instauração prévia de processo ou procedimento administrativo para a solicitação de informação protegida pelo sigilo fiscal à Receita Federal ou à PGFN.

Já a **divulgação** trata de "ação de espalhar, publicar, divulgar, em suma, tornar pública alguma informação"[81]. Importante a expressão "tornar pública", pois, se resgatarmos o *caput* do art. 198, veremos que a premissa do sigilo fiscal é a vedação à divulgação.

[80] BRASIL. Receita Federal. **Requisições judiciais,** 27 nov. 2020. Disponível em: https://www.gov.br/receitafederal/pt-br/assuntos/orientacao-tributaria/sigilo-fiscal/requisicoes-judiciais . Acesso em: 23 maio 2021.

[81] BRASIL. Receita Federal. **Aspectos gerais sobre o sigilo fiscal,** 27 nov. 2020. Disponível em: https://www.gov.br/receitafederal/pt-br/assuntos/orientacao-tributaria/sigilo-fiscal/aspectos-gerais-sobre-o-sigilo-fiscal . Acesso em: 23 maio 2021.

Tanto é assim que o §3º do art. 198 do CTN vem na sequência para excetuar da vedação à divulgação aquelas informações referentes (i) às Representações Fiscais para Fins Penais (RFFP's); (ii) às inscrições na Dívida Ativa da Fazenda Pública; e (iii) ao parcelamento ou moratória.

Seguindo a exceção, informações não protegidas pelo sigilo fiscal que acompanhem as RFFP's são divulgadas pela Receita Federal em seu sítio eletrônico[82]. Conforme possibilitou a Portaria RFB nº 1.750, de 12 de novembro de 2018, em seu art. 16, o número do processo atrelado à representação, o CPF, CNPJ, tipificação do ilícito penal, dentre outras, são passíveis de exposição ao público.

É por essa razão que as transações envolvendo o compartilhamento de dados entre entes públicos autorizados, quando realizadas sob os ditames legais e constitucionais, deverão, seguindo as razões decididas pelo STF[83], ser tratadas como uma transferência do sigilo e não uma divulgação.

O entendimento já era sinalizado pela interpretação que Hugo de Brito Machado Segundo lançava aos §§1º e 2º do art. 198 do CTN. De acordo com ele, a evolução jurisprudencial permitiu a transferência do sigilo fiscal do contribuinte não somente para o Poder Judiciário, via requisição, mas também para as outras autoridades da Administração Pública, tais como autoridades como as ambientais, do trabalho, policiais, etc. E isso tudo sem a necessidade de ordem judicial.[84]

Olhamos para o dispositivo com uma interpretação parcialmente diferente. Inicialmente, a requisição somente poderia vir da autoridade judicial, enquanto a solicitação é interligada às demais autoridades públicas, conforme apontamos.

Ademais, no cenário normativo atual, a citada transferência do sigilo fiscal somente poderá ocorrer se houver expressa previsão em lei e atendidos os critérios de proporcionalidade, ou seja, o fato de pertencer à Administração Pública não legitima toda e qualquer autoridade a receber as informações protegidas por sigilo fiscal.

[82] Confira, por exemplo: BRASIL. Receita Federal. **Lista de RFFP's enviadas ao Ministério Público no período de 14.11.2018 a 30.04.2021.** Disponível em: <https://www.gov.br/receitafederal/pt-br/acesso-a-informacao/acoes-e-programas/combate-a-ilicitos/fraude-tributaria/operacaodeflagrada/rffp-enviadas-ao-ministerio-publico-2021-04.pdf>. Acesso em: 22 maio 2021.

[83] Cf. tópico "Fonte jurisprudencial a partir do Supremo Tribunal Federal".

[84] SEGUNDO, Hugo de Brito Machado. **Código Tributário Nacional:** anotações à Constituição, ao Código Tributário Nacional e às leis complementares 87/1996 e 116/2003. 4. ed. São Paulo: Atlas, 2014, p. 427-428.

Portanto, com relação à redação do art. 198 do CTN, entendemos que a **divulgação** apenas ocorreria caso as informações sejam disponibilizadas ao público em geral ou a órgão ou agente não autorizado pela lei, de maneira que o rol definido no CTN como "exceções à não divulgação" não utiliza a melhor nomenclatura, pois quando resguardadas dentro da estrutura da Administração autorizada para tanto, não haveria, como regra, quebra de sigilo das informações. Não se trata, portanto, de divulgar, mas, sim, de transferir o sigilo.

Em resumo, caso as informações sigilosas recaiam sobre as mãos de pessoa não autorizada, ela será sempre ilegal e passível de punição nos moldes da lei cível e criminal – e.g. art. 325 do Código Penal (CP), que trata da violação de sigilo funcional.

Vale recordar os debates havidos no RE nº 389.808/PR, com destaque para o voto do Ministro Ayres Britto, ao enfatizar que a "conjugação do inciso XII com o inciso X [do art. 5º] da CF abona a tese de que o que se proíbe não é o acesso a dados, mas a quebra de sigilo, é o vazamento do conteúdo de dados. É o vazamento, é a divulgação".

É necessário considerar a premissa de que a proteção deverá ser mantida por aquele que recebe a informação, distanciando-se da concepção de abertura ao público. Assim, a divulgação é compatível quando houver verdadeira quebra de sigilo.

Excetua-se da punição quando decisão judicial determina o envio de informações sigilosas a órgão ou entidade que não possui legitimidade expressa na lei para acesso direto a elas, ou, ainda que possua, se trate de informações que ele não teria acesso via solicitação administrativa.

Nessa hipótese, haveria a quebra de sigilo. Como regra, o Poder Judiciário, de forma fundamentada[85], analisando a proporcionalidade e a finalidade, autorizaria que determinado ente não previsto no rol legal acesse as informações, ou que dados mais específicos sejam enviados. Nessa circunstância, o compartilhamento não poderia ocorrer de forma automática e contínua.

[85] "Conquanto possível a quebra do sigilo fiscal de pessoa física ou jurídica no curso do processo, em homenagem ao preponderante interesse público, constitui requisito essencial à higidez do ato judicial que a determina achar-se amparado em fundamentação consistente, por se cuidar de medida excepcional à regra geral da preservação da privacidade preconizada no art. 5º, inciso X, da Carta Política." (BRASIL. STJ, **Recurso Especial nº 1.220.307/SP**, Rel. Min. Aldir Passarinho Júnior, Quarta Turma, julgado em 17 mar. 2011, divulg. 22 mar. 2011, pub. 23 mar. 2011. Disponível em: https://stj.jusbrasil.com.br/jurisprudencia/18659433/recurso-especial-resp-1220307-sp-2010-0192022-8/inteiro-teor-18659434 Acesso em: 22 jun. 2021).

Acesso, por sua vez, será o meio pelo qual os indivíduos, sejam eles autoridades públicas ou pessoas físicas, têm conhecimento das informações. Mesmo as informações públicas são precedidas do acesso, só que, nesse caso, somente serão reveladas as informações que não digam respeito à situação econômica ou financeira, tampouco à natureza e ao estado de negócios ou atividades do contribuinte.[86]

Para tratar da requisição e o acesso, pela Receita Federal, de informações protegidas pelo sigilo bancário, o Decreto nº 3.724/2001 regulamentou o art. 6º da LC nº 105/2001. A partir da análise desse dispositivo, o STF, no julgamento do RE nº 601.314 e das Ações Diretas de Inconstitucionalidade (ADI's) nºs 2.390, 2.386, 2.397 e 2.859, definiu o acesso como incidental, enquanto o art. 5º da LC nº 105/2001 seria o acesso sistêmico. Analisaremos os pormenores nos tópicos sobre as fontes para o compartilhamento. [87]

1.2.4.1 Autoridade judiciária e autoridade administrativa

Os conceitos de autoridades judiciária e administrativa devem ser delimitados, pois as duas principais formas de compartilhamento de informações fiscais sigilosas, quais sejam requisição e solicitação, previstas nos incisos I e II do §1º do art. 198 do CTN, autorizam que ambas recebam, dentro de premissas estabelecidas, tais espécies de dados:

> Art. 198. Sem prejuízo do disposto na legislação criminal, é vedada a divulgação, por parte da Fazenda Pública ou de seus servidores, de informação obtida em razão do ofício sobre a situação econômica ou financeira do sujeito passivo ou de terceiros e sobre a natureza e o estado de seus negócios ou atividades.
>
> §1º Excetuam-se do disposto neste artigo, além dos casos previstos no art. 199, os seguintes:
>
> I – requisição de **autoridade judiciária** no interesse da justiça;
>
> II – solicitações de **autoridade administrativa** no interesse da Administração Pública, desde que seja comprovada a instauração regular de processo administrativo, no órgão ou na entidade respectiva, com

[86] A teor do art. 2º da Portaria RFB nº 2.344, de 24 de março de 2011.

[87] Os acessos sistêmico e incidental, por necessitarem do contexto da LC nº 105/2001, que trata do sigilo bancário, além da análise jurisprudencial, foram abordados no Capítulo 2, nos tópicos em que tratamos sobre as fontes infraconstitucional e jurisprudencial.

o objetivo de investigar o sujeito passivo a que se refere a informação, por prática de infração administrativa.

Partimos das definições estabelecidas pelo Manual eletrônico de Sigilo Fiscal (e-MSF) da Receita Federal. Assim, com relação à **autoridade judiciária**, estarão dentro do conceito os magistrados, ou seja, juízes, desembargadores e Ministros de Tribunais Superiores, não incluído nele o juiz arbitral.

As Comissões Parlamentares de Inquérito (CPIs) também estarão incluídas no conceito, já que, de acordo com o §3º do art. 58 da Constituição Federal, elas possuem poderes de investigação próprios das autoridades judiciais.

Autoridade administrativa, de acordo com o entendimento da Receita Federal, "refere-se àquela autoridade de qualquer dos Poderes legalmente constituídos (Executivo, Legislativo e Judiciário)"[88]. Será, portanto, a autoridade responsável, direta ou indiretamente, pela condução do processo administrativo. É o que ocorre, por exemplo, com o presidente de comissão de inquérito.

A delimitação de ambas as espécies influenciará na análise da legalidade do compartilhamento de informações fiscais sigilosas, já que se trata de rol de legitimados a requerer ou solicitá-las. Por isso, quando falarmos de fonte infraconstitucional e sobre o Código Tributário Nacional, essa será definição crucial, aliada à finalidade para a qual a legislação confiou o compartilhamento (interesses da justiça e da administração pública).

[88] Cf. Solução de Consulta Interna COSIT nº 24, de 12 de novembro de 2012.

2. COMPARTILHAMENTO DOS DADOS FISCAIS SIGILOSOS: PARÂMETROS E TRATAMENTO NA ESFERA FEDERAL

2.1. As fontes para o compartilhamento

Partindo da "bússola que nos guia", nas palavras do Ministro Carlos Ayres Britto, a análise do compartilhamento de dados protegidos pelo sigilo fiscal deve ser iniciada pela estrutura de direitos, deveres e princípios fundamentais resguardados pela Constituição Federal de 1988.

A base doutrinária lançada por Hans Kelsen em seu Teoria Pura do Direito, igualmente recomenda que, na nossa busca das fontes que sustentam o compartilhamento de dados protegidos pelo sigilo fiscal, toda e qualquer hermenêutica tenha como pressuposto a análise inicial do Texto Constitucional.

Por isso, iremos, primeiro, perpassar pelo arcabouço de disposições da Constituição Federal que, juntas, dão o suporte geral a tal compartilhamento. Isso para demonstrar tanto a recepção do tema pela dogmática constitucional brasileira, como tornar mais nítida a evolução da interpretação conforme a nova roupagem dos dados e a de sua importância quando ponderada com o interesse público.

Após, lançaremos mão do panorama que envolve os principais atos normativos infraconstitucionais, responsáveis por esmiuçar os limites do compartilhamento a partir da autorização constitucional e, em seguida, a jurisprudência mais recente sobre o tema, formada pelo STF, a qual, no fim do dia, reúne as premissas adotadas pelas fontes constitucional e infraconstitucional.

Além disso, considerando que a temática do sigilo e de compartilhamento de dados sofrera mutações e adequações à percepção de mundo que temos hoje, impulsionado pela era digital, buscaremos compilar o diálogo entre essas fontes com a visão geral do conjunto que hoje prevalece em termos de regramento jurídico do compartilhamento de dados.

Precisamos relembrar, ainda, que o foco de nossa abordagem se volta para os dados fiscais. Para isso, iremos repassar também alguns aspectos do sigilo bancário.

Isso em razão de as informações financeiras, cruciais para o trabalho da Receita Federal, serem repassadas para o Fisco. Relembrando que o fluxo se inicia com a proteção dos dados pelo sigilo bancário e se transforma em sigilo fiscal, seguindo posteriormente as demais cadeias de transferência quando do repasse a outras instituições.

Por fim, o capítulo que aqui iniciamos se resume na análise dos atos que dão substância ao compartilhamento das informações fiscais sigilosas, observando que, em regra, não se trata de um ato isolado que fornece o suporte necessário. Pelo contrário, há uma rede normativa que deve ser analisada em conjunto para que se verifique a possibilidade, a constitucionalidade e a legalidade dos envios e acessos aos dados.

2.1.1 A fonte constitucional

Por estarmos diante de métodos de interpretação da Constituição, tal como a teleológica[89], buscamos o valor e a finalidade dos principais dispositivos e as suas ligações com a temática. Proteção ao sigilo, à arrecadação tributária e o dever de cooperação entre as Administrações Tributárias são os comandos centrais.

Assim, nesse escopo, nos interessa (i) a diferenciação entre o direito à privacidade e a intimidade, a inviolabilidade do sigilo de dados e onde as informações fiscais se encontram inseridas; (ii) a cooperação, por meio do compartilhamento de informações, entre os fiscos da União, dos Estados, do Distrito Federal e dos Municípios e, por fim, (iii) a efetividade da arrecadação tributária, a partir da premissa de que o acesso da Administração Tributária aos dados dos contribuintes é necessário para assegurar a arrecadação e para preservar a capacidade contributiva e a isonomia.

[89] Sobre interpretação das leis, as lições de Aharon Barack valem a recordação. Para o ex-Juiz da Suprema Corte de Israel, em uma tradução literal, "os valores básicos de um sistema jurídico são mais do que apenas o pano de fundo para um ato legislativo; eles também são o propósito pelo qual a legislação é feita para alcançar. Essa é a justificativa para que se interprete cada pedaço de legislação de uma maneira que os valores básicos do sistema sejam atualizados". (BARAK, Aharon. **Purposive Interpretation in Law**. Trad. Sari Bashi. Princeton and Oxford: Princeton University Press, 2005, p. 339).

Esses itens reclamarão, metodologicamente, uma leitura conjunta dos incisos X e XII do art. 5º; do inciso XXII do art. 37, introduzido pela Emenda Constitucional (EC) nº 42/2003; e do §1º do art. 145 da CF de 1988.

2.1.1.1 Direitos à privacidade, à intimidade e a inviolabilidade do sigilo de dados

Privacidade, intimidade (inciso X do art. 5º) e a inviolabilidade do sigilo de dados (inciso XII do art. 5º) são elementos intrinsicamente conectados pela Constituição Federal de 1988, nada obstante, apesar de suas correlações, tenham entre si diferenças, as quais são importantes para que seja possível alocar as discussões envolvendo dados fiscais no plano da hermenêutica constitucional, assim como perceber a evolução da interpretação diante da intensificação da era digital.

A ligação entre intimidade, privacidade e proteção ao sigilo é uma constatação trazida no paradigmático trabalho de Tércio Sampaio Ferraz Júnior, com base no qual a jurisprudência do STF, a partir dos anos 1990, se direcionou para sedimentar a interpretação de que a reserva jurisdicional, hipótese que autorizaria a quebra da inviolabilidade do sigilo, prevista pela parte final do inciso XII do art. 5º, se lançava apenas aos dados frutos de uma comunicação.

Estariam de fora, portanto, os dados estáticos, armazenados, por exemplo, em um banco de dados, os quais não atrairiam a regra da necessidade de ordem judicial. De acordo com Ferraz Júnior, esses seriam, por sua vez, relacionados à proteção do inciso X do art. 5º (privacidade e intimidade) – e não com a do inciso XII.

Ou seja, a hipótese não atrairia o direito ao sigilo. Sob a regência do que Hannah Arendt delimitou como "princípio da exclusividade", por se tratarem de informações relativas à integridade moral, estariam elas relacionadas à privacidade *per se*, cujo propósito é garantir que o indivíduo seja inserido na vida social e na vida pública.[90]

[90] Ferraz Júnior relembra que o princípio da exclusividade, a teor do que abordado por Celso Lafer, advém dos ensinamentos de Hannah Arendt com base em Kant. Esse princípio tem como objetivo "assegurar ao indivíduo a sua identidade diante dos riscos proporcionados pela niveladora pressão social e pela incontrastável impositividade do poder político". Além disso, ele possui três atributos principais, quais sejam (i) a solidão; (ii) o segredo; e (iii) a autonomia. (FERRAZ JÚNIOR, Tércio Sampaio. Sigilo de dados: o direito à privacidade e os limites à função fiscalizadora do Estado. **Revista da Faculdade de Direito, Universidade de São Paulo**, São Paulo, p. 439-459, 1993, p. 441; QUEIROZ, Rafael Mafei Rabelo; PONCE, Paula Pedigoni. Tércio Sampaio Ferraz Júnior e Sigilo de dados: o direito à privacidade e os limites à função fiscalizadora do Estado: o que permanece e o que deve ser reconsiderado. **Internet&Sociedade,** São Paulo, n. 1, v.1, p. 64-90, fev. 2020, p. 69.

Além da dicotomia privacidade e inviolabilidade do sigilo, outro elemento importante para a equação diz respeito à intimidade. Para Ferraz Júnior, "no recôndito da privacidade se esconde, pois, em primeiro lugar, a intimidade. A intimidade não exige publicidade, porque não envolve direitos de terceiros".[91]

Não é comum que jurisprudência e doutrina distingam a privacidade da intimidade[92], contudo, nos alinhando a outra parcela que assim o faz, como Tércio Sampaio Ferraz Júnior, separamos a privacidade em seu sentido amplo e em seu sentido estrito – neste último é onde repousa a intimidade.

A mesma distinção é revisitada por Gilmar Ferreira Mendes ao definir o sentido estrito do direito à privacidade como a pretensão do indivíduo de manter os seus assuntos e informações pessoais fora do campo de observação de terceiros ou ao público. [93]

Nesse seguimento, a intimidade, apesar de não ser revestida por um conceito absoluto, teria como pressuposto o direito de ficar só – e aqui relembramos Samuel Warren e Louis Brandeis com a expressão "*the right to be let alone*", lançada pelo juiz Thomas Cooley e pelos autores reavivada –[94], remetendo a um aspecto mais individual do que social. Nela, portanto, o ato de se comunicar com terceiros inexistiria.

A privacidade em seu sentido amplo (*lato sensu*), igualmente um direito subjetivo fundamental, abrange informações cujo conteúdo, pertencente a um indivíduo, possui repercussão social, não se subsumindo ao "direito de estar só", como ocorre no caso da intimidade.

Os direitos ao nome, à imagem e à reputação, por exemplo, compõem a esfera da privacidade, mas "demarcam a individualidade em face dos outros". Informações desse cunho devem ser protegidas de acordo com o grau de sensibilidade que a reveste e, nada obstante sejam de conhecimento de terceiros,

[91] FERRAZ JÚNIOR, Tércio Sampaio. Sigilo de dados: o direito à privacidade e os limites à função fiscalizadora do Estado. **Revista da Faculdade de Direito, Universidade de São Paulo**, São Paulo, p. 439-459, 1993, p. 442.

[92] MENDES, Gilmar Ferreira; BRANCO, Paulo Gustavo Gonet. **Curso de direito constitucional**. 7. ed. São Paulo: Saraiva, 2012, p. 420.

[93] MENDES, Gilmar Ferreira; BRANCO, Paulo Gustavo Gonet. **Curso de direito constitucional**. 7. ed. São Paulo: Saraiva, 2012, p. 411.

[94] WARREN, Samuel D; BRANDEIS, Louis D. The right to privacy. **Harvard Law Review**, v. 5, n. 5, p. 193, 1890. Disponível em: <http://links.jstor.org/sici?sici=0017811X%2818901215%294%3A5%3C193%3AATRTP%3E2.0.CO%3B2-C>. Acesso em: 2 jun. 2021.

"não podem transformar-se em objeto de troca de mercado, salvo se houver consentimento".[95]

A partir desses ensinamentos, e tomando o apoio da jurisprudência atual adiante abordada, entendemos que os dados fiscais não se conectam à intimidade – ou à privacidade em seu sentido estrito -, uma vez que as informações são tratadas por terceiros, a exemplo da Receita Federal. Tampouco os dados bancários poderiam ser encaixados como tal, já que, antes de serem repassados ao Fisco, eles também são tratados por terceiros, como as instituições financeiras.

Os dados fiscais e bancários estão, pois, ligados à privacidade no sentido amplo, já que ao mesmo tempo em que pertencentes a um indivíduo, têm o potencial de repercutirem socialmente.

São informações de teor sigiloso, mas que são compartilhadas, **por força de lei**, entre o titular e a autoridade que possui o dever de preservar tal sigilo, sendo abraçadas pela privacidade *lato sensu*, isto é, a sua vertente que não abarca a intimidade uma vez que possuem um valor social, como o da proteção à arrecadação e a manutenção da capacidade contributiva, nos moldes determinantes do §1º do art. 145 da CF[96].

Na perspectiva do sigilo bancário, os Tribunais Superiores o têm sob a proteção da vida privada. Por exemplo, funcionários de uma instituição financeira possuem acesso às informações dos clientes, mas, por outro lado, devem agir com discrição[97].

Além disso, há margens para a sua flexibilização nas hipóteses em que haja a relevância dos dados para o contexto social, isto é, uma tensão entre o interesse do indivíduo e o da coletividade, pois não se trata de um direito absoluto.[98]

[95] FERRAZ JÚNIOR, Tércio Sampaio. Sigilo de dados: o direito à privacidade e os limites à função fiscalizadora do Estado. **Revista da Faculdade de Direito, Universidade de São Paulo**, São Paulo, p. 439-459, 1993, p. 442.

[96] O princípio da capacidade contributiva previsto no art. 145, §1º da CF/88 teve a sua forma originária na Constituição de 1824, contudo, foi a Constituição de 1946, em seu art. 202, que o assumiu de fato, sendo posteriormente revogado pela Emenda nº 18/1965. Veja em: TORRES, Heleno Taveira. Comentário ao artigo 145. In: CANOTILHO, J.J. Gomes et al. **Comentários à Constituição do Brasil**. São Paulo: Saraiva/Almedina, 2013, p. 3396.

[97] MENDES, Gilmar Ferreira; BRANCO, Paulo Gustavo Gonet. **Curso de direito constitucional**. 7. ed. São Paulo: Saraiva, 2012, p. 385.

[98] MENDES, Gilmar Ferreira; BRANCO, Paulo Gustavo Gonet. **Curso de direito constitucional**. 7. ed. São Paulo: Saraiva, 2012, p. 385.

Nessa equação, à luz de Ferraz Júnior, o sigilo não é computado como um direito fundamental, a exemplo do que ocorre com o direito ao nome, à imagem, à reputação, ligados à privacidade.

Ele (o sigilo) funcionaria, em verdade, como uma ferramenta que equaliza e efetiva a proteção à privacidade que, como dito, aqui denominamos de *lato sensu* e *stricto sensu* (art. 5º, X), à inviolabilidade do domicílio (art. 5º, XI), da correspondência e das comunicações telegráficas, de dados e telefônicas (art. 5º, XII), e está calcado na **faculdade** de agir e de resistir à devassa, servindo não apenas ao indivíduo de forma isolada, mas também à sociedade e ao Estado, quando as informações forem sensíveis à segurança de ambos[99].

Como não se trata de um direito absoluto, a sua inviolabilidade estará à mercê de uma ponderação pelo intérprete, na fórmula de Robert Alexy[100], que deverá, quando o Texto Constitucional de antemão assim não o fizer, sopesá-lo com os interesses e direitos do indivíduo, a exemplo do direito à privacidade, dos interesses da sociedade e do Estado.

Portanto, essas premissas nos levam novamente ao apoio da doutrina de Ferraz Júnior para concluir que a inviolabilidade do sigilo pode ser resumida na negativa de acesso ao conteúdo abarcado pelos dados, mas não dos dados em si[101].

2.1.1.2 A cooperação entre as administrações tributárias

Um dos elementos constitucionais que fornece sustentação ao compartilhamento de dados sobreveio com a Emenda Constitucional nº 42, de 19 de dezembro de 2003, e a inserção do inciso XXII ao art. 37 da Carta Magna. Após a iniciativa do constituinte derivado, a Constituição passou a prever que os Fiscos federal, estadual, distrital e municipal atuariam de forma integrada "inclusive com o compartilhamento de cadastros e de informações fiscais, na forma da lei ou convênio".

[99] A exemplo do que prevê o inciso XXXIII do art. 5º da CF, que trata do acesso à informação pela sociedade, hipótese em que haverá um dever de sigilo – e não propriamente um direito ao sigilo.

[100] Seguindo a ponderação de Alexy quanto a "restrição das restrições". Em suas palavras, "Da natureza principiológica das normas de direitos fundamentais decorriam não apenas a restrição e a restringibilidade dos direitos fundamentais em face de princípios colidentes, mas também que sua restrição e sua restringibilidade têm limites." (ALEXY, Robert. **Teoria dos direitos fundamentais.** Trad. Virgílio Afonso da Silva. São Paulo: Malheiros Editores, 2008, p. 295-296)

[101] FERRAZ JÚNIOR, Tércio Sampaio. Sigilo de dados: o direito à privacidade e os limites à função fiscalizadora do Estado. **Revista da Faculdade de Direito, Universidade de São Paulo**, São Paulo, p. 439-459, 1993, p. 69.

Parece mesmo intuitivo compreender o comando acima como vitalizador do próprio dever de eficiência constante do *caput* do art. 37 da CF. A iniciativa do legislador se deu a partir da visão de que elementos, tal como a transparência fiscal, precisava constar no Texto Constitucional como um reforço às garantias e prerrogativas da Administração Tributária, incluindo a tarefa do combate à evasão e à sonegação fiscal, além do exercício do controle social, a teor do que se extrai do parecer apresentado pelo relator, Deputado Virgílio Guimarães, à Comissão Especial destinada à análise da Proposta de Emenda Constitucional (PEC) nº 41/2003, que deu origem à EC nº 42/2003.

Durante os debates mantidos na Câmara dos Deputados, ensaiou-se, por meio de emenda ao texto, posteriormente rejeitada, o acréscimo do §3º ao art. 145 da CF, com o fim de vedar a oposição de sigilo contra o Fisco, assegurando-lhe o acesso a "informações, dados ou documentos necessários à identificação do patrimônio, rendimentos e atividade econômica dos contribuintes, sem prejuízo de seu conteúdo, sob pena de sanção".[102]

A antevisão sobre a integração dos fiscos para potencializar também o controle social, ou seja, mais do que um movimento em prol da constituição do crédito tributário, um verdadeiro reforço ao *accountability* da própria administração, se materializou anos depois.

Foi em razão da falta de transparência dentro da Receita Federal que o Tribunal de Contas da União (TCU) determinou o desenho de um plano de ação, pelo Poder Executivo, com o objetivo de cessar a oposição do manto do sigilo de dados em face da Corte de Contas. Conforme veremos ao longo do trabalho, entre os anos de 2019 e 2020 o compartilhamento de informações dentro da Administração Pública sofreu mudanças impulsionadas sobretudo pela auditoria realizada no âmbito do Fisco federal[103].

O inciso XXII do art. 37 solidifica, portanto, a recepção, pelo ordenamento constitucional brasileiro, das normas infraconstitucionais que, à luz da hermenêutica, buscam fortalecer a Administração Tributária, reconhecendo

[102] BRASIL. Câmara dos Deputados. **PEC nº 41/2003.** Altera o Sistema Tributário Nacional e dá outras providências. Disponível em: https://www.camara.leg.br/proposicoesWeb/fichadetramitacao?idProposicao=113717 Acesso em: 22 jun. 2021.

[103] BRASIL. TCU (Plenário). **TC nº 021.258/2018-0**. Rel. Min. Raimundo Carreiro, em 22 de maio de 2019; BRASIL. TCU, (Plenário). **TC nº 005.576/2019-9**. Rel. Min. Bruno Dantas, em 12 de agosto de 2020.

que a sua integração, essência advinda do próprio modelo de coordenação federalista[104], será concretizada pelo compartilhamento de informações.

A cooperação entre os fiscos (União, Estados, Municípios e Distrito Federal) está diretamente ligada à modernização da Administração Tributária, incluindo, nesse ambiente, a utilização dos vetores velocidade, volume e variedade das informações coletadas. Trata-se de moldura que se encaixa no cenário desenhado pela OCDE para a "Administração Tributária 3.0", do qual fará parte a conexão entre diferentes agentes, incluindo do setor privado, e que tem como um dos deveres o de reforçar a confiança no uso dos dados[105].

Nesse sentido, a reunião de dados fiscais pode ser visualizada por meio de iniciativas como a criação de ferramentas eletrônicas, a exemplo do SPED, instituído pelo Decreto nº 6.022/2007, com o objetivo de unificar "as atividades de recepção, validação, armazenamento e autenticação de livros e documentos que integram a escrituração contábil e fiscal dos empresários e das pessoas jurídicas". Com o SPED, a massificação de dados fiscais em ambiente eletrônico facilitou o cotejo e o fluxo de informações dos contribuintes entre a Administração Tributária.

Outro exemplo é o SISAM, inteligência artificial que, além de "ser considerado como o sistema ativo mais avançado no cenário mundial em termos de controle aduaneiro"[106], se vale do processamento de Declarações de Importação[107] e está disponível para todas as unidades aduaneiras do País, refletindo, assim como o SPED, o espírito cooperativo antevisto pela Constituição Federal.

[104] Nas lições de Gilberto Bercovici, "[A] coordenação é, na realidade, um modo de atribuição e exercício conjunto de competências no qual os vários integrantes da Federação possuem certo grau de participação. (...) A coordenação é um procedimento que busca um resultado comum e do interesse de todos. A decisão comum, tomada em escala federal, é adaptada e executada autonomamente por ente federado, adaptando-a às suas peculiaridades e necessidades." (BERCOVICI, Gilberto. A Descentralização de Políticas Sociais e o Federalismo Cooperativo Brasileiro. **Revista de Direito Sanitário**, v. 3, n. 1, p. 13-28, ma./2002, p. 15. Disponível em: https://www.revistas.usp.br/rdisan/article/view/81291 Acesso em: 22 jun. 2021).

[105] OECD. **Tax Administration 3.0:** The Digital Transformation of Tax Administration. Paris: OECD publishing, 2020. Disponível em: <https://www.oecd.org/tax/forum-on-tax-administration/publications-and-products/tax-administration-3-0-the-digital-transformation-of-tax-administration.pdf >. Acesso em: 2 jun. 2021.

[106] KÖCHE, Rafael. Inteligência artificial a serviço da fiscalidade: Sistema de seleção aduaneira por aprendizado de máquina (SISAM). In: MACHADO, Hugo de Brito (Coord.). **Tributação e novas tecnologias**. São Paulo: Editora Foco, 2021, p. 189.

[107] Jambeiro Filho, idealizador do *machine learning* da Receita Federal, que levou o nome de SISAM, traz o seu interessante relato de como se deu, em meio aos desafios do tempo, da burocracia e do orçamento enxuto, a criação de uma inteligência artificial revolucionária, demonstrando a intenção

2.1.1.3 Capacidade contributiva e proteção das bases tributáveis

O §1º do art. 145 da CF confere o caráter pessoal aos impostos, assim como prevê a sua progressividade de acordo com a "capacidade econômica" do contribuinte[108]. Para efetivar esse princípio (e objetivo constitucional), a Administração Tributária está autorizada a, dentro dos limites da lei e dos direitos individuais, identificar "o patrimônio, os rendimentos e as atividades econômicas do contribuinte".

Conforme esclarece Regina Helena Costa, esse comando envolve alguns princípios, a exemplo do que trata da tipicidade (ou legalidade), o da igualdade e, também, o republicano – esse último baseado no afastamento de "privilégios indevidos, de pessoas ou categorias de pessoas"[109].

No Brasil, a questão central que dá azo à intensificação da sistemática do compartilhamento de dados bancários e fiscais se apoia no dever de pagar tributos. Esse dever, por seu turno, faz frente à extensão do sigilo, pois, para efetivar o comando, é imprescindível que a Autoridade Tributária possua acesso às informações, além de meios cada vez mais eficazes para tal fim.[110]

Trata-se de uma importante premissa, uma vez que, conforme veremos ao abordar a fonte jurisprudencial, foi utilizada pelo STF para construir o entendimento de que o envio direto (sem a autorização prévia do Poder Judiciário) de informações bancárias ao Fisco não violaria o dever de sigilo. Nesse fluxo, o que ocorre é uma mera transferência desse mesmo sigilo, "permanecendo resguardadas a intimidade e a vida privada do correntista, exatamente como determina o art. 145, §1º, da CF."[111]

de tornar a análise aduaneira e o desembaraço de mercadorias mais eficientes. (JAMBEIRO, Jorge. A história do Sisam como a Vivi. **6º Concurso de Histórias de Trabalho da Receita federal do Brasil**, 2015. Disponível em: <https://bityli.com/yud8j> e < https://bityli.com/S71jM >. Acesso em: 2 fev. 2021).

[108] Ives Gandra Martins distingue os termos capacidade econômica e capacidade contributiva, esclarecendo que o termo utilizado pelo constituinte originário seria uma "imperfeição vernacular" e que, em verdade, a pretensão era a de "ao mencionar a capacidade do contribuinte, referir-se à sua capacidade contributiva e não à sua capacidade econômica, nada obstante o núcleo comum de ambas, que implica densidade econômica capaz de suportar a imposição [tributária]". (MARTINS, Ives Gandra da Silva. **O sistema tributário na Constituição**. 6. ed. São Paulo: Saraiva, 2007, p.114-115).

[109] COSTA, Regina Helena. **Princípio da capacidade contributiva**. São Paulo: Malheiros, 1993, p. 42.

[110] Aqui vale lembrar que: "Há princípio basilar da hermenêutica constitucional, a saber, a dos poderes implícitos, segundo o qual, quando a CF concede os fins, dá os meios". (RE nº 468.523/SC).

[111] Cf. RE nº 601.314/SP, Tema nº 225 da Repercussão Geral.

A sinalização do constituinte, contida no art. 145, §1º, entrega à Receita a responsabilidade de, nos contornos da lei, produzir o conjunto probatório que demonstre a ocorrência do fato gerador e a citada capacidade que interliga o indivíduo ou pessoa jurídica ao *status* de sujeito passivo, além de utilizar, da forma mais eficiente possível, aquelas informações fornecidas pelos próprios titulares das operações por meio das suas respectivas obrigações instrumentais ou acessórias. Conforme Eurico de Santi: "a Administração, de outro lado, deve ter instrumentos eficazes de controle da veracidade das informações prestadas, e o acesso à movimentação financeira é fundamental nesse sentido".[112]

Se o §1º do art. 145 da CF de 1988 nos orienta a proteger as bases tributáveis e, por consequência, garantir a arrecadação, é bem verdade que ele também nos relembra que esse fim não poderá suplantar os direitos e garantias dos cidadãos, e tampouco a obediência à legalidade. A própria efetividade da arrecadação brasileira precisa ocorrer dentro dos marcos ínsitos a um Estado Constitucional que tem, em sua base, consideração e respeito aos contribuintes, notadamente quanto aos direitos relacionados à sua intimidade e privacidade.

Heleno Torres lembra que a Administração Tributária não está restrita às documentações (provas) fornecidas pelo contribuinte e nem mesmo à força inerente às relações contratuais. A ela lhe cabe ainda "o uso do poder investigativo, inquisitório, de diligências probatórias previstas em lei, como necessárias ao pleno conhecimento dos fatos".[113]

Munida desse poder, "a autoridade administrativa há de promover, nos limites legais, a devida qualificação dos 'meios' adotados (formas e tipicidade) e da 'intenção' dos agentes (causa do negócio)"[114].

Delimitada essa moldura, entendemos que o racional dos limites legais aplicados à determinação do fato jurídico tributário deve ser estendido também para os meios utilizados para alcançar tal determinação, a exemplo

[112] SANTI, Eurico Marcos Diniz de. O sigilo e a Lei Tributária: Transparência, Controle da Legalidade, Direito à Prova e a Transparência do Sigilo Bancário para Administração Tributária na Constituição e na Lei Complementar nº 105/2001. In: PISCITELLI, Tathiane. (Org.). **Direito Tributário** – o Direito Tributário na Prática Dos Tribunais Superiores – Série Gvlaw. São Paulo: Saraiva, 2013, v. 1, p. 143.

[113] TORRES, Heleno Taveira. Comentário ao artigo 145. In: CANOTILHO, J.J. Gomes et al. **Comentários à Constituição do Brasil.** São Paulo: Saraiva/Almedina, 2013, p. 3411.

[114] TORRES, Heleno Taveira. Comentário ao artigo 145. In: CANOTILHO, J.J. Gomes et al. **Comentários à Constituição do Brasil.** São Paulo: Saraiva/Almedina, 2013, p. 3412.

do compartilhamento de dados. Nesse sentido, devem ser obedecidos os instrumentos processuais que possibilitem a ciência e a ampla defesa do contribuinte, assim como o fiel cumprimento à finalidade, prevista pela norma, que enseja a utilização das informações.

Na mesma concepção trazida por Heleno Torres, Luiz Gustavo Bichara e Rafaela Montenegro também chamam a atenção para o amplo acesso concedido ao Fisco, confirmando a visão de que a captação de informações vem de diferentes pontos. Assim, os dados dos cidadãos e das empresas vão além das declarações fiscais e alcançam o compartilhamento com "entidades congêneres". [115]

Desse modo, incluímos o compartilhamento de informações no mesmo rol, ou seja, a sistemática merece não apenas atenção, como também cuidadosos limites e parâmetros objetivos com o fim de proteger as garantias dos contribuintes, sobretudo em tempos de massificação de dados e, do outro lado, da flexibilização do sigilo em nome do interesse público.

2.1.2 A fonte infraconstitucional

No Brasil, é possível notar um movimento gradativo em busca do compartilhamento de dados envolvendo informações bancárias e fiscais e a adequação do sigilo aos liames dessa realidade.

Os primeiros passos foram dados ainda antes da CF de 1988, pela Lei nº 4.595, de 31 de dezembro de 1964, que, além de criar o Conselho Monetário Nacional, dispôs sobre as demais instituições que compõem o Sistema Financeiro, propondo uma verdadeira reforma bancária[116].

[115] BICHARA, Luiz Gustavo A. S; MONTENEGRO, Rafaela Monteiro. Os Limites da Fiscalização Tributária sob a Ótica das Novas Tecnologias: o Desafio do Uso de Algoritmos. In: AFONSO, José R.; SANTANA, Hadassah L. (Coord.). **Tributação 4.0**. São Paulo: Almedina, 2020, p. 287.

[116] O art. 38 da lei, revogado pela LC nº 105/2001, em conjunto com os seus parágrafos, determinava a manutenção do sigilo nas operações das instituições financeiras, prevendo, ainda, que a não observância ensejaria implicações de ordem penal, como pena de reclusão de um a quatro anos. Era permitido o compartilhamento, pelo Banco Central e instituições financeiras públicas, dessas informações com o Poder Legislativo, incluindo às CPIs. Também era autorizado o acesso, desde que indispensável, dos agentes fiscais aos documentos bancários, tais como livros e registros de contas de depósitos, e desde que processo prévio fosse instaurado. A mesma lógica havia sido estendida às situações em que as instituições financeiras prestassem esclarecimento às autoridades fiscais, tendo sido previsto, de forma genérica, que os documentos seriam conservados em sigilo, "não podendo ser utilizados senão reservadamente".

Após 1988, a Lei nº 8.021, de 12 de abril de 1990, ao modificar alguns dispositivos sobre as sociedades por ações e tratar, dentre outros, da emissão de títulos e identificação dos contribuintes, possibilitou que a Autoridade Fiscal examinasse documentos protegidos pelo sigilo bancário, tais como extratos e registros da Bolsa de Valores, além de solicitar, quando iniciado o procedimento fiscal, esclarecimentos sobre operações praticadas pelo contribuinte junto às instituições financeiras.

É o que se depreende da leitura conjunta dos arts. 7º e 8º. Os §§2º e 3º do art. 7º, todos da Lei nº 8.021/1990, delimitaram, respectivamente, que as informações serão utilizadas apenas para "verificação do cumprimento de obrigações tributárias" e o servidor que as tornar pública incorrerá no crime de violação de sigilo funcional, previsto pelo art. 325 do Código Penal. Portanto, previu-se uma baliza referente à finalidade dessas informações, que não poderiam ser revertidas para instrução de procedimentos senão o fiscal, além da expressa preservação do sigilo. Há, portanto, uma vinculação teleológica na norma.

Também não é demais recordar a Lei nº 9.311, de 24 de outubro de 1996, que instituiu a Contribuição Provisória sobre Movimentação Financeira (CPMF). Além de reforçar a competência da Secretaria da Receita Federal (SRF) para administrar a contribuição, incluindo a análise de documentos, livros e registros, o seu art. 11, no §2º, previu que as instituições financeiras, responsáveis pela retenção e recolhimento, repassariam à SRF as informações necessárias "à identificação dos contribuintes e dos valores globais" das operações realizadas, as quais devem ser mantidas pelo sigilo e podem ser utilizadas em procedimento fiscal, conforme §3º, inserido pela Lei nº 10.174/2001.

Essa retrospectiva tem a sua importância em razão das delimitações impostas pela lei, restringindo e conferindo parâmetros ao compartilhamento, como é o caso da previsão de que os dados serão aqueles relacionados à identidade do contribuinte e tratarão apenas dos "valores globais" da transação, ou seja, sem conter detalhes que possam revelar outras informações do indivíduo.

A finalidade, alinhada à competência do órgão, também parece ter sido indicada ao permitir que a Autoridade utilize as informações para aferir se há crédito tributário a ser cobrado nos moldes do § 1º do art. 145 da CF de 1988. Funcionam, portanto, como peças da engrenagem que buscam a proteção da arrecadação e, como veremos, se tornaram balizas mantidas pelas legislações seguintes e que estão em constante evolução.

A partir dessa perspectiva, podemos considerar que entre os anos de 2001 e 2003 a matéria ganhou maior relevância e uma moldura ampla pela legislação, mas uma interpretação restritiva por parte do Supremo Tribunal Federal quanto ao compartilhamento de dados protegidos pelo sigilo bancário e fiscal.

Posteriormente, entre 2019 e 2020, com a reafirmação da constitucionalidade do compartilhamento de dados bancários e fiscais entre a Administração Pública, houve um aparente encorajamento para que novas medidas regulamentares, aliadas às legislações existentes, fossem adotadas para reforçar esse compartilhamento de uma maneira menos restritiva, eliminando-se, por exemplo, a necessidade de autorização judicial para determinados casos.

As Leis Complementares nº 104/2001 e nº 105/2001, essa última conhecida como "Lei do Sigilo Bancário", em conjunto com as inovações trazidas pela EC nº 42/2003 à CF, são os principais diplomas normativos responsáveis por fornecerem a base, após a promulgação da Carta Magna de 1988, para a quebra de paradigma no compartilhamento e na troca de dados bancários e fiscais sigilosos.

A partir deles, os passos se deram rumo à universalização dos procedimentos relativos ao tratamento das informações dentro dessa esfera. Trata-se de um período, que, perdurando até os dias atuais, e aliado ao movimento da Quarta Revolução Industrial[117] e da importância dos ativos intangíveis "e, sobretudo, a informação", com "o uso maciço de dados, especialmente os de caráter pessoal dos usuários"[118], ressignificou o que tradicionalmente compreendíamos como "quebra de sigilo".

Entendemos, assim, que a institucionalização do uso dos dados passou do quadrante centrado no compartilhamento somente entre instituições financeiras e Fisco – e, por consequência, da transferência de sigilo bancário para o sigilo fiscal –, com finalidade estritamente arrecadatória, para alcançar outras fronteiras, como a do combate à lavagem de dinheiro, a exigir uma nova etapa no compartilhamento de informações, do Fisco para com outros órgãos da Administração Pública[119], incluindo para fins de investigação criminal.

[117] SCHWAB, Klaus. **Aplicando a quarta revolução industrial**. São Paulo: Edipro, 2018, p. 36.

[118] CORREIA NETO, Celso de Barros; AFONSO, José Roberto R.; FUCK, Luciano Felício. Desafios Tributários na Era Digital. In: AFONSO, José R.; SANTANA, Hadassah L. (Coord.). **Tributação 4.0**. São Paulo: Almedina, 2020, p. 31.

[119] O inciso II do §1º do art. 198 do CTN prevê a possibilidade de autoridade administrativa solicitar à Fazenda Pública informações que ela detém, com o objetivo de investigar a prática de infração administrativa por parte do sujeito passivo.

Como o objetivo central do estudo é o de confrontar o que temos de parâmetros e o que ainda nos falta, importa lançar um olhar sobre as leis e os regulamentos atualmente vigentes.

Desse modo, iremos, nos tópicos a seguir, destacar os aspectos e nuances das principais normas que se relacionam à troca, ao compartilhamento e ao sigilo bancário e fiscal, para que, assim, tenhamos um panorama da letra das normas, incluindo atos administrativos, tais como Portarias e Soluções de Consulta da Receita Federal relacionados a cada regulamentação.

2.1.2.1 Código Tributário Nacional

A redação originária do Código Tributário Nacional, de 1966, já havia consagrado por meio do art. 199 a cooperação mútua e a "permuta de informações", com previsão em lei ou convênio, entre as Fazendas Públicas dos três níveis de governo, a fim de facilitar a fiscalização de tributos.[120]

Essa é uma previsão que primeiro constara do CTN para somente depois, em 2003, com a promulgação da Emenda Constitucional nº 42/2003 – responsável pela "minirreforma" do sistema tributário –, ser elevada ao patamar da CF, por meio da consagração, no inciso XXII do art. 37, do "compartilhamento de cadastros e de informações fiscais" entre as Administrações Tributárias, "na forma de lei ou convênio".

Seguindo a evolução legislativa, a Lei Complementar nº 104, de 10 de janeiro de 2001, alterou diversos dispositivos do CTN e, aliada à Lei Complementar nº 105/2001, publicada na mesma data, preparou o solo para

[120] O compartilhamento de informações entre entes pertencentes à mesma estrutura de Estado não é uma novidade no cenário internacional, demonstrando que, no Brasil, a iniciativa do legislador de 1966 seguiu algo que já estava sendo operacionalizado, por exemplo, desde meados de 1920 nos Estados Unidos. Veja-se que o art. 6103(d) do Código Tributário americano (*Internal Revenue Code*) torna a declaração de imposto de renda disponível à Administração Tributária como um todo. Os Estados também permitem que o Fisco nacional acesse as informações tributárias que estão sob a guarda daqueles. (CORNELL LAW SCHOOL. **Legal Information Institute**. Disponível em: https://www.law.cornell.edu/uscode/text/26/6103. Acesso em: 18 out. 2020). Ademais, instrumentos como o Protocolo de Cooperação Enat nº 10/2015, firmado entre a Receita Federal e as Secretarias de Fazenda Estaduais e representantes dos Municípios por meio da Associação Brasileira das Secretarias de Finanças dos Municípios das Capitais (ABRASF) no X Encontro Nacional de Administradores Tributários, é uma das demonstrações do preceito da cooperação por meio do compartilhamento não apenas de informações em si, mas também da tecnologia. Nesse caso, o protocolo tratou da disposição, pela Receita Federal, de forma gratuita, do *software* de auditoria digital "ContÁgil" com as Administrações Tributárias locais.

o crescimento da troca e compartilhamento de dados entre instituições financeiras e a Receita Federal, e entre esta e as demais entidades públicas.

Assim, foi a LC nº 104/2001, a responsável por dar nova redação ao art. 198 do CTN e inserir parágrafo único ao art. 199, o qual, seguindo linha similar, incentivou a permuta de informações entre o Fisco federal e Estados estrangeiros, fluxo esse que, vale lembrar, não é objeto do estudo aqui desenvolvido.

A redação do art. 198, conferida pela LC nº 104/2001, ao modificar a previsão de 1966, excetuou o sigilo fiscal das informações nos casos em que houvesse requisição do Poder Judiciário, além das solicitações por autoridades administrativas, e na troca entre as Fazendas Públicas dos entes federados[121], soando como uma preparação para ampliar a cooperação mútua, além de simbolizar a flexibilização do sigilo fiscal, posteriormente chancelada pela Suprema Corte.

No Senado Federal, o parecer do relator, Senador Romero Jucá, na Comissão de Assuntos Econômicos, nos mostra que o objetivo era de fato a flexibilização, privilegiando o interesse público. Nesse sentido:

> A flexibilização do sigilo fiscal, como proposto, não desnatura o instituto. Apenas abre, com as cautelas devidas, a possibilidade de requisição de informação fiscal no contexto de inquérito administrativo destinado a apurar a prática de infração administrativa pelo mesmo contribuinte objeto da requisição. Portanto, está presente o interesse público em seu mais alto grau.[122].

Alteração ainda mais recente foi realizada pela LC nº 187/2021, que inseriu os incisos III e IV ao §3º do art. 198 do CTN para compor o rol de compartilhamento com as informações que estejam relacionadas a incentivos, benefícios fiscais e imunidades tributárias.

A modificação influencia sobretudo a gestão por meio do controle externo realizado pelos Tribunais de Contas, com destaque para o da União (TCU), que ao longo de uma jornada enfrentou barreiras para o acesso às informações em razão da oposição de sigilo fiscal pela Receita Federal.

[121] Cf. tratamos no tópico sobre diferenças terminológicas e definições, ao falarmos sobre requisições, solicitações, acesso e divulgação.

[122] BRASIL. Parecer nº 1.257, de 2000, da Comissão de Assuntos Econômicos, sobre o Projeto de Lei da Câmara nº 114, de 2000-Complementar (PLP nº 77, de 2000, na origem). Altera dispositivos da Lei nº 5.172, de 25 de outubro de 1966 – Código Tributário Nacional. **Diário do Senado Federal,** nº 200 de 14 dez. 2000, seção 13 dez. 2000, p. 25046-25052. Disponível em: https://legis.senado.leg.br/diarios/ver/18666?sequencia=135 Acesso em: 22 jun. 2021).

Assim, as auditorias em torno da política de benefícios fiscais, como, por exemplo, possíveis desvios de finalidade, ficavam prejudicadas.

Para essa finalidade, informações que dizem respeito aos montantes de renúncia fiscal e os beneficiários pessoas jurídicas podem ser repassadas, inclusive a título de controle social, exercido por meio da sociedade civil.

Outras normas, como o Regulamento do Imposto de Renda (RIR), aprovado pelo Decreto nº 9.580, de 22 de novembro de 2018, demonstram que os ditames moldados pelo arts. 198 e 199 do CTN, assim como pela LC nº 105/2001, são seguidos.

No art. 1.043 do RIR/2018, por exemplo, o comando previsto pelo CTN é reproduzido para preservar o sigilo dos dados fiscais e garantir a possibilidade de transferência de sigilo entre a Administração Tributária doméstica e a internacional (§§5º e 6º do art. 1.043 do RIR).

Com isso, os parâmetros que permitem o compartilhamento de dados fiscais sigilosos no âmbito doméstico estão concentrados nos §§1º, 2º e 3º art. 198 e no *caput* do art. 199 do CTN, dotados com o seguinte rol:

> (i) a **requisição** de autoridade judiciária[123] no interesse da justiça (§1º);
> (ii) as **solicitações**, por autoridade administrativa[124], no interesse da Administração Pública, em processo administrativo instaurado com o objetivo de investigar a prática de infração administrativa (§1º);
> (iii) as **Representações Fiscais para Fins Penais – RFFP** (§3º, I)[125];
> (iv) as **inscrições em Dívida Ativa da Fazenda Pública** (§3º, II);
> (v) informações relativas ao **parcelamento ou moratória** (§3º, III);
> (vi) informações relativas a incentivo, renúncia, benefício ou imunidade tributária cujo beneficiário seja **pessoa jurídica**; (§3º, IV) e
> (vii) a **assistência e permuta mútua** entre os Fiscos federal, estaduais, distrital e municipais para fiscalização dos tributos (art. 199, caput).

[123] Tópico "Diferenças terminológicas e definições" para a definição de autoridade judiciária.

[124] Tópico "Diferenças terminológicas e definições" para a definição de autoridade administrativa.

[125] A RFFP surgiu com o art. 16 da Lei nº 8.137/1990, responsável por definir os crimes contra a ordem tributária. O dispositivo possibilitou a comunicação e o fornecimento de informações, ao MP, relativas a tais crimes. Posteriormente, o art. 83 da Lei nº 9.430/1996 delimitou o encaminhamento da RFFP "depois de proferida a decisão final, na esfera administrativa, sobre a exigência fiscal do crédito tributário correspondente".

O §2º do art. 198 não trata de uma modalidade diferente, mas, ao dispor que o intercâmbio de informação sigilosa dentro da Administração Pública ocorrerá mediante processo regularmente instaurado e entrega pessoal à autoridade solicitante, é um reforço exigido ao fluxo de envio de informação fiscal sigilosa requisitada ou solicitada.

Podemos afirmar, portanto, que as principais formas de compartilhamento ocorrem nas modalidades **requisição e solicitação**.

As finalidades para ambas também foram traçadas pela lei. Há, pois, uma teleologia que vincula o intérprete. No caso da primeira, ela se dará no "interesse da justiça" e, para a solicitação, no "interesse da Administração Pública". Se estivermos diante do controle de legalidade sobre o compartilhamento, esses são conceitos que precisam estar bem delimitados.

Desse modo, para o **interesse da justiça**, o e-MSF da Receita Federal orienta que os servidores do órgão não possuem legitimidade para analisar ou questionar se há, de fato, o interesse, pois ele será sempre presumido. Daí decorre a própria força da **requisição**, que não admite negativa de acesso, mas, se realizada pela autoridade competente, uma obrigatoriedade no envio dos dados.

No que se relaciona à Administração Pública, as exigências são mais complexas, dada a quantidade de requisitos que a Receita Federal ou a Procuradoria-Geral da Fazenda Nacional deve checar antes de fornecer, ou não, as informações **solicitadas.** Para a concessão do acesso, é preciso verificar, cumulativamente:

> (a) a competência formal, para receber a informação, da autoridade administrativa solicitante, incluindo a sua responsabilidade direta ou indireta pela condução do processo administrativo relacionado;
> (b) a existência de ato formal que nomeie a autoridade administrativa;
> (c) quando se tratar de comissão (como a Parlamentar de Inquérito – CPI), se os prazos estabelecidos para a investigação administrativa estão vigentes.[126]

Além disso, a finalidade atrelada ao **interesse da Administração Pública** se confunde com a defesa do interesse público. Trata-se de uma delimitação

[126] Há, ainda, os requisitos cumulativos abordados no Capítulo 1 no que se refere à solicitação.

que parte de pressuposto amplo, considerando que interesse público e bem comum são conceitos jurídicos indeterminados, a exigirem do intérprete a atribuição do seu significado[127].

Como lembrou Ferraz Júnior, "[t]odas as características que aparecem do interesse público são, na verdade, características dogmáticas. São dogmas, para o jurista lidar com as situações, não serão definições lógicas".[128]

Todavia, para esse caso específico, da leitura do inciso II do §1º do art. 198 do CTN podemos resgatar que o objetivo do acesso aos dados sigilosos será o de "investigar o sujeito passivo a que se refere a informação, por prática de infração administrativa". Em outras palavras, o próprio legislador ali indicou o que deveria ser considerado como interesse público.

Além de estar restrita ao sujeito passivo investigado, a informação sigilosa, para ser concedida, deve se comunicar com o interesse público, à luz do que orientou o Parecer PGFN/CAT nº 784, de 23 de abril de 2001, uma vez que "não se pode negar o interesse da coletividade na apuração de ilícitos cometidos por agentes públicos, porquanto a informação se refere a investigação por prática de infração administrativa"[129].

Como se vê, a indicação é a de que se trata de infração relativa a ilícito cometido por agente público. Reconhecemos, ainda assim, a possibilidade de argumentação a partir da qual os intérpretes ofertem novas conceituações, dentro do citado escopo, que resultem na ampliação do que se trata a infração administrativa e o interesse público.

Dito isso, no âmbito da solicitação, portanto, deve ser vedado o envio de dados ligados à infração de natureza penal ou civil, uma vez que a informação sigilosa precisa guardar pertinência com a infração administrativa investigada:

> Não se pode, por exemplo, instaurar processo administrativo para investigar ofensa física, em serviço, a servidor ou a particular (inciso VII do art. 132 da Lei nº 8.112, de 11 de dezembro de 1990) e solicitar

[127] CARVALHO FILHO, José dos Santos. **Manual de direito administrativo**. 33. ed. São Paulo: Atlas, 2019, p. 144.

[128] FERRAZ JÚNIOR, Tércio Sampaio. **Interesse público.** [Blog]. Disponível em: <https://www.terciosampaioferrazjr.com.br/publicacoes/interesse-publico>. Acesso em: 4 jun. 2021.

[129] BRASIL. Receita Federal. **Solicitações de autoridade administrativa,** 27 nov. 2020. Disponível em: https://www.gov.br/receitafederal/pt-br/assuntos/orientacao-tributaria/sigilo-fiscal/solicitacoes-de-autoridade-administrativa Acesso em: 23 maio 2021.

> informações a respeito da vida econômica ou financeira do agente objeto da investigação.[130]

Uma breve observação ao art. 2º da Portaria RFB nº 551, de 30 de abril de 2013, que define os "expedientes requisitórios", é necessária. Segundo a norma, tais expedientes serão aqueles:

> Art. 2º De acordo com o poder de requisição do demandante, os expedientes classificam-se em requisitórios e não requisitórios.
> § 1º São expedientes requisitórios aqueles:
> I – em que o demandante requisita dados ou informações, ou a realização de atividade, por ter atribuições constitucionais ou legais expressas para tal;
> II – que se enquadrarem nas exceções previstas em ordenamento legal ou infralegal, ainda que o demandante não tenha atribuições constitucionais ou legais para requisitar.[131]

Necessário considerar que a Constituição apenas prevê à Administração Tributária a atuação integrada por meio do compartilhamento de informações (inciso XXII do art. 37), "na forma da lei ou convênio"[132], e que a lei, à luz do CTN, trouxe as hipóteses de requisição (pela autoridade judiciária e no interesse na justiça) e solicitação (pela autoridade administrativa no interesse da Administração Pública), a Portaria RFB nº 551/2013 deve ser interpretada a partir dessa perspectiva. Ou seja, os incisos de seu art. 2º, acima transcritos, somente podem incluir as autoridades judiciárias.[133]

Isso é importante pois a solicitação, como vimos, exige premissas outras para a concessão do acesso aos dados fiscais sigilosos, devendo passar pela análise dos requisitos cumulativos, a exemplo da vinculação à investigação

[130] Conforme referência ao Parecer PGFN/CAT nº 784/2001..

[131] A Portaria RFB nº 551/2013 é mais um dos instrumentos que não é de fácil acesso ao público, tendo sido necessária a solicitação de seu inteiro teor por meio da Lei de Acesso à Informação. Conforme o Manual de Sigilo Fiscal eletrônico da Receita Federal, ao mencioná-la, devem ser observadas as determinações da referida Portaria "inclusive no que se refere à preservação do caráter sigiloso de informações protegidas pelo sigilo fiscal".

[132] Vale ressaltar que, de acordo com a CF, o compartilhamento de dados por meio de Convênio só é autorizado à Administração Tributária.

[133] Como adiantado linhas antes, o debate relativo ao envio de informações ao MPU traz polêmicas, dentre elas a se o rol do art. 198 do CTN é, ou não, exaustivo. Confira-se, no Capítulo 2, o tópico "Visão geral de fluxos do compartilhamento de dados fiscais sigilosos".

de infração administrativa e processo ou procedimento administrativo em trâmite.

De todo modo, a tarefa não é fácil. Ao analisarmos o fluxo de informações sigilosas com o Ministério Público da União, vamos nos deparar com a discussão sobre a taxatividade, ou não, do rol do art. 198 do CTN.

Nesse quesito, é preciso que haja definição quanto a exaustividade do rol que, como vimos, elenca as hipóteses de requisição e solicitação, além das Representações Fiscais para Fins Penais (RFFP's), inscrição em Dívida Ativa, parcelamento ou moratória e benefícios ou incentivos fiscais, para excetuar a oposição do sigilo fiscal no compartilhamento das informações.

Sem o intuito de aprofundar esse ponto no presente trabalho, em uma análise apenas prefacial, defendemos cautela em qualquer que seja a exegese, judicial ou não, de que há de se reconhecer uma não taxatividade e eventual interpretação extensiva ou analógica ao art. 198 do CTN.

Em que pese muitos possam alegar o interesse público e a mera transferência de sigilo para justificar a mitigação de referido rol, em tempos de proteção de dados em face da flexibilização do sigilo, esse elemento não pode suplantar todo e qualquer amparo aos direitos fundamentais relativos à privacidade.

Mesmo porque, vale lembrar, não significará impedimento total para acesso aos dados, o qual, com a análise fundamentada e proporcional, poderá ser concedido pelo Poder Judiciário com base no inciso XII do art. 5º da CF.

Miguel Reale[134] e Tercio Sampaio Ferraz Júnior[135], todavia, revelam a possibilidade de o hermeneuta realizar o exercício de adequação da lei. Na visão de Reale, a norma pode ser analisada por meio da fase retrospectiva e da fase prospectiva, resultando em um significado concreto, sobretudo quando o sistema legal dispõe de lacunas.[136]

O entendimento de Ferraz Júnior, que direciona para o mesmo sentido, complementa o raciocínio de Reale. Uma "margem de manobra" hermenêutica, utilizando-se de códigos fortes e fracos a depender da situação, é capaz de explicar as divergências que permeiam as interpretações "sem, porém, ferir a noção de interpretação verdadeira".[137]

[134] REALE, Miguel. **Lições preliminares de Direito**. 27. ed. Saraiva: São Paulo, 2002.

[135] FERRAZ JÚNIOR, Tércio Sampaio. **Introdução ao Estudo de Direito:** técnica, decisão, dominação. 10. ed. São Paulo: Saraiva, 2018.

[136] REALE, Miguel. **Lições preliminares de Direito**. 27. ed. Saraiva: São Paulo, 2002. p. 208.

[137] FERRAZ JÚNIOR, Tércio Sampaio. **Introdução ao Estudo de Direito:** técnica, decisão, dominação. 10. ed. São Paulo: Saraiva, 2018, p. 299.

A interpretação extensiva e a ampliação do rol esvaziam a ressalva da reserva jurisdicional, afinal, a prevalecer essa hermenêutica, todos os órgãos e entidades públicas, justamente por essa natureza, poderão invocar o interesse público para receber informações sigilosas à margem da análise judicial, que será esvaziada em justaposição às garantias fundamentais – sobretudo se estivermos diante da persecução penal, área sensível por poder ensejar medidas restritivas à liberdade individual.

Veja-se que antes da alteração na redação do art. 198 do CTN, promovida pela LC nº 104/2001, o dispositivo possibilitava a aplicação do sigilo "para qualquer fim"[138]. O legislador, atento às tendências mundiais, aprovou a mudança para, retirando a expressão, acrescentar as situações em que os dados sigilosos poderiam ser acessados.

Assim, se a intenção é avançar sobre novas inclusões de atores nesse rol, incluída a utilização da interpretação extensiva, o caminho legítimo seria a alteração legislativa a ser realizada onde o sigilo fiscal é tratado: no próprio Código Tributário.

Há, ainda, os casos em que as informações são veiculadas por meio das RFFP's, da inscrição em Dívida Ativa, do parcelamento ou moratória (art. 198, §3º) e pela assistência mútua entre os Fiscos federal, estadual, distrital e municipal, cuja finalidade, para essa última hipótese, foi desenhada pelo legislador para se ater à "fiscalização dos tributos" sob a condição de que haja a celebração de lei ou convênio entre os Fiscos (art. 199).

No caso das RFFP's, por exemplo, a Portaria RFB nº 1.750/2018 disciplina, em seu art. 16, que algumas informações de contribuintes, tidas pelo órgão como não sendo dados sensíveis, serão divulgadas no sítio eletrônico da Receita Federal. O nome das pessoas físicas ou jurídicas, os seus respectivos CPFs ou CNPJs, tipificação do ilícito penal em tese incorrido, dentre outras, estarão disponíveis para consulta pública.

No que diz respeito às informações fiscais sigilosas, o STF, ao deliberar, em 2019, o RE nº 1.055.941/SP (Tema nº 990 da Repercussão Geral), e permitir o envio das RFFP's ao MP com todo o conjunto de informações que lá constam para embasar o lançamento tributário, adotou visão menos restritiva para o compartilhamento e destacou, como consta do voto do Ministro

[138] A redação que acompanhou a promulgação do CTN em 1966 era: "Art. 198. Sem prejuízo do disposto na legislação criminal, é vedada a divulgação, para qualquer fim, por parte da Fazenda Pública ou de seus funcionários, de qualquer informação, obtida em razão do ofício, sôbre a situação econômica ou financeira dos sujeitos passivos ou de terceiros e sôbre a natureza e o estado dos seus negócios ou atividades."

Alexandre de Moraes, que, se "houver excesso, o excesso deve ser combatido, até porque – faço questão de salientar isso – sempre haverá uma supervisão posterior judiciária". Tratou-se de uma interpretação conferida ao inciso I do §3º do art. 198 do CTN.

Além disso, atualmente, alguns dos dados mais genéricos pertencentes aos contribuintes, tais como os seus nomes, razão social, números de CPFs e CNPJs, são divulgados em listas disponibilizadas no sítio eletrônico da Receita Federal, a exemplo da chamada "Lista de Devedores da PGFN", em que é possível consultar os contribuintes inscritos em Dívida Ativa da União e do Fundo de Garantia do Tempo de Serviço (FGTS)[139].

Há, ainda, lista com a divulgação de informações relativas às Representações Fiscais encaminhadas ao Ministério Público Federal (MPF)[140]. Nesses casos, o auto de infração, declarações ou escriturações, além de outras informações de cunho sensível que acompanham a representação, devem permanecer sob a proteção do sigilo[141].

A previsão do art. 199 do CTN institucionalizou a cooperação entre os fiscos como uma das principais ferramentas na ampliação do alcance da proteção da arrecadação tributária[142]. A ideia conta com o apoio de organismos internacionais, com destaque para OCDE, sobretudo quanto às modificações na legislação doméstica, responsáveis por viabilizar a assinatura de tratados internacionais sobre troca de informações tributárias.

Assim, pavimentado o caminho para dar novo significado ao sigilo, ao possibilitar a transferência de informações da Fazenda Pública a outro órgão que as requisitem ou solicitem, somada à cooperação mútua entre as Administrações Fiscais, o pacote de compartilhamento de dados fiscais ofertado

[139] BRASIL. **Lista de Devedores da PGFN.** Disponível em: https://www.listadevedores.pgfn.gov.br/ . Acesso em: 06 jun. de 2020.

[140] Confira-se, por exemplo: BRASIL. Receita Federal. Ministério da Economia. **Representações fiscais para fins penais encaminhadas ao Ministério Público,** 09 set. 2019. Disponível em: http://receita.economia.gov.br/sobre/acoeseprogramas/simplificacaotributaria/operacaodeflagrada/representacoes-fiscais-para-fins-penais-enviadas-ao-mpf-ate-31082019-c-capa.pdf. Acesso em: 6 jun. 2021.

[141] Recorda-se que mesmo que haja informações não protegidas pelo sigilo fiscal, elas podem ser protegidas pelo sigilo funcional, de maneira que não serão reproduzidas indiscriminadamente, mas por meio da celebração de convênios.

[142] Vide, também, o inciso XII do art. 1º da Portaria do Ministério da Economia nº 284, de 27 de julho de 2020, responsável por aprovar o novo Regimento Interno da Secretaria Especial da Receita Federal e prever, à semelhança do que já trazia a Portaria MF nº 430/2017, que uma das finalidades da Receita Federal é a promoção de cooperação e integração das administrações tributárias do País.

possibilitou que não apenas a esfera federal o colocasse em prática, mas também os Estados e Municípios, de maneira tal que os três níveis pudessem reunir, enviar e receber os dados entre si.

Trata-se, portanto, de uma grande e interligada rede de informações em busca da execução do preceito constitucional previsto pelo inciso XXI do art. 37 da Constituição Federal.

Se o país, no que toca a forma com a qual disciplina os sigilos bancário e fiscal, foi elevado para os padrões da OCDE, por outro lado teve um encontro, ainda em 1998 – e, portanto, antes das alterações, via Lei Complementar, ocorridas em 2001 – com a ausência de critérios para o compartilhamento de informações entre as Administrações Tributárias domésticas.

Naquele ano, o então Secretário da Receita Federal, Everardo Maciel, regulamentou o art. 199 do CTN por meio da Instrução Normativa (IN) SRF nº 19 e IN nº 20, ambas de 17 de fevereiro de 1998, diante da "necessidade de uniformizar a disseminação de informações".

Enquanto o primeiro ato trata do fornecimento de dados cadastrais e econômico-fiscais a outras entidades, o segundo dispõe sobre o fornecimento dos mesmos dados a órgãos e entidades fazendárias da União, Estados, Distrito Federal e dos Municípios.

Ambas são muito semelhantes e, a partir delas, podemos elencar os seguintes parâmetros em comum para o compartilhamento de dados, partindo da Receita Federal:

Compartilhamento com outras entidades – IN SRF nº 19/1998

(a) **Quem executará o atendimento das solicitações e celebrará os convênios com as entidades solicitantes**
Coordenação-Geral de Tecnologia e de Sistemas de Informação (COTEC)

(b) **Espécies de dados**
Dados, de pessoas físicas ou jurídicas, cadastrados, por força de lei, em domínio público, e que não informem a situação econômica ou financeira dos contribuintes. Dados econômico-fiscais também poderiam ser compartilhados, desde que apresentados de forma agregada e sem a identificação dos contribuintes.

(c) **Requisitos**
Convênio entre a Secretaria da Receita Federal e a entidade solicitante.

A Instrução Normativa igualmente possibilitou que instituições privadas recebessem as informações (de domínio público, frise-se) quando, após análise da Coordenação-Geral de Tecnologia e de Sistemas de Informação (COTEC), fosse constatado que a informação era indispensável, em virtude de lei, ao exercício de suas atividades.

Também foram previstos dois tipos de acesso, quais sejam o eventual e o continuado – ou fornecimento (de informações) eventual ou continuado –, de informações cadastrais e que poderiam conceder acesso *online* às bases de dados da Receita Federal ou do SERPRO, o que poderia implicar em custos financeiros à entidade solicitante.

No âmbito do compartilhamento dentro da Administração Tributária, a IN SRF nº 20/1998 ainda prevê que o acesso/fornecimento continuado às bases de dados da Receita Federal é condicionado à reciprocidade de tratamento, ou seja, o Fisco federal também deve poder acessar a base sob os cuidados do Fisco local, seja ele estadual, distrital ou municipal.[143]

Ambas as Instruções Normativas mencionam apenas a realização de convênio para que o compartilhamento ocorra, mas é imprescindível que, acima disso, haja previsão em Lei Complementar, tal como a LC nº 105/2001, dispondo sobre as entidades autorizadas a requisitarem, solicitarem ou intercambiarem as informações.

Ainda na esfera de regulamentação administrativa, em 2011 foi editada a Portaria RFB nº 2.344, de 24 de março, que disciplina o acesso a informações protegidas por sigilo fiscal. Depois, a Portaria Ministério da Fazenda (MF) nº 457, de 8 de dezembro de 2016, dispondo sobre o acesso a terceiros de informações hospedadas pelo SERPRO.

Por fim, importante relembrar que o exercício da competência tributária é igualmente uma peça da engrenagem hermenêutica que envolve o compartilhamento de informações fiscais e a sua finalidade, complementando, na esfera legal, o comando do §1º do art. 145 da CF, que oferta aos órgãos fiscais brasileiros a missão de proteger a arrecadação tributária e garantir a capacidade contributiva.

O art. 6º do CTN trata justamente dessa competência, que, em regra, "compreende a competência legislativa plena". Essa é uma previsão com tamanha carga que a LC nº 101, de 4 de maio de 2000, a Lei de Responsabilidade

[143] IN SRF nº 20, de 17 de fevereiro de 1998, que disciplina os procedimentos de fornecimento de dados cadastrais e econômico-fiscais da Secretaria da Receita Federal – SRF, a órgãos e entidades da Administração Pública direta e indireta que detenham competência para cobrar e fiscalizar impostos, taxas e contribuições instituídas pelo Poder Público.

Fiscal (LRF), prevê que a efetiva arrecadação dos tributos de competência do ente é um dos requisitos essenciais para uma gestão fiscal responsável.[144]

No mesmo sentido, ferramentas de base de dados como o SPED, instituído pelo Decreto nº 6.022/2007, e o Sistema de Escrituração Fiscal Digital (EFD) das Obrigações Fiscais Previdenciárias e Trabalhistas (eSocial), instituído pelo Decreto nº 8.373/2014, se aliam a outros dispositivos como o art. 113 do CTN, que trata das obrigações acessórias (ou deveres instrumentais) relacionadas ao interesse da arrecadação ou da fiscalização dos tributos.

Na era digital, os deveres instrumentais ganham ainda mais corpo ao funcionarem como ferramentas da digitalização e da massificação de dados. Nas lições de Alberto Barreix e Raul Zambrano, a Nota Fiscal eletrônica (NF-e), por exemplo, pode ser considerada um elemento da terceira revolução industrial, tanto é assim que ela já se mostra como um meio efetivo não apenas de controle, mas também de aprimoramento da arrecadação.[145]

2.1.2.2 Lei Complementar nº 105/2001, Decreto nº 3.724/2001 e Decreto nº 4.489/2002

Conhecida como Lei do Sigilo Bancário, a Lei Complementar nº 105, de 10 de janeiro de 2001, tratou sobre o sigilo das informações manejadas pelas instituições financeiras (sigilo bancário). Logo em seu art. 1º, as diretrizes foram desenhadas, a exemplo do rol que define as instituições inseridas como financeiras.

Bancos de qualquer espécie; distribuidoras de valores mobiliários; sociedades de crédito, financiamento e investimentos; sociedades de crédito imobiliário; administradoras de cartões de crédito; sociedades de arrendamento mercantil; administradores de mercado de balcão organizado; cooperativas de crédito, dentre outras, são alguns dos exemplos de instituições enquadradas pela lei como financeiras e, portanto, detentoras de informações sujeitas ao sigilo bancário.

[144] "Art. 11. Constituem requisitos essenciais da responsabilidade na gestão fiscal a instituição, previsão e efetiva arrecadação de todos os tributos da competência constitucional do ente da Federação. Parágrafo único. É vedada a realização de transferências voluntárias para o ente que não observe o disposto no caput, no que se refere aos impostos."

[145] BARREIX, Alberto; ZAMBRANO, Raul. La factura electrónica en América Latina: processo y desafios. In: AFONSO, José R.; SANTANA, Hadassah L. (Coord.). **Tributação 4.0**. São Paulo: Almedina, 2020, p. 230.

Em seguida, o §3º do art. 1º, à semelhança do que fez a LC nº 104/2001, trouxe o rol das exceções que não atrairiam a quebra do sigilo. São elas:

> (i) a troca de informações entre instituições financeiras, para fins cadastrais, inclusive por intermédio de centrais de risco, observadas as normas baixadas pelo Conselho Monetário Nacional e pelo Banco Central do Brasil;
> (ii) o fornecimento de informações constantes de cadastro de emitentes de cheques sem provisão de fundos e de devedores inadimplentes, a entidades de proteção ao crédito, observadas as normas baixadas pelo Conselho Monetário Nacional e pelo Banco Central do Brasil;
> (iii) o fornecimento das informações relativas às operações com retenção e recolhimento da CPMF, conforme determina o § 2º do art. 11 da Lei no 9.311, de 24 de outubro de 1996;
> (iv) a comunicação, às autoridades competentes, da prática de ilícitos penais ou administrativos, abrangendo o fornecimento de informações sobre operações que envolvam recursos provenientes de qualquer prática criminosa;
> (v) a revelação de informações sigilosas com o consentimento expresso dos interessados;
> (vi) a prestação de informações pelas instituições financeiras ao Banco Central do Brasil (BCB), assim como as informações prestadas pelo BCB, pela Comissão de Valores Mobiliários a autoridades como as pertencentes aos Poderes Judiciário e Legislativo Federal, nos termos dos arts. 2º, 3º, 4º, 5º, 6º, 7º e 9º da lei.
> (vii) o fornecimento de dados financeiros e de pagamentos, relativos a operações de crédito e obrigações de pagamento adimplidas ou em andamento de pessoas naturais ou jurídicas, a gestores de bancos de dados, para formação de histórico de crédito, nos termos de lei específica.

Por outro lado, a LC nº 105/2001, no §4º do art. 1º, delimita expressamente sobre a possibilidade de ser decretada a quebra de sigilo quando for necessária a apuração de ilícitos ocorridos, "em qualquer fase do inquérito ou do processo judicial", a exemplo de crimes contra a ordem tributária e contra a previdência social.

Para possibilitar o desempenho das atividades do Banco Central, também é expresso que o sigilo não será a ele oponível, e nem à Comissão de Valores Mobiliários (CVM), quando houver "fiscalização de operações e serviços no mercado de valores mobiliários, inclusive nas instituições financeiras que sejam companhias abertas".

Outra semelhança com a LC nº 104/2001 se refere à cooperação mútua, inclusive por intermédio do intercâmbio de informações. A Lei do Sigilo Bancário possibilitou que convênios sejam firmados entre o Banco Central, a CVM e outros órgãos públicos e entidades estrangeiras com o fim de fiscalizar e investigar, dentro de suas respectivas competências, condutas ilícitas envolvendo ativos financeiros e valores mobiliários.

Portanto, em matéria de cooperação mútua, enquanto a LC nº 104/2001 tratou da cooperação com o objetivo de proteger a arrecadação, essa se volta ao combate ao crime contra o sistema financeiro nacional.

Também foi determinado que o Banco Central, a CVM e outros órgãos de fiscalização forneçam informações ao Conselho de Controle de Atividades Financeiras (COAF) quando houver sérios indícios de crimes de lavagem de dinheiro ou ocultação de bens, direitos ou valores.

O §1º do art. 3º da LC nº 105/2001 traz ainda importante decote quanto à limitação no uso das informações fornecidas pelas instituições financeiras, incluindo o Banco Central e a CVM, ao Judiciário, mediante determinação deste. Ao especificar que a guarda do sigilo ainda seja mantida, tendo apenas as partes acesso restrito, o dispositivo proíbe o uso das informações bancárias "para fins estranhos à lide". É uma salvaguarda importante quando estão em jogo os direitos fundamentais.

Os arts. 5º e 6º são os protagonistas para a nossa análise. São eles que tratam especificamente da esfera tributária – não por acaso tiveram a sua constitucionalidade aferida pelo STF em 2016, conforme abordaremos ao tratar da fonte jurisprudencial. São eles, portanto, o importante elo entre as instituições financeiras e a Administração Tributária quando nos referimos à cadeia de transferência do sigilo bancário para o fiscal.

É por imposição do art. 5º, por exemplo, que as instituições financeiras informarão à Receita Federal sobre operações financeiras[146] realizadas pelos usuários de seus serviços. Nesse caso, a lei delegou ao Poder Executivo a tarefa de disciplinar os liames relacionados a esse compartilhamento de informações, o que resultou na edição do Decreto nº 4.489, de 28 de novembro de 2002.

[146] O §1º do artigo 5º da LC 105/2001 elenca os tipos de operações financeiras.

O art. 5º trata, em resumo, do "acesso sistêmico", isto é, da centralização das informações bancárias nas mãos da União, por intermédio da Receita Federal, definindo importante regra no fluxo de dados bancários para a esfera fiscal, já que apenas em uma segunda etapa, obedecidos os critérios que veremos à frente, as informações poderiam ser repassadas aos demais entes da federação com base no art. 199 do CTN.

Segundo entendimento da própria Receita Federal, contido na Solução de Consulta Interna COSIT nº 2, de 26 de fevereiro de 2018, essa é uma forma de simplificar e trazer eficiência às obrigações acessórias, evitando que a prestação de informações seja realizada periodicamente por diferentes unidades da Federação.

O art. 6º, que trata do "acesso incidental", por sua vez, inseriu desde logo a premissa de que é imprescindível procedimento administrativo fiscal para permitir o exame, pelas autoridades fiscais da União, Estados, Distrito Federal e Municípios[147], dos documentos sob guarda das instituições financeiras. Além disso, a análise desses dados deve ser entendida como indispensável e o conteúdo a ser repassado se restringir a aqueles individualizados e específicos.

Em que pese a lei não condicionar expressamente a ato posterior do Poder Executivo, o Decreto nº 3.724 veio à lume em 10 de janeiro de 2001, mesma data de publicação da LC nº 105, para traçar diretrizes ao art. 6º quanto à requisição, acesso e uso de informações enviadas pelas instituições financeiras à Receita Federal.

Os arts. 5º e 6º, portanto, assim como os Decretos nºs 3.724/2001 e 4.489/2002, devem ser analisados em conjunto. Enquanto os demais dispositivos da Lei Complementar irão tratar da proteção ao sigilo, de definições conceituais e delimitações sobre o compartilhamento de dados entre as autoridades monetárias, os arts. 5º e 6º da LC nº 105/2001 e seus respectivos regulamentos cuidam do envio de informações bancárias para a Receita Federal.

[147] A menção feita pelo art. 6º da LC 105/2001 aos entes federados, e, diferentemente do art. 5º, não apenas à União, é interessante para que observemos que o envio de dados bancários terá importância não apenas para aferição real da renda, mas igualmente para tributos declaratórios que sejam de competência de Estados, DF e Municípios, a exemplo do ICMS e ISS. Faz-se esse apontamento diante da indagação feita pelo Min. Roberto Barroso quando do início do julgamento do julgamento conjunto do RE nº 601.314 e das ADIs nºs 2390, 2386 e 2387, dirigida à Procuradora da Fazenda Nacional: "Portanto parte do argumento que Vossa Excelência constrói é de que a Receita já deveria ter acesso a essas informações, se elas tivessem sido honestamente prestadas. Eu gostaria de saber se essa lógica valeria também para Estados e Municípios."

Aqui vale frisar novamente a crítica ao termo "quebra de sigilo", pois o art. 10 da LC nº 105/2001 dispõe que, exceto na ocorrência das exceções autorizadas pela lei referida, essa quebra configurará crime e pena de reclusão, além de outras sanções cabíveis.

Entendemos que, com base na jurisprudência do STF, como se forma uma cadeia de transferência de sigilo – já que ele deve ser mantido pelos agentes recebedores da informação-, não haveria propriamente uma quebra. Com a transferência do sigilo como regra, a sua quebra apenas restaria configurada quando as informações fossem disponibilizadas ao público ou a agente ou órgão não autorizado a recebê-las.

A LC nº 105/2001, portanto, traça o limite de que as informações relativas às operações financeiras compartilhadas com o Fisco somente podem conter a identificação dos titulares e os montantes globais mensalmente movimentados. Em um segundo momento, se a autoridade identifica que há alguma falha, algo que indique um ilícito fiscal, é possível que ela solicite informações e documentos outros necessários a essa apuração, sempre preservando-se o sigilo. Essas são delimitações contidas no art. 5º.

Já o art. 6º, dando um segundo passo, é quem impõe a imprescindibilidade de processo administrativo prévio quando do exame dos documentos, livros e registros de instituições financeiras.

2.1.2.3 Lei Complementar nº 155/2016 e o Simples Nacional

O registro da Lei Complementar nº 155, de 27 de outubro de 2016, vale a menção por ser mais uma peça que compõe o quebra-cabeça normativo sobre compartilhamento e troca de informações fiscais, nada obstante trate apenas de uma alteração pontual na LC nº 123/2006, que instituiu o Simples Nacional.

Diz-se alteração pontual pois, no tema aqui tratado, a LC nº 155/2016 somente incluiu o §1º ao art. 34 da LC nº 123/2006 com o intuito de permitir, "para fins de planejamento ou de execução de procedimentos fiscais ou preparatórios", a cooperação mútua entre as Fazendas Públicas da União, dos Estados, DF e Municípios.

A inserção de previsão como essa também converge com a constatação de que há, no âmbito doméstico, uma gradual intensificação, por meio da criação de mecanismos e previsões normativas, do compartilhamento e da troca de informações.

No caso da LC nº 123/2006, a intenção foi a de reforçar a transparência e o controle das micro e pequenas empresas pelas Administrações Tributárias por meio da entrega do "livre trânsito de informações entre os fiscos". O objetivo foi um só – "restabelecer o equilíbrio de mercado". Segundo o legislador, essa medida auxiliaria no combate à sonegação[148].

Dessa forma, o Sistema Tributário como um todo, incluindo o tratamento constitucional favorecido (art. 179 da CF/88) aos "pequenos", materializado por meio do Simples Nacional, institucionalizou o compartilhamento de dados sob o guarda-chuva do art. 199 do CTN.[149]

2.1.2.4 O Decreto nº 10.209/2020

O Decreto nº 10.209, publicado em 22 de janeiro de 2020, trata da requisição de informações e documentos sigilosos pelo Tribunal de Contas da União (TCU) e pela Controladoria-Geral da União (CGU), com o objetivo de regulamentar o inciso VIII do art. 51 da Lei nº 13.844/2019[150], no caso da CGU, assim como efetivar o comando do art. 198 do CTN, que trata do sigilo fiscal e de suas exceções.

A sua concepção se deu como uma forma de possibilitar o exercício das competências dos órgãos de controle externo e interno da Administração Pública através do compartilhamento de informações sob a guarda do Poder Executivo federal, abrangendo, pois, aquelas protegidas pelo sigilo fiscal, de responsabilidade do Ministério da Economia, e as demais hipóteses de sigilo.

Portanto, a finalidade do envio de dados dentro do escopo do Decreto nº 10.209/2020 deve estar sempre atrelada às competências delimitadas pela lei à CGU e ao TCU.[151] Além disso, é expressamente ressalvado que, quanto as informações fiscais, no âmbito do Decreto, somente podem ser compartilhadas aquelas que desde a sua origem estão sob a guarda do Fisco.

[148] Essas referências e objetivos podem ser encontrados no Parecer nº 1142/2015, apresentado na Comissão de Assuntos Econômicos do Senado Federal, sobre o Projeto de Lei da Câmara nº 125/2015, que deu origem à LC nº 155/2016.

[149] A Solução de Consulta Interna nº 2 COSIT, de 26 de fevereiro de 2018, da RFB, reforça a interpretação de que a inserção do art. 34, §1º da LC nº 123/2006 não torna o sistema legal e constitucional apto ao compartilhamento e à troca de informações apenas para as micro e pequenas empresas, pois é o art. 199 do CTN, aplicável a todos os contribuintes, um dos principais dispositivos que deu guarida à sistemática do compartilhamento entre as fazendas públicas.

[150] "Art. 51. Constituem áreas de competência da Controladoria-Geral da União:
VIII – requisição a órgão ou a entidade da administração pública federal de informações e de documentos necessários a seus trabalhos ou a suas atividades".

[151] Conforme competências delimitadas pelo art. 51 da Lei nº 13.844/2019, no caso da CGU, e pela Lei nº 8.443/1992, a Lei Orgânica do TCU.

É que o seu inciso I do §1º do art. 2º delimita que os dados ou informações provenientes das instituições financeiras e enviadas à Administração Tributária – i.e., mutação do sigilo bancário para o fiscal, nos moldes do art. 6º da LC nº 105/2001 –, estão ressalvadas da regra que determina o estabelecimento do fluxo entre o Ministério da Economia e a CGU ou o TCU. Trata-se de um importante parâmetro.[152]

A mesma regra é válida para informações econômico-fiscais oriundas de troca internacional quando o acordo vedar o compartilhamento com órgãos externos à estrutura tributária e aduaneira.

Se a LC nº 104/2001, ao alterar e adaptar dispositivos do CTN, e a LC nº 105/2001, em conjunto com a minirreforma da EC nº 42/2003, figuram como o início da pavimentação mais sólida e moderna para a troca e o compartilhamento de dados fiscais, os tempos mais atuais reverberam o Decreto nº 10.209/2020 como um instrumento de relevância.

Além de ser a previsão mais recente que trata do uso da ferramenta, a regulamentação veio logo após a chancela do STF, no julgamento do RE nº 1.055.941[153], ocorrido no final de 2019, concretizando a máxima do compartilhamento amplo e menos restrito de dados bancários e fiscais, obedecidos alguns parâmetros, envolvendo outros órgãos da Administração Pública que não apenas a Receita Federal.

Todavia, merece especial atenção a inclusão do TCU nesse fluxo de compartilhamento, autorizado pelo art. 9º do Decreto, pois foi o órgão responsável por provocar a revisão da dinâmica e a forma com a qual a proteção ao sigilo era imposta aos órgãos de controle.

Conforme deliberação do Processo nº 021.258/2018-0, realizada pelo Plenário do TCU na sessão de 22.05.2019, a respeito da auditoria operacional na Secretaria Especial da Receita Federal (SRF) apurada no período de 06 a 31.08.2018, os ministros determinaram que o Ministério da Economia

[152] No fluxo de compartilhamento de informações entre Ministério da Economia para com a CGU e o TCU, estabelecido pelo Decreto nº 10.209/2020 em questão, em que pese a aparente exclusão dos dados originariamente protegidos pelo sigilo bancário, é preciso ponderarmos que, dentro dos fluxos estabelecidos atualmente, há uma grande rede de dados interligada entre os mais diversos órgãos da Administração Pública. Assim, com a passagem do sigilo bancário para o fiscal, para que seja possível o controle social, se torna necessário que as entidades públicas primem pela transparência, sob pena de dificultar a ciência do que de fato se trata de informação originária das instituições financeiras e o que é originário da Receita Federal.

[153] Tema nº 990 da Repercussão Geral: "Possibilidade de compartilhamento com o MP, para fins penais, dos dados bancários e fiscais do contribuinte, obtidos pela Receita Federal no legítimo exercício de seu dever de fiscalizar, sem autorização prévia do Poder Judiciário."

elaborasse um plano de ação em busca de transparência da Receita para com a própria Administração Pública, notadamente para com o Tribunal.

O ponto central se referia à incapacidade de a Receita Federal prestar contas, dificultando o exercício do controle externo do órgão pelo TCU, além da PGFN e do Sistema Tributário Nacional como um todo.

Em outras palavras, o Fisco, ao se valer do sigilo fiscal, negava o fornecimento de informações solicitadas pela Corte de Contas, criando obstáculos aos trabalhos de auditoria e fiscalização e, por consequência, impedindo o desempenho de sua competência legal.

Conforme consta no Acórdão nº 1174/2019 do TCU[154], R$ 5,75 trilhões anuais, consolidados em créditos tributários, passavam ao largo do devido *accountability*, sendo que ao menos 122 auditorias teriam sido prejudicadas em decorrência da negativa de acesso. A mesma barreira era enfrentada pelos Tribunais de Contas estaduais e municipais em face de seus respectivos Fiscos.

Antes da edição do Decreto, as informações fiscais não eram repassadas ao TCU. Ao tempo, a Receita Federal aplicava a interpretação restritiva de que esse compartilhamento implicaria em quebra do sigilo fiscal e, portanto, somente poderia ocorrer com autorização judicial.

O decreto buscou pôr fim a esse litígio interno, sedimentando, na linha fixada pelo STF, a premissa de transferência do sigilo de um órgão para outro. Ainda em momento anterior ao Decreto nº 10.209/2020, a provocação lançada pelo TCU desencadeou a revisão do posicionamento da Advocacia-Geral da União (AGU) formalizado no Parecer GQ-110/1996.

Ao dar lugar ao Parecer nº AM – 08, com força vinculante (art. 40, §1º da Lei Complementar nº 73/1993), publicado em 18.10.2019, a AGU fixou as primeiras balizas para transferência de informações aos órgãos de controle, materializadas em seguida pelo Decreto ora analisado.

Esse é um marco que evidencia a adoção, pelo Brasil, de novas interpretações às nuances da proteção ao sigilo, seja para conferir maior proteção à arrecadação, como é o caso da constituição do crédito tributário pela Receita Federal, seja para auxiliar o combate ao crime organizado e, como ocorrera no âmbito da CGU e do TCU, para fortalecer os controles interno e externo das contas públicas e da Administração Pública.

[154] BRASIL. TCU, **Acórdão nº 1174/2019,** Rel. Marcos Bemquerer, Julgamento 26 de Fevereiro de 2019. Disponível em: https://tcu.jusbrasil.com.br/jurisprudencia/682195960/reforma-refo-4181720184 Acesso em: 24 jun. 2021.

São interpretações que, à semelhança da hermenêutica utilizada para o compartilhamento de informações fiscais sigilosas com o Ministério Público da União[155], elastecem o art. 198 do CTN em prol do interesse público, o que, por outro lado, poderá trazer algumas inseguranças na interpretação do compartilhamento, conforma analisaremos ao tratarmos dos fluxos entre Receita e órgãos de controle.

O controle realizado pelo TCU não tem como objetivo a fiscalização dos contribuintes, mas é por meio dos dados destes que se torna possível alcançar as informações sobre o montante, por exemplo, da dívida ativa, assim como examinar, para fins de auditoria, a gestão do crédito tributário, a eficiência da sistemática de cobrança dos tributos e da aplicação das leis.

Uma consequência prática disso pode ser remetida aos repasses constitucionais, pela União, aos Fundos de Participação dos Estados e Municípios. Com o acesso a informações e a transparência sobre o produto da arrecadação, contendas como as enfrentadas pelo STF nas ACOs nº 3150 e 3151[156] poderiam encontrar soluções baseadas em estatísticas reais.

De qualquer sorte, a lição que tiramos com essas ponderações iniciais no tocante à norma mais recente em nosso ordenamento, isto é, o Decreto nº 10.209/2020, é a de que não só o sigilo fiscal ganhara ares menos absolutos, em conjunto com o direito à privacidade, mas que o cenário da era digital em que vivemos fez com que a Administração Pública travasse uma batalha dentro de sua própria estrutura com um fim muito específico: o acesso a dados e, com eles, o melhor desempenho de suas competências.

Por fim, como demonstração da escalada sobre o compartilhamento de informações fiscais sigilosas, vale a pena observar que o Decreto nº 10.046/2019, responsável por regulamentar a governança do compartilhamento de dados dentro da Administração Pública federal e criar o Cadastro Base do Cidadão e o Comitê Central de Governança de Dados, alijou de sua esfera as informações protegidas pelo sigilo fiscal.

Entretanto, a norma anterior, por ele revogada e traduzida no Decreto nº 8.789, de 29 de junho de 2016, possibilitava o compartilhamento de informações protegidas pelos sigilos fiscal e bancário com base no art. 198

[155] Cf. o tópico "Visão geral de fluxos do compartilhamento de dados fiscais sigilosos".

[156] As ações referidas tratam de repasses constitucionais entre a União e Estados, notadamente quanto ao Imposto de Renda e ao IPI, repassados via Fundo de Participação dos Estados.

do CTN e da LC nº 105/2001[157]. A SRF chegou, inclusive, a estabelecer os procedimentos tratados pelo Decreto na Portaria RFB nº 1.639, de 22 de novembro de 2016.

Em razão de o Decreto nº 10.046/2019 não abarcar os dados fiscais sigilosos, não iremos explorá-lo[158]. Todavia, o alerta feito por Bichara e Montenegro é válido e se liga diretamente à preocupação com a massificação de dados dos contribuintes em poder da Receita que, por sua vez, se interliga à Lei Geral de Proteção de Dados (Lei nº 13.709/2018).

Segundo os autores, ainda que o a acesso às informações fiscais seja vedado a outros órgãos, o Fisco Federal, por ser o detentor natural, "terá acesso à extensa base de dados da União para, assim, otimizar as suas funções.[159]

É que, conforme deixam claro os incisos III e V do art. 1º do referido Decreto, o compartilhamento amplo da base de dados entre os órgãos tem a finalidade, dentre outras, de "possibilitar a análise das condições de acesso e manutenção de benefícios sociais e fiscais" e "aumentar a qualidade e a eficiência das operações internas da administração pública federal"[160].

Somando-se a isso, a norma dispensa a celebração de convênios, de acordos ou instrumentos congêneres (art. 5º) para que o compartilhamento de

[157] Entendemos que o Decreto nº 8.789/2016 não excluía os dados protegidos pelo sigilo fiscal do fluxo de compartilhamento da Administração Pública, pois, conforme o parágrafo único do art. 4º, o "acesso a dados protegidos por sigilo fiscal ou bancário observará, respectivamente, o disposto no art. 198 da Lei nº 5.172, de 25 de outubro de 1966, e na Lei Complementar nº 105, de 10 de janeiro de 2001". Em outras palavras, o compartilhamento de dados fiscais sigilosos poderia ocorrer nos moldes daquele Decreto, mas desde que obedecidos os parâmetros do CTN e da Lei Complementar. Posteriormente, e diferentemente do que constara do Decreto nº 8.789/2016, o Decreto nº 10.046/2020 menciona expressamente a exclusão dos dados protegidos pelo sigilo fiscal (art. 1º, §2º).

[158] O §2º do art. 1º do Decreto nº 10.046/2020 elimina da abrangência os dados protegidos por sigilo fiscal que estão sob gestão da Secretaria Especial da Receita Federal. Conforme art. 28, a RFB compartilhará dados fiscais que não são protegidos por sigilo, tais como informações constantes das declarações de ITR e de operações imobiliárias, as que constem em nota fiscal, parcelamento e moratória, além de "demais informações de natureza pública constantes das bases de dados" sob gestão da Secretaria da Receita Federal. Já o art. 29 trata da disponibilização de dados fiscais não protegidos por sigilo fiscal e que estão sob controle da PGFN.

[159] BICHARA, Luiz Gustavo A. S; MONTENEGRO, Rafaela Monteiro. Os Limites da Fiscalização Tributária sob a Ótica das Novas Tecnologias: o Desafio do Uso de Algoritmos. In: AFONSO, José R.; SANTANA, Hadassah L. (Coord.). **Tributação 4.0**. São Paulo: Almedina, 2020, p. 288.

[160] Até o fechamento da obra, estava pendente a análise da constitucionalidade do Decreto nº 10.046/2019 pelo STF por meio da ADPF nº 695/DF e ADI nº 6649. Além de violações a preceitos fundamentais, há discussões sobre o confronto da norma com a LGPD e a apresentação de projetos, na Câmara dos Deputados, que sustam os seus efeitos (PDL's nºs 661/2019, 673/2019 e 675/2019).

dados entre órgãos possa ocorrer, reforçando que a intenção é, de fato, construir uma dinâmica ampla e pouco restrita dentro da Administração Pública.

Entretanto, a tendência deve ser adotada com cautela, pois, no campo da proteção da arrecadação, a cooperação mútua é precedida de lei ou convênio (art. 37, XXII da CF e art. 199 do CTN). Por essa razão, não é demais nos preocuparmos com a transparência para que seja possível o controle de limites.

Como falamos em transparência – seja ela entre órgãos da Administração Pública, seja no formato de controle social, realizado pela sociedade, e que, neste caso, não incluiria informações sigilosas – as lições de Gilmar Mendes e Celso Correia Neto vêm à tona.

À luz do que recordam os autores, o princípio da transparência, muito mais do que alcançar "os meios ou instrumentos de disponibilização da informação", ele repercute também na qualidade da informação que é repassada.[161]

A qualidade de informações é preocupação de primeira ordem na formulação de políticas públicas e no ambiente dos controles interno e externo. Na esfera fiscal[162], por exemplo, os incentivos concedidos a agentes privados são atrelados a uma política pública e implicam em renúncia de receitas, premissa que atrai "a necessidade de se garantir o exercício do controle social sobre recursos públicos transferidos ao setor privado (gastos indiretos do Estado) e o interesse maior de prevenção e combate à corrupção".[163]

Daí não podermos deixar de lembrar que a premissa aqui estabelecida fez parte do movimento que inseriu informações relativas a benefícios e incentivos fiscais no rol de exceção do art. 198 do Código Tributário Nacional, conforme mencionamos no Capítulo 2.

Portanto, independentemente da permanência do Decreto nº 10.046/2019 no ordenamento, fato é que a exceção ao sigilo com claro objetivo de possibilitar a fiscalização e controle já é diretriz sedimentada na legislação.

[161] MENDES, Gilmar Ferreira; CORREIA NETO, Celso. Transparência fiscal. In: MARTINS, Ives Gandra da Silva; MENDES, Gilmar Ferreira; NASCIMENTO, Carlos Valder do. **Tratado de direito financeiro.** São Paulo: Saraiva, 2013, p. 179.

[162] Barreix e Zambrano demonstram a preocupação com a qualidade dos dados ao enfatizar que ela representa um dos maiores riscos à gestão de um sistema com volume elevado de informação, sendo impossível, uma vez iniciado o processo de massificação, que se corrija os problemas após o envio. (BARREIX, Alberto; ZAMBRANO, Raul. La factura electrónica en América Latina: processo y desafios. In: AFONSO, José R.; SANTANA, Hadassah L. (Coord.). **Tributação 4.0**. São Paulo: Almedina, 2020, p. 263).

[163] BRASIL. TCU (Plenário). **TC nº 021.258/2018-0.** Rel. Min. Raimundo Carreiro, em 22 de maio de 2019, p. 212.

2.1.3 Lei Geral de Proteção de Dados e o tratamento dos dados fiscais

A Lei Geral de Proteção de Dados, de nº 13.709, promulgada em 14 de agosto de 2018 e vigente desde 18 de setembro de 2020, tem a intenção de "proteger os direitos fundamentais de liberdade e de privacidade e o livre desenvolvimento da personalidade da pessoa natural", por meio do tratamento dos dados pessoais pertencentes às pessoas naturais, cuja guarda está sob responsabilidade tanto de indivíduos quanto de pessoa jurídica de direito público ou privado.

A LGPD é a primeira legislação que reuniu e reordenou elementos ligados aos dados pessoais, ao direito à privacidade e tantas outras liberdades individuais conectadas ao tema.[164]

Ela não passa despercebida pela seara tributária e tampouco poderia deixar de ser analisada quando o assunto é compartilhamento de dados fiscais.[165] Conforme lembra Caio Takano, a lei não traz exceções sobre a sua aplicação nessa esfera e, portanto, não "deixa margens de dúvida sobre a sua necessária observância pelos órgãos da Administração Tributária das pessoas jurídicas de direito público, por ocasião do tratamento das informações pessoais dos contribuintes".[166]

Na mesma linha, Laura Schertel e Danilo Doneda destacam que, além de a LGPD ser aplicável ao setor público e privado, ela não distingue a modalidade de tratamento[167], o que nos leva à conclusão de que dados fiscais relacionados aos contribuintes podem ser classificados como dados pessoais.

[164] DONEDA, Danilo. A LGPD como elemento estruturante do modelo brasileiro de proteção de dados. In: MENDES, Laura; DONEDA, Danilo; CUEVA, Ricardo Villas Bôas. **Lei Geral de proteção de dados (Lei nº 13.709/2018):** a caminho da efetividade. São Paulo: RT, 2020, p. 244.

[165] A própria LGPD considera o compartilhamento uma forma de tratamento de dados pessoais. O inciso X do art. 5º, ao definir o que se entende por tratamento, inclui "toda operação realizada com dados pessoais", mencionando como exemplo, dentre outros, a transferência. Já o inciso XVI do mesmo artigo, define como "uso compartilhado de dados" operações como a comunicação de dados pessoais, mencionando, ainda, o "tratamento compartilhado de bancos de dados pessoais por órgãos e entidades públicos no cumprimento de suas competências legais, ou entre esses e entes privados, reciprocamente, com autorização específica, para uma ou mais modalidades de tratamento permitidas por esses entes públicos, ou entre entes privados".

[166] TAKANO, Caio Augusto. Compliance tributário e os impactos da Lei Geral de Proteção de Dados – LGPD na proteção de dados dos contribuintes. In: MARTINS, Ives Gandra da Silva; MARTINS, Rogério Vidal Gandra da Silva (Coord.). **Compliance no Direito Tributário.** São Paulo: RT, 2020, p. 352-353.

[167] SCHERTEL, Laura; DONEDA, Danilo. Reflexões iniciais sobre a nova lei geral de proteção de dados. **Revista dos Tribunais – Revista de Direito do Consumidor**, v. 120, p. 469-483, 2018, p. 472.

Vale ressaltar que o assunto das implicações da LGPD para o Direito Tributário é tão vasto que facilmente um estudo inteiro poderia ser dedicado somente a essa relação. Entretanto, esse não é o nosso intuito.

Para o momento, o objetivo central se concentra na abordagem de alguns dos pontos de contato que envolvem o compartilhamento de dados fiscais, sejam eles sigilosos ou não, reunindo o embasamento necessário para visualizarmos tanto o que pode ser, em tese, aplicado pela LGPD, como a existência atual de um sistema capaz de gerar insegurança jurídica a justificar aquilo que defendemos: a necessidade de uma lei específica para o campo do tratamento de dados fiscais.

2.1.3.1 Limitações, autodeterminação, especificidades setoriais, o impacto do "interesse público" e das "políticas públicas"

A menção da Lei Geral de Proteção de Dados a dado pessoal impõe a primeira limitação na aplicação do compartilhamento de dados fiscais e da proteção dos contribuintes[168]. Partindo da premissa de que liberdade e privacidade são direitos fundamentais intrínsecos à personalidade – e, portanto, inerentes à pessoa natural –, a norma não protege os dados pertencentes às pessoas jurídicas.

O campo tributário é fértil e rege o que se reconhece como Estado fiscal, por meio do qual direitos sociais são financiados[169], ou seja, prevalece os impostos "como principal fonte de receita estatal"[170]. Todavia, guardadas as devidas proporções, com ele também há um certo "poder de destruir"[171]

[168] O inciso I do art. 5º da LGPD define dado pessoal como a "informação relacionada a pessoa natural identificada ou identificável".

[169] HOLMES, Stephen; SUNSTEIN, Cass. **The Cost of Rights:** Why Liberty Depends on Taxes. New York and London: W. M. Norton, 1999.

[170] FUCK, Luciano Felício. **Estado Fiscal e Supremo Tribunal Federal.** São Paulo: Saraiva, 2017, p. 80. Nesse sentido, ainda, são as lições do Professor José Casabalta: "um estado, para cumprir as suas tarefas, tem de socorrer-se de recursos ou meios a exigir dos seus cidadãos, constituindo justamente os impostos esses meios ou instrumentos de realização das tarefas estaduais". (NABAIS, José Casabalta. **O dever fundamental de pagar impostos:** Contributo para a compreensão constitucional do estado fiscal contemporâneo. 3ª Reimpressão. Coimbra: Almedina, 2012, p. 185).

[171] Aqui recordamos a expressão *the power to tax involves the power to destroy*, reproduzida pelo então Presidente da Suprema Corte Americana, John Marshall, no paradigma *McCulloc v. Maryland*, e relembrada como *the power to tax is not the power to destroy while this Court sits*, no caso *Panhandle Oil Co. v. State of Mississippi Ex. Rel. Knox*. Trouxemos a menção apenas para reforçar que a tributação, em que pese a sua imprescindibilidade, pode adentrar, quando aplicada sem respeito às mínimas garantias fundamentais, em uma esfera capaz de inviabilizar, por exemplo, a atividade econômica. Assim, a utilização sem parâmetros, ou com pouca transparência pelo Poder Público, de dados

à medida que adentra no patrimônio e na renda dos cidadãos, não sendo mera coincidência que a própria Constituição cuidou das limitações do poder de tributar (art. 150).

Nesse aspecto, e considerando que as pessoas jurídicas possuem dados em larga escala sob proteção do sigilo fiscal, a exemplo daqueles que circulam no SPED, é justo que nos preocupemos com as informações não apenas dos indivíduos, mas igualmente das empresas. Essas informações não estão – e não poderiam estar – desamparadas e desprotegidas.

Portanto, a rigor, não há, no âmbito da LGPD, obrigação para que a estrutura pública fiscal siga os parâmetros de tratamento de dados relacionados aos contribuintes pessoas jurídicas, incluindo o tratamento das informações vindas das instituições financeiras. Tampouco as pessoas jurídicas poderiam pleitear direitos com base na Lei Geral.

Também não estarão submetidos os dados pessoais – relacionados às pessoas físicas, frisa-se – que sejam tratados para fins exclusivos de "atividades de investigação e repressão de infrações penais" (art. 4º, III, "d"), os quais dependerão de lei (art. 4º, §1º).

Isso quer dizer que os dados fiscais (e bancários) compartilhados com o objetivo de combater a lavagem de dinheiro e a evasão/sonegação fiscal estarão, até segunda ordem, à margem dos parâmetros lançados pela LGPD brasileira.

Até que seja aprovada lei específica sobre o tema – e aqui sem adentrar no mérito da insegurança jurídica e flexibilização da proteção dos dados dos cidadãos que possa decorrer da ausência da lei até o momento –, as balizas para essa hipótese estão, hoje, submetidas à hermenêutica conjunta a partir da CF, dos demais atos infraconstitucionais e da jurisprudência, notadamente o Tema nº 990 da Repercussão Geral do STF, representada pelo RE nº 1.055.941, que tratou do compartilhamento de dados bancários e fiscais, protegidos pelos seus respectivos sigilos, entre a Receita Federal, o Conselho de Controle de Atividades Financeiras (COAF) e o Ministério Público.

Nesse aspecto, as particularidades que levaram o legislador a reservar o âmbito de uma lei para dispor sobre o tratamento de dados que tem alcance na esfera da persecução penal e da segurança pública toca especificidades semelhantes à da esfera tributária.

fiscais em busca de um suposto bem maior, que é o de proteger a arrecadação, tem o potencial de, por exemplo, revelar segredos inerentes à atividade empresarial; vertente essa que não se materializa em outras áreas, como a do Direito do Consumidor, em que os indivíduos estão em posição de maior vulnerabilidade face as empresas – e não em face ao Estado.

Uma dessas peculiaridades pode ser observada junto com os recentes acontecimentos relacionados ao compartilhamento de dados e a horizontalização do sigilo, na qual os sigilos bancário e fiscal passaram a ter uma carga maior entre um particular e o outro, mas reduzida entre o particular e o Estado.

Essa redução fica aparente quando estamos diante do mote da proteção à arrecadação (esfera tributária) e do combate ao crime organizado (esfera penal e segurança pública). Maximiliano Dauro, por exemplo, observa, a partir da Argentina, o fenômeno dessa horizontalização do sigilo na esfera financeira.

Para Dauro, não apenas a legislação tem andado nesse sentido, mas também a interpretação dos juízes argentinos e a implementação de políticas têm implementado a ideia de que o sigilo bancário deve ser rígido quando diante de outros particulares, mas flexível quando do outro lado está o Estado, com o seu direito de conhecer o que cada um tem depositado nos bancos.[172]

Por outro lado, não significa dizer, isoladamente, que os direitos fundamentais estarão assim desprotegidos. Significa, em verdade, que instrumentos legislativos específicos devem existir com parâmetros de acordo com as especificidades de determinados setores[173], de maneira que tanto as autoridades públicas possam manejar as informações com segurança jurídica, os julgadores possam ter ponto de partida (a lei), como os indivíduos possam ter ferramentas para reconhecerem quando houver excesso e que a eles forneçam os instrumentos necessários à sua proteção.

Do que se observa da justificativa apresentada no Anteprojeto da chamada "LGPD Penal", a necessidade do regramento direcionado à temática se deu "a partir da constatação de que está sujeita a ponderações específicas", fundamentada "na necessidade prática de que os órgãos responsáveis por atividades de segurança pública e de investigação/repressão criminais detenham segurança jurídica para exercer suas funções com maior eficiência e eficácia", incluindo a cooperação internacional, "sempre de forma compatível

172 DAURO, Maximiliano. La protección de datos personales en la actividad financeira. In: TRAVIESO, Juan Antonio (Coord.). **Regimén Jurídico de los Datos Personales**. Buenos Aires: Abeledo Perrot, 2014, v. 2, p. 791.

173 MENDES, Laura Schertel. **Transparência e privacidade:** violação e proteção da informação pessoal na sociedade de consumo. 2008. 156 f. Dissertação (Mestrado em Direito)-Universidade de Brasília, Brasília, 2008, p. 41. Disponível em: https://repositorio.unb.br/handle/10482/4782 Acesso em: 24 jun. 2021.

com as garantias processuais e os direitos fundamentais dos titulares de dados envolvidos"[174].

Trata-se de arestas muito similares às do âmbito tributário, inclusive quanto à presença da prestação mútua de assistência internacional, abrangida pelo art. 199 do CTN, que nada mais é do que o compartilhamento de informações fiscais entre a Receita Federal e as autoridades tributárias de outros países.

A segunda especificidade que nos leva a defender uma LGPD para a área fiscal se encontra na limitação prevista pelo inciso II do art. 11 da Lei nº 13.709/2018, referente ao tratamento de informações sensíveis[175] nas hipóteses em que elas forem necessárias para, no que interessa à análise, (i) o cumprimento de obrigação legal ou regulatória pelo controlador e (ii) a execução, pela administração pública, de políticas públicas previstas em leis e regulamentos, no caso de tratamento compartilhado. Lógica idêntica acompanha o tratamento de informações que não são sensíveis[176].

Nessas circunstâncias, quando a finalidade do tratamento se encaixar em uma das hipóteses elencadas pelo dispositivo, não será aplicado o princípio da autodeterminação[177]. Assim, em outras palavras, o tratamento dos dados pessoais, sejam eles sensíveis ou não, poderá ocorrer sem o fornecimento de consentimento do titular, incluindo a dispensa do consentimento prévio para que a Autoridade Nacional de Proteção de Dados (ANPD) seja informada acerca do compartilhamento das informações (art. 27 da LGPD)[178].

[174] EXPOSIÇÃO DE MOTIVOS: **Anteprojeto de Lei de Proteção de Dados para segurança pública e persecução penal.** Disponível em: <https://static.poder360.com.br/2020/11/DADOS-Anteprojeto-comissao-protecao-dados-seguranca-persecucao-FINAL.pdf>. Acesso em: 16 jan. 2021.

[175] São informações sensíveis, segundo o inciso II do art. 5º da Lei nº 13.709/2018 (LGPD): "dado pessoal sobre origem racial ou étnica, convicção religiosa, opinião política, filiação a sindicato ou a organização de caráter religioso, filosófico ou político, dado referente à saúde ou à vida sexual, dado genético ou biométrico, quando vinculado a uma pessoa natural."

[176] Conforme o art. 7º da LGPD, o tratamento de dados para o cumprimento de obrigação legal ou regulatória, assim como para a execução de políticas públicas (incisos II e III), estão fora da previsão de consentimento do titular (inciso I).

[177] O inciso II do art. 2º da Lei nº 13.709/2018 (LGPD) delineia que um dos fundamentos da proteção de dados é a "autodeterminação informativa".

[178] "Art. 27. A comunicação ou o uso compartilhado de dados pessoais de pessoa jurídica de direito público a pessoa de direito privado será informado à autoridade nacional e dependerá de consentimento do titular, exceto:

I – nas hipóteses de dispensa de consentimento previstas nesta Lei;

II – nos casos de uso compartilhado de dados, em que será dada publicidade nos termos do inciso I do caput do art. 23 desta Lei; ou

A autodeterminação informacional/informativa é um dos princípios de maior relevo dentro da LGPD. Baseado na premissa de que o direito do titular dos dados vai além do conhecimento das etapas de processamento das suas informações para abranger sua participação por meio do seu consentimento prévio[179], esse princípio é, contudo, muito mais apegado à esfera privada do que a pública, como ocorre com o Direito Penal e o Direito Tributário, áreas nas quais a abrangência do consentimento do cidadão é totalmente reduzida, e proporcionalmente também são os seus sigilos financeiro e fiscal, para dar vazão às atribuições legais dos órgãos pertencentes à estrutura pública.

Com relação a esse aspecto, imprescindível que relembremos o voto do Ministro Gilmar Mendes quando da análise da Medida Cautelar no âmbito da ADI nº 6.529/DF, em que foi lançada a discussão inicial sobre a possibilidade de compartilhamento de informações entre o Sistema Brasileiro de Inteligência (SISBIN) e a Agência Brasileira de Inteligência (ABIN).

Uma de suas lições, construída com o apoio do artigo de autoria de Miriam Wimmer, se baseia na constatação de que "o tratamento de dados pessoais pelo Estado é imprescindível para o desempenho do seu mandato constitucional". Trecho ainda mais importante aplicável ao estudo do compartilhamento de dados fiscais, é o seguinte:

> Como ressalta ainda a autora [Prof. Miriam Wimmer], seria inimaginável, por exemplo, que entendêssemos que "qualquer cidadão teria o direito de requerer ao Poder Público a portabilidade de seus dados constantes de uma determinada base de dados governamentais, ou que alguém pudesse se dirigir a um cartório para solicitar a eliminação dos seus dados pessoais ou ainda que se pretendesse negar consentimento para que a Receita Federal processasse determinada declaração de imposto de renda."[180]

III – nas exceções constantes do § 1º do art. 26 desta Lei.
Parágrafo único. A informação à autoridade nacional de que trata o caput deste artigo será objeto de regulamentação."

[179] MENDES, Laura Schertel. **Transparência e privacidade:** violação e proteção da informação pessoal na sociedade de consumo. 2008. 156 f. Dissertação (Mestrado em Direito)-Universidade de Brasília, Brasília, 2008, p. 35-36. Disponível em: https://repositorio.unb.br/handle/10482/4782 Acesso em: 24 jun. 2021).

[180] ADI nº 6529 MC/DF, Rel. Min. Cármen Lúcia, ao citar, à p. 82 do acórdão.

Como dito, isso não quer dizer que os dados fiscais sigilosos poderiam ser compartilhados livremente, à margem dos direitos fundamentais dos contribuintes. Entretanto, a premissa inegável da realidade atual é a de que não é possível impedir o manejo das informações, no campo fiscal, pela Receita Federal e pela PGFN.

A LGPD ainda nos leva à terceira e última especificidade. Nos incisos II e III do art. 7º, foram estabelecidas premissas semelhantes às do inciso II do art. 11 (obrigação legal ou regulatória e execução de políticas públicas) no caso de tratamento de dados pessoais não sensíveis, além de fixar que as pessoas jurídicas de direito público só podem tratar os dados para o "atendimento de sua finalidade pública, na persecução do **interesse público**, com o objetivo de executar as **competências legais** ou cumprir as **atribuições legais** do serviço público" (art. 23, *caput*).

Mais específico do que isso foi o seu art. 26, que prevê o **uso compartilhado** de dados pessoais pelo Poder Público desde que atendidas as "finalidades específicas de execução de **políticas públicas** e **atribuição legal** pelos órgãos e pelas entidades públicas, respeitados os princípios de proteção de dados pessoais elencados no art. 6º desta Lei" (finalidade, adequação, necessidade, dentre outros).

Se buscarmos paralelos com exemplos de outros países, o Regulamento Geral sobre Proteção de Dados (RGPD) da União Europeia, em seu art. 9º, à semelhança do que fez o art. 11 da LGPD, condiciona o tratamento de dados sensíveis ao consentimento do titular. Todavia, diferentemente da lei brasileira, os Estados-membros podem dispor, por lei, sobre o tratamento desses dados, mas:

> Desde que seja com base em um **interesse público** importante, que seja proporcional à finalidade buscada, que seja respeitada a essência do direito fundamental à proteção de dados e que o regramento preveja medidas específicas para salvaguardar o referido direito fundamental e o interesse do titular dos dados (art. 9º, par. 2, alínea "g", RGPD).[181]

[181] SEER, Roman. Proteção de dados e tributação na Alemanha: repercussões do Regulamento Geral sobre Proteção de Dados. **Revista Jurídica da Presidência**. Trad. Diogo Brandau Signoretti. Brasília, v.22, n.126, p. 20-47, fev./maio. 2020, p. 28-29.

No Regulamento adotado pela União Europeia, que serviu de inspiração para o legislador brasileiro, aparece como parâmetro, dentre outros, o **interesse público** para delimitar que os dados sensíveis podem ser tratados de acordo com a lei dos Estados-membros.

O exercício das **atribuições legais** também é um elemento que torna lícito o tratamento de dados, conforme art. 6º, par. 1, alínea "e" do RGPD[182], o qual, como chama a atenção o jurista Roman Seer, é importante para o processo tributário[183]. Essa verificação auxilia na constatação de que não se trata de algo solitário, utilizado somente no Brasil.

Na União Europeia o tratamento de dados pessoais com finalidade fiscal se encaixará justamente nessa necessidade do exercício do **interesse público** ou da autoridade pública (**atribuição legal**), o que exigirá dos Estados-membro um "fundamento legal especial", que contemplará, além de outras, as seguintes obrigações por parte da autoridade responsável pelo tratamento, previstas no art. 6º, par. 2-4 do RGPD:

1. Proporcionalidade do tratamento com o objetivo perseguido;
2. No caso de dados pessoais que, colhidos inicialmente com um objetivo, são tratados para outra finalidade, sem o consentimento do titular ou previsão em disposições legais, é preciso que tenha em conta:
    a) Ligação entre a finalidade para a qual os dados pessoais foram recolhidos e a finalidade do tratamento posterior;
    b) O contexto em que os dados pessoais foram recolhidos, em particular no que respeita à relação entre os titulares dos dados e o responsável pelo seu tratamento;
    c) A natureza dos dados pessoais (se, por exemplo, são dados sensíveis ou relacionados a condenações penais);
    d) As eventuais consequências do tratamento posterior pretendido para os titulares dos dados;

[182] "1. O tratamento só é lícito se e na medida em que se verifique pelo menos uma das seguintes situações:
e) O tratamento for necessário ao exercício de funções de interesse público ou ao exercício da autoridade pública de que está investido o responsável pelo tratamento;".

[183] SEER, Roman. Proteção de dados e tributação na Alemanha: repercussões do Regulamento Geral sobre Proteção de Dados. **Revista Jurídica da Presidência**. Trad. Diogo Brandau Signoretti. Brasília, v.22, n.126, p. 20-47, fev./maio. 2020, p. 28.

e) A existência de salvaguardas adequadas, que podem ser a cifragem ou a pseudonimização.[184]

Em seu voto, na ADI nº 6.529 MC/DF, o Ministro Gilmar Mendes destaca premissa importante ao se referir aos dois lados da balança: um do interesse público e o outro dos direitos fundamentais da privacidade e o da proteção de dados pessoais.

Nesse sentido, quando estamos diante da relação entre o particular e a Administração Pública, a privacidade "não deve partir de uma visão dicotômica que coloque interesse público como bem jurídico a ser tutelado de forma totalmente distinta e em confronto" com aquelas garantias.

Um alerta a não se perder de vista na apreciação do tratamento de dados pelo Poder Público, portanto, está ligado ao fato de que a privacidade é um direito que vai além da esfera individual; ele também deve ser enxergado como um elemento fundamental ao interesse público, i.e., se trata de um bem que, nada obstante, é elementar para o Estado Democrático e deve ser protegido, sob pena de ser, continuadamente, possível para "o setor público controlar dados para suas finalidades públicas, já que isso será sempre reputado como necessário e proporcional"[185]. Portanto, o direito à privacidade também se relaciona com o interesse público.

Na LGPD, o cumprimento de obrigação legal ou regulatória guarda relação com a proposta de integração dos Fiscos e a busca pela proteção da arrecadação e da preservação da capacidade contributiva e isonomia, à luz, respectivamente, do comando conjunto do inciso XXII do art. 37 e do §1º do art. 145, ambos da Constituição Federal.

Lógica idêntica é facilmente estendida para a hipótese de "execução de políticas públicas", que podem tanto estar previstas em lei, como ser fruto de contratos, convênios ou instrumentos congêneres, conforme autoriza o art. 7º, III da LGPD.

Além da previsão constitucional, é possível buscar do plano infraconstitucional, em linhas gerais, o suporte do art. 199 do CTN (cooperação entre

[184] SEER, Roman. Proteção de dados e tributação na Alemanha: repercussões do Regulamento Geral sobre Proteção de Dados. **Revista Jurídica da Presidência**. Trad. Diogo Brandau Signoretti. Brasília, v.22, n.126, p. 20-47, fev./maio. 2020, p. 28.

[185] BLACK, Gillian; STEVENS, Leslie. Enhancing Data Protection And Data Processing In The Public Sector: The Critical Role Of Proportionality And The Public Interest. **Scripted,** v. 10, n. 1, p. 93-122, 2013, p. 95. A referência também se encontra no voto proferido pelo Ministro Gilmar Mendes na ADI nº 6529 MC/DF.

os Fiscos), do art. 11 da LC nº 101/2000 (proteção da arrecadação, sob pena de responsabilidade fiscal) e, referente à autorização do fluxo de dados bancários para a esfera fiscal, dos arts. 5º e 6º da LC nº 105/2001.

Esse arcabouço constitucional e legal, complementando as autorizações dadas pela LGPD, significa, na prática, que os dados fiscais estarão alheios ao consentimento do indivíduo e serão sempre suscetíveis ao tratamento compartilhado, sejam eles sensíveis ou não (art. 7º, II e III c/c art. 11, II, a e b e art. 26).

Isso porque, em resumo, a proteção da arrecadação, a manutenção da capacidade contributiva e a garantia da isonomia, em conjunto com a cooperação da Administração Tributária materializada pelo compartilhamento dos dados, enquanto uma das formas para se garantir aqueles, são itens da cesta de obrigações legais e constitucionais. Esses itens podem tanto ser traduzidos como uma obrigação legal imposta ao órgão público, controlador das informações, como em uma política pública.

No que diz respeito à análise da LGPD, um destaque se faz necessário. Nos parece que a "execução de políticas públicas", tanto quanto o "interesse público", atrai possibilidades infinitas, sem critérios específicos, com potencial para afetar até mesmo o controle da finalidade pela qual os dados são compartilhados. Isso quer dizer que qualquer ação do Poder Público poderá ser considerada como tal.[186]

Do lado tributário, um bom exemplo é a Portaria RFB nº 4.255, de 27 de agosto de 2020, que restringiu a disponibilização a terceiros de dados e informações pessoais sob a guarda da Receita Federal e que constam da NF-e[187] com a intenção de adequação das dinâmicas à LGPD. A disponibilização é operacionalizada pelo SERPRO, quem, mediante contrato, também hospeda as informações, na linha do que dispõe a Portaria MF nº 457, de 08 de dezembro de 2016.[188]

[186] Conforme extraímos dos ensinamentos de Edward C. Page, para se caracterizarem como tal, as políticas públicas atraem uma infinidade de possibilidades, não havendo um elemento único. (PAGE, Edward C. **The Oxford Handbook of public policy.** Oxford University Press. Oxford, 2006, p. 207-224). De outro lado, Lindomar Boneti nos auxilia definindo políticas públicas como o resultado da dinâmica de forças provenientes das esferas de poder e que acarretam ações interventivas da administração do Estado na realidade social. (BONETI, Lindomar. **Políticas públicas por dentro**. Buenos Aires: CLACSO, 2017, p. 13).

[187] O anexo da Portaria RFB nº 4255/2020 traz o rol de informações fiscais a serem processadas pelo SERPRO.

[188] O SERPRO é uma empresa pública que presta serviços de tecnologia da informação e é vinculada ao Ministério da Economia e tem sido um grande aliado no compartilhamento de dados sob a guarda da Receita Federal. Foi a empresa a responsável, por exemplo, por desenvolver a rede *Blockchain* para o órgão.

Por meio do ato infralegal, o Secretário Especial da Receita Federal assumiu a missão de delimitar que o acesso de informações por terceiros, a ser realizado pelo SERPRO, ocorreria sob o "fiel cumprimento de políticas públicas"[189]. A mesma delimitação já havia sido fixada pela Portaria MF nº 457/2016.[190]

Assim, uma interpretação possível a partir da Portaria é a de que a proteção das bases tributárias seria uma política pública e a ferramenta, elegida pela SRF para atingir esse fim, o processamento das informações via SERPRO. De toda sorte, o termo "políticas públicas" permanece amplo, sem ser especificado.

Sobre esse aspecto, ponderação interessante é lançada por Caio Takano, a partir da leitura conjunta do art. 7º com o art. 23 da LGPD. O autor reforça que a **finalidade** e o **interesse público** são ferramentas indispensáveis à Administração Pública para que ela trate os dados em sua atividade fiscalizatória. De qualquer sorte, tal como ocorre com "política pública", ambos carecem de uma definição.[191] É precisamente a falta de definição que abre espaço para uma realização disfuncional dessas normas e potencialmente danosa aos direitos fundamentais dos contribuintes, uma vez que fica a cargo do exegeta estatal, ligado do Poder Executivo – a Receita Federal, por exemplo –, o amplo espaço normativo caracterizador da autorização para o tratamento de dados fiscais sigilosos em sua atividade fiscalizatória.

O autor ainda relembra as obrigações acessórias. A partir de seus ensinamentos, tomamos como importante a preocupação com esses deveres instrumentais, pois são neles onde os dados dos contribuintes e de terceiros estão massificados. Conforme destacado por ele, o §2º do art. 113 do CTN remete

[189] Ao alterar o art. 1º-A da Portaria RFB nº 2.189/2017, a Portaria RFB nº 4255/2020 assim dispôs: "O tratamento de dados pessoais constantes nas bases de dados e informações objeto desta portaria ocorrem para o fiel cumprimento de políticas públicas em conformidade com inciso III, art. 7º, da Lei nº 13.709, de 14 de agosto de 2018".

[190] "Art. 1º Fica o Serviço Federal de Processamento de Dados – SERPRO, empresa pública vinculada ao Ministério da Fazenda, autorizado a disponibilizar para terceiros acesso a dados e informações que hospeda, nos termos desta Portaria.

§ 2º A disponibilização de acesso a dados e informações destina-se à complementação de políticas públicas, voltadas ao fornecimento de informações à Sociedade, através de soluções tecnológicas complementares às oferecidas pelos órgãos públicos e entidades integrantes da Administração Pública Indireta."

[191] TAKANO, Caio Augusto. Compliance tributário e os impactos da Lei Geral de Proteção de Dados – LGPD na proteção de dados dos contribuintes. In: MARTINS, Ives Gandra da Silva; MARTINS, Rogério Vidal Gandra da Silva (Coord.). **Compliance no Direito Tributário**. São Paulo: RT, 2020, p. 356.

o cumprimento das obrigações acessórias, previstas em lei, aos elementos de "interesse da arrecadação ou da fiscalização dos tributos"[192].

A exata compreensão do que de fato consistem as políticas públicas no âmbito do compartilhamento de dados fiscais impactará na própria estrutura do SERPRO e da Empresa de Tecnologia e Informações da Previdência (Dataprev), enquanto empresas públicas.

Isso porque, com a missão de operacionalizarem políticas públicas, o regramento para o tratamento dos dados, nos ditames da LGPD, será, a teor do parágrafo único do art. 24, o mesmo lançado ao Poder Público. Trata-se de exceção à regra que dedica o mesmo tratamento dispensado às pessoas jurídicas de direito privado para as empresas públicas e sociedades de economia mista (*caput* do art. 24). O art. 24 da Lei nº 13.709/2018 diz o seguinte, com nossos destaques:

> Art. 24. As empresas públicas e as sociedades de economia mista **que atuam em regime de concorrência, sujeitas ao disposto no art. 173 da Constituição Federal**, terão o mesmo tratamento dispensado às pessoas jurídicas de direito privado particulares, nos termos desta Lei.
>
> Parágrafo único. As empresas públicas e as sociedades de economia mista, quando estiverem **operacionalizando políticas públicas e no âmbito da execução delas**, terão o mesmo tratamento dispensado aos órgãos e às entidades do Poder Público, nos termos deste Capítulo.

Aqui, importante frisar que se nota um possível imbróglio decorrente da interpretação que se dê ao dispositivo. O *caput* remete às empresas sob o "regime de concorrência", "sujeitas ao disposto no art. 173 da CF". Este último, por sua vez, delimita que a "exploração direta de atividade econômica pelo Estado só será permitida quando necessária aos imperativos da segurança nacional ou a relevante interesse coletivo, conforme definidos em lei".

Seria indispensável reconhecer que o SERPRO e a Dataprev atuam em regime de concorrência, explorando diretamente atividade econômica

[192] TAKANO, Caio Augusto. Compliance tributário e os impactos da Lei Geral de Proteção de Dados – LGPD na proteção de dados dos contribuintes. In: MARTINS, Ives Gandra da Silva; MARTINS, Rogério Vidal Gandra da Silva (Coord.). **Compliance no Direito Tributário**. São Paulo: RT, 2020, p. 356.

– considerando a existência de um *marketplace* de venda de dados[193] necessária, pelo menos, à segurança nacional.[194]

De todo modo, ainda que ambas as empresas não sejam assim vistas, é possível a interpretação de que o parágrafo único não delimitou que, para serem equiparadas ao Poder Público quanto ao regramento no tratamento de dados, elas devam ser enquadradas na hipótese do art. 173 da Constituição Federal. Necessário, apenas, que operacionalizem políticas públicas "e no âmbito de execução delas".

"Políticas públicas" é termo que também aparece no Decreto nº 10.046/2019, e que trata do compartilhamento amplo de informações dentro da Administração Pública, excluídos de seu alcance os dados fiscais sigilosos. Segundo, por exemplo, o inciso III do art. 3º, o compartilhamento de dados deve ser desenvolvido de modo a "facilitar a execução de políticas públicas orientadas por dados".

Ademais, dentre os níveis de compartilhamento elencados há os dados protegidos por sigilo (que não o fiscal, vale lembrar), que poderão ser acessados por todos os órgãos e entidades mencionados no Decreto para a execução de políticas públicas. É o que registra o inciso II do art. 4º do Decreto nº 10.046/2019.

Em que pese o foco do presente trabalho ser nos dados fiscais sigilosos, não se perde de vista que os dados fiscais de natureza pública são objeto da mencionada norma, merecendo o destaque para a incongruência promovida pelo seu art. 5º ao dispensar a celebração de convênio ou instrumentos congêneres "para a **efetivação** do compartilhamento dos dados", enquanto o inciso III do art. 7º da Lei nº 13.709/2018 (LGPD) delimita que as políticas públicas, para serem executadas via compartilhamento, devem estar respaldadas em contratos, convênios ou instrumentos congêneres, assim como a transferência de dados entre o Poder Público e as entidades privadas (art. 26, §1º, IV da LGPD).

193 BRASIL. SERPRO. **Conheça as vantagens da consulta NF-E.** Disponível em: https://www.loja.serpro.gov.br/consultanfe. Acesso em: 20 jan. 2021; BRASIL. **Dataprev:** b-CPF. Disponível em: https://servicos.dataprev.gov.br/b-CPF/ Acesso em: 20 jan. 2021.

194 Nos parece que a importância dos dados para a segurança nacional é uma constatação universal. Como anotou Bhavani Thuraisingham, a utilização e exploração de dados, ou a chamada "mineração de dados" (em inglês, *data mining*), se tornou uma ferramenta no combate ao terrorismo e a comportamentos fraudulentos. (THURAISINGHAM, Bhavani. Data mining, national security, privacy and civil liberties. **ACM SIGKDD Explorations Newsletter**, v. 4, n. 2, p. 1-5, 2002. Disponível em: https://dl.acm.org/doi/10.1145/772862.772863 . Acesso em 10 jan. 2021).

Por fim, é de se observar que a tentativa de a Receita Federal se adequar aos ditames da nossa LGPD, por meio da Portaria RFB nº 4.255/2020, posteriormente modificada pela Portaria RFB nº 167, de 14 de abril de 2022, pode levantar algumas outras dúvidas.

Pela letra do ato administrativo, não é possível compreender exatamente quem seriam os terceiros que poderiam receber as informações, assim como surge a indagação sobre se o SERPRO teria realmente legitimidade para tratar dados que estão originariamente sob a proteção do Fisco. Nada obstante a alteração que sobreveio no ano de 2022, as mesmas incertezas permanecem.

2.1.3.2 Relação entre os dados de contribuintes pessoas físicas e jurídicas

Não podemos deixar de considerar que o liame dos dados fiscais que digam respeito às pessoas físicas acabe esbarrando com aqueles que envolvem as pessoas jurídicas. Nos parece que, para a dinâmica tributária, essa constatação é corriqueira. Informações societárias como o CPF, a qualificação, o país de residência da pessoa física, integrante do quadro empresarial, aparecem em meio a outras informações relativas à pessoa jurídica respectiva.

Em verdade, essa é uma realidade que também começa a ser verificada em outras áreas – e não somente a tributária. Conforme B. van der Sloot destaca, os dados estão cada vez mais conectados, as informações passam a ser cada vez mais agregadas. Mesmo aquelas que originariamente identificam apenas a pessoa jurídica, quando atreladas a outros dados, podem ser utilizadas para criar o perfil de um indivíduo.[195]

Vejamos, por exemplo, a iniciativa da Receita Federal, que também abordamos no tópico anterior, a qual, com o intuito de se adaptar às novas regras pelo Poder Público imposta pela LGPD, editou em um primeiro momento a Portaria RFB nº 4.255/2020 e depois a Portaria RFB nº 167/2022, para limitar a disponibilização de informações contidas em NF-e a terceiros.

A restrição implementada se dá por meio da necessidade de análise prévia que identificará o "risco institucional ou risco ao sigilo individual da pessoa física ou jurídica a que se referem os dados e informações" (art. 3º da Portaria RFB nº 167/2022).

[195] SLOOT, B. van der. Do privacy and data protection rules apply to legal persons and should they? A proposal for a two-tired system. **Computer Law & Security Review,** 2015, p. 42. Disponível em: < https://doi.org/10.1016/j.clsr.2014.11.002 >. Acesso em: 6 jan. 2021.

Com a mudança, apesar de a LGPD se preocupar com os dados das pessoas naturais, a Receita Federal tenta resguardar também os da pessoa jurídica. Essa iniciativa demonstra quão imbricada é a relação das informações fiscais de indivíduos com as das empresas.

Antes da modificação realizada ainda pela Portaria RFB nº 4.255/2020, o SERPRO estava autorizado a disponibilizar o conjunto dos dados e informações, tudo com o objetivo, segundo constava, de manter a transparência por meio do fornecimento de informações à sociedade, bem como o de complementar políticas públicas. Contudo, agora caberá ao próprio SERPRO a verificação do risco institucional ou ao sigilo individual da pessoa física ou jurídica[196], permanecendo, todavia, a dúvida quanto ao tratamento de informações com terceiros e os consequentes riscos para o compartilhamento/venda de dados dos contribuintes.

Caio Augusto Takano nos ajuda a recordar as informações que dizem respeito às pessoas físicas e circulam em ambientes digitais como o SPED. A Nota Fiscal do Consumidor eletrônica (NFC-e) é um dos exemplos, por meio da qual é possível verificar o CPF do consumidor e produtos por ele adquiridos. Ainda, o Registro Y600[197], a ser inserido na Escrituração Contábil Fiscal (ECF), e onde serão encontradas informações como CPF dos sócios, dirigentes e conselheiros da pessoa jurídica, além de pagamentos por eles recebidos, além da EFD para apuração do Imposto sobre Circulação de Mercadorias e Serviços (ICMS) e do Imposto sobre Produtos Industrializados (IPI), que pode conter informações de fornecedores e adquirentes[198].

Informações de cunho trabalhista e previdenciário, contidas no eSocial, também devem ser computadas nesse rol, que conta com diversas outras fontes de dados, a exemplo da Declaração de Imposto de Renda da Pessoa Física (DIRPF) que, fora do âmbito do SPED, contém informações pessoais

[196] A análise do risco nunca deixou de ser considerada, ao menos tendo como base o que diz a Portaria MF nº 457/2016, responsável por autorizar a disponibilização, a terceiros, de informações hospedadas pelo SERPRO. Todavia, essa divulgação dependeria de anuência do órgão ou entidade, o que nos permitiria concluir, em uma análise apenas da letra do ato normativo, que, ao menos no caso de dados fiscais, a própria Receita Federal ou a PGFN deveriam assentir à inexistência de riscos, cabendo ao SERPRO apenas o repasse ao adquirente. No cenário atual, por outro lado, o próprio SERPRO é quem assume a tarefa.

[197] "Identificação e Remuneração de Sócios, Titulares, Dirigentes e Conselheiros".

[198] TAKANO, Caio Augusto. Compliance tributário e os impactos da Lei Geral de Proteção de Dados – LGPD na proteção de dados dos contribuintes. In: MARTINS, Ives Gandra da Silva; MARTINS, Rogério Vidal Gandra da Silva (Coord.). **Compliance no Direito Tributário**. São Paulo: RT, 2020, p. 351.

consideradas sensíveis pela própria LGPD, como a se o contribuinte é portador de moléstia grave e a inclinação política, cuja aferição pode ser possível por meio das doações eleitorais declaradas.

2.1.3.3 Deveres instrumentais, finalidade, interesse público e execução de competências ou cumprimento de atribuições legais

Os dados fiscais dos contribuintes – sejam eles protegidos ou não pelo sigilo – estão inegavelmente concentrados nas obrigações acessórias/deveres instrumentais. São as declarações, por exemplo, que guardam a riqueza de detalhes sobre a identificação do indivíduo, a sua renda, atividades, eventuais doações, imóveis vendidos ou adquiridos, transações com terceiros, dentre tantos outros.

Não é à toa que as informações financeiras e fiscais sigilosas são citadas como uma das mais sensíveis formas de privacidade, haja vista o seu conteúdo e a capacidade de revelar a identidade, traçar o comportamento de indivíduos e a amplitude de sua riqueza, potencializando o risco de perseguições criminais ou mesmo políticas.[199] Todo esse banco de dados é veiculado por meio de obrigações das mais diversas.

Nesse sentido, mesmo as informações repassadas por terceiros, como ocorre com as instituições financeiras ao informar dados de seus clientes à Receita Federal, estão submetidas ao dever instrumental.

O repasse, chancelado pelo STF[200], dos dados protegidos pelo sigilo bancário se dá com o intermédio da e-Financeira, instituída pela IN RFB nº 1.571/2015 e integrante do SPED. A Declaração de Operações com Cartões de Crédito (DECRED), disciplinada pela IN SRF nº 341/2003 também é dever instrumental que acompanha o fundamento do art. 5º da LC nº 105/2001.

Desse modo, um dos requisitos para o tratamento dos dados é o de que ele precisa estar atrelado à competência dada pelo ordenamento à autoridade, no sentido que determina o caput do art. 23 da LGPD:

> Art. 23. O tratamento de dados pessoais pelas pessoas jurídicas de direito público referidas no parágrafo único do art. 1º da Lei nº 12.527,

[199] COCKFIELD, Arthur J. How countries should share tax information. **Vanderbilt Journal of Transational Law,** v. 50, n. 5, p. 1091-1132, 2017, p. 1.114.

[200] RE nº 601.314 e ADIs nº 2390, 2386 e 2397.

> de 18 de novembro de 2011 (Lei de Acesso à Informação), deverá ser realizado para o atendimento de sua finalidade pública, na persecução do interesse público, com o objetivo de executar as competências legais ou cumprir as atribuições legais do serviço público, desde que:

O comando possibilita o tratamento dos dados pelas autoridades públicas com base na (i) finalidade pública e no (ii) interesse público para (iii) execução das competências legais ou cumprimento das atribuições legais do serviço público.

Com essa perspectiva, Caio Takano busca como limite ao tratamento dos dados pessoais fiscais o "interesse da arrecadação ou fiscalização" ao interligá-lo aos deveres instrumentais, uma vez que se trata de recorte constante do §2º do art. 113 do CTN[201], isto é, a autorização legal que dá o contexto ao mencionado "interesse".

Esse assim delimitado "interesse da arrecadação ou fiscalização" está relacionado à imprescindibilidade das obrigações acessórias para o cumprimento da obrigação tributária principal e, inclusive, para se aferir a inexistência do tributo, como ocorre nos casos de imunidade, isenção e não incidência.

Ou seja, ele está intimamente atrelado ao regular exercício, nos termos da lei, da fiscalização e da identificação de patrimônio, renda e atividades econômicas, hipóteses em que o tratamento dos dados pessoais do contribuinte seria permitido.[202]

A moldura apresentada trata de um importante viés limitador à imposição de deveres instrumentais pela Administração Tributária, quem não poderia, ao argumento de seu interesse em arrecadar ou fiscalizar, impor obrigações acessórias que extrapolassem o razoável e não levassem em consideração o interesse coletivo, ou seja, um Sistema Tributário justo, eficiente e que respeite critérios como o da isonomia e o da capacidade contributiva.

São, uma vez mais, elemento teleológicos da norma que terminam vinculando a sua exegese e, assim, delimitando o âmbito de incidência a ser

[201] "Art. 113. A obrigação tributária é principal ou acessória.
§ 2º A obrigação acessória decorre da legislação tributária e tem por objeto as prestações, positivas ou negativas, nela previstas no interesse da arrecadação ou da fiscalização dos tributos."

[202] TAKANO, Caio Augusto. Compliance tributário e os impactos da Lei Geral de Proteção de Dados – LGPD na proteção de dados dos contribuintes. In: MARTINS, Ives Gandra da Silva; MARTINS, Rogério Vidal Gandra da Silva (Coord.). **Compliance no Direito Tributário**. São Paulo: RT, 2020, p. 357.

apontado à luz de casos concretos submetidos à autoridade estatal responsável por dar-lhe vida, ou seja, aplicar-lhe à realidade.

O §2º do art. 113 do CTN atrai o alerta quanto a eventuais imposições das obrigações, lançadas pela Autoridade Fiscal com o fim de extrair o máximo do compartilhamento de dados fiscais enquanto uma forma protetiva da arrecadação ou garantidora da isonomia ou capacidade contributiva, serem configuradas como abusivas, ou seja, distante do real "interesse da arrecadação ou da fiscalização". A análise é casuística, dependerá da verificação de cada obrigação para que se verifique a razoabilidade da medida e o cumprimento de tal delimitação.

Para além disso, considerando as obrigações acessórias, o "interesse" contido no §2º do art. 113 do CTN se alinha e concretiza a finalidade e o interesse público do art. 23 da LGPD, pois é por meio delas que as informações sigilosas chegarão ao conhecimento das autoridades autorizadas pela lei a recebê-las.

Significa dizer que, a partir da nossa interpretação, para haver o compartilhamento, é necessário que os deveres instrumentais que reuniram as informações existam previamente, a sua imposição seja dotada de razoabilidade e sejam eles imprescindíveis para o desenvolvimento das atividades fiscais, assim como atendam ao interesse público.

Isso até mesmo para possibilitar ao contribuinte tanto a aferição da razoabilidade, como a verificação de itens inegociáveis previstos pela LGPD, como a adequação e a finalidade pelas quais a sua informação será utilizada (por exemplo, para fins de apuração do Imposto de Renda).

Não custa lembrar que a proporcionalidade é elemento ínsito à própria ideia de justiça em sentido material, razão pela qual qualquer que seja o ato estatal, deverá ele incursionar o mínimo possível nas liberdades fundamentais de modo a realizar a sua finalidade sem que esgote o núcleo protetivo de direitos personalíssimos como a intimidade e a privacidade.

Esse binômio "arrecadação" e "fiscalização", contido no CTN, é a chave para a finalidade do compartilhamento de informações, não devendo, contudo, significar o poder absoluto para que tudo se justifique sob o manto da proteção da arrecadação a partir da visão monotemática da Autoridade Fiscal. Nessa equação, o contribuinte também precisa ser considerado, sob pena de se esvaziar por completo comandos constitucionais inseridos no catálogo dos direitos individuais indisponíveis.

Vale lembrar que a Portaria RFB nº 2.344/2011, ao dispor sobre o acesso de informações fiscais sigilosas, delimitou que serão protegidos pelo sigilo fiscal os dados que, contendo a situação econômica ou financeira do sujeito passivo ou de terceiros e negócios ou atividades econômicas, sejam obtidas em razão do ofício **para fins de arrecadação e fiscalização de tributos**.

Portanto, em resumo, se, de um lado, o art. 23 da LGPD prevê a **finalidade pública** e a **persecução do interesse público** para permitir que a Administração Pública trate dados pessoais, e tendo em vista que são dois parâmetros de grande dimensão e por isso pouco específicos, o §2º do art. 113 do CTN é um dos complementos legais que a eles dão sentido, uma vez que os dados são compartilhados por meio das obrigações acessórias, e estas, por sua vez, são instituídas com base no **interesse da arrecadação ou da fiscalização de tributos**.

Acima desse plexo normativo, está, ainda, a Constituição Federal. O §1º do art. 145, que é um dos pilares principais de sustentação do compartilhamento dos dados fiscais, conforme já abordamos, ao conceder ao Fisco o poder de identificar o patrimônio e a renda, o faz em nome da persecução da proteção à arrecadação e da capacidade contributiva, delimitando que, para isso, é necessário o respeito aos direitos individuais e aos termos da lei.

Por último, o exercício das "competências legais", igualmente mencionada pelo *caput* do art. 23 da LGPD como baliza para o tratamento dos dados pelo Poder Público, se arregimenta pelo dever de a Administração Tributária proteger a arrecadação (art. 145, §1º da CF) e atuar de forma integrada e cooperativa (art. 37, XXII da CF c/c art. 199 do CTN).

2.1.4 Fonte jurisprudencial a partir do Supremo Tribunal Federal

No Brasil, a presença do Supremo Tribunal Federal é sentida por muitos, sobretudo com o televisionamento de suas sessões, por meio da TV Justiça. Certamente a maioria dos cidadãos e cidadãs brasileiros, ainda que distante da área jurídica, se indagada, saberá dizer o nome de seus ministros e citar decisões proferidas pela Corte.

Tal perspectiva pode ser encarada também quando o assunto envolve os liames da quebra de sigilo e, por sua vez, da troca e do compartilhamento de dados dentro da Administração Pública, como ocorrera com o RE nº 1.055.941, que ganhou repercussão e passou a ser conhecido como "o caso COAF", julgado em dezembro de 2019.

É que a jurisprudência do STF foi responsável, ao lado das leis e decretos regulamentadores, por não apenas validar os parâmetros antes previstos por essas normas, mas por também enfatizar, com o uso da hermenêutica, balizas outras que não eram expressamente previstas pelos textos normativos.

A jornada por ela percorrida é uma das melhores formas de se verificar a mudança de olhares sobre o uso do sigilo no Brasil.

Os julgados que retrataremos têm a mesma essência (possibilidade de transferência do sigilo), mas cada um guarda consigo um enfoque, em que pese todos estarem, ao final, interligados.

Vamos da discussão centrada na necessidade de proteger as bases tributárias do País, passamos pelas atividades de inteligência, ao combate ao crime organizado e chegamos até a proteção dos dados do cidadão em face do Estado. São questões centrais que demonstram como a Suprema Corte brasileira dá os primeiros passos diante do tratamento de dados protegidos por sigilo e, ao mesmo tempo, como o caminho ainda está aberto para outras vertentes da discussão.

É bem verdade, ainda, que desde o advento da LC nº 105/2001 os seus arts. 5º e 6º foram questionados[203] e a jurisprudência oscilou.

Em 15.12.2010, no RE 389.808, sem repercussão geral, de relatoria do Ministro Marco Aurélio, foi entendido como regra a privacidade e que a quebra de sigilo somente poderia ocorrer pela via do Judiciário, e para fins penais. Portanto, sendo a Receita Federal parte na relação jurídico-tributária, os arts. 5º e 6º da LC nº 105/2001 não autorizariam o acesso do Fisco aos dados bancários sigilosos.

O recorte dos julgamentos aqui apresentados se dará com base naqueles emblemáticos, decididos pelo Pleno entre os anos de 2016 e 2020, pois são casos mais recentes e paradigmáticos, eis que dotados de efeitos vinculantes, responsáveis por aprofundarem o conteúdo e por redefiniram as razões de decidir que prevalecem até os dias atuais[204].

Não por acaso, o relator do RE nº 601.314, Ministro Edson Fachin, pontuou em seu voto que "é imperativo pensar as questões fiscalizatórias da Administração Tributária com a devida complexidade que o tema oferece em nível global".

[203] O debate acerca da quebra de sigilo e envio de informações bancárias para a esfera fiscal sem autorização do Poder Judiciário foi enfrentado também pelo STJ. Confira-se, como exemplo, o repetitivo REsp nº 1.134.665, Rel. Min. Luiz Fux, 1ª Seção, DJe 18.12.2009.

[204] O Ministro Roberto Barroso, ao proferir voto no julgamento conjunto do RE nº 601.314 e das ADIs nº 2390, 2386 e 2397, reforçou que "a discussão nunca alcançou profundidade, a pluralidade e a visibilidade do debate travado no presente recurso. Assim, parece ser essa uma boa oportunidade para a Corte aprofundar um pouco mais essa importante discussão e atualizar o seu entendimento sobre a correlação entre o direito à intimidade e o sigilo bancário nos dias atuais".

Veremos que eles, os casos mais recentes, no fim, acenaram positivamente ao Poder Executivo e órgãos de controle, como o TCU, para que implementassem ferramentas que intensificaram a troca e o compartilhamento de informações fiscais no Brasil.

Nos itens seguintes exploraremos as nuances dos julgamentos relativas à releitura do sigilo, da intimidade e da privacidade em face de outros direitos fundamentais de primeira geração.

As vertentes analisadas centralizam-se no que até o momento nos preocupamos, ou seja, em desvendar as hipóteses em que dados sigilosos podem ser compartilhados sem a necessidade de autorização judicial, até – e essa é uma das provocações do presente trabalho – a formação de uma unidade informacional e a concentração de poder, por meio da massificação e o compartilhamento irrestrito dos dados, em órgãos estatais, tudo em nome do interesse público.

No julgamento mais recente, por exemplo, que foi o da Ação Direta de Inconstitucionalidade (ADI) nº 6.387 – compartilhamento de dados de usuários de telefonia com o Instituto Brasileiro de Geografia e Estatística (IBGE), o Ministro Gilmar Mendes reconhecera premissa adotada pela jurisprudência alemã[205], no sentido de que a proteção de dados deve ser abrangente e, por isso, adotada como um direito fundamental.

Após o *status* reconhecido pela Suprema Corte, foi a vez de o Congresso Nacional inserir a proteção de dados no rol de direitos fundamentais (art. 5º, LXXIX). Portanto, a proteção de dados passa a migrar, a partir desse entendimento, da esfera privada para chegar até o "direito à governança, transparência e sindicabilidade do tratamento de dados".[206]

[205] A partir da análise da Lei do Censo (*Volkszählung*), o Tribunal Constitucional alemão, em 1983, formou importante precedente a partir do reconhecimento da proteção de dados como um direito fundamental e, por consequência, o direito à autodeterminação sobre as informações ou dados pessoais. Nesse sentido, "[t]endo em vista as condições do moderno processamento de dados, a proteção do indivíduo contra levantamento, armazenagem, uso e transmissão irrestritos de seus dados pessoais é abrangida pelo direito geral da personalidade previsto no Art. 2 I GG c.c. o Art. 1 I GG. O direito fundamental garante o poder do indivíduo de decidir ele mesmo, em princípio, sobre a exibição e o uso de seus dados pessoais". (MARTINS, Leonardo. **Cinquenta anos de jurisprudência do Tribunal Constitucional Federal Alemão**. Uruguai: Fundação Konrad Adenauer, 2005, p. 234).

[206] BRASIL. STF, **Referendo na Medida Cautelar na ADI nº 6.387**, Distrito Federal (Plenário), Rel. Min. Rosa Weber. Disponível em:
https://redir.stf.jus.br/paginadorpub/paginador.jsp?docTP=TP&docID=754357629 Acesso em: 24 jun. 2021.

Aqui, a importância do STF para o compartilhamento de dados ficará visível, sobretudo quanto aos parâmetros de controle jurisdicional imprescindíveis para a mitigação do sigilo de dados e aqueles necessários para preservar a intimidade e a privacidade do indivíduo de modo a permitir a troca e o compartilhamento entre órgãos da Administração.

2.1.4.1 Ano de 2016: Proteção da arrecadação

Em 2016, o Plenário do STF analisou julgamento conjunto do RE nº 601.314, vinculado ao Tema nº 225 da Repercussão Geral[207], de relatoria do Ministro Edson Fachin, e das ADIs nº 2390, 2386 e 2397, todas de relatoria do Ministro Dias Toffoli[208]. Nas palavras de Hugo de Brito Machado Segundo:

> A jurisprudência do Supremo Tribunal Federal, que em um momento anterior sinalizava pela possibilidade de quebra apenas mediante ordem judicial, terminou, apreciando a validade da aludida LC 105/2001, decidindo pela sua constitucionalidade, em julgado que discutiu menos a importância de uma prévia autorização judicial, e mais os efeitos de referidas quebras sobre o combate à evasão fiscal.[209]

A essência do debate envolveu a constitucionalidade dos arts. 5º e 6º da LC nº 105/2001 e, por consequência, dos Decretos nº 3.724/2001 e nº 4.489/2002. Em sede de controle concentrado, também foi questionado o art. 1º da LC nº 104/2001, que inseriu o inciso II do §1º e o §2º ao art. 198 do CTN, e o §3º do art. 3º da LC nº 105/2001.

A discussão, portanto, dizia respeito a possível quebra do sigilo bancário na proporção do acesso da Receita Federal às informações obtidas por intermédio das instituições financeiras.

[207] A delimitação do tema foi sinalizada da seguinte forma "a) fornecimento de informações sobre movimentações financeiras ao Fisco sem autorização judicial, nos termos do art. 6º da Lei Complementar nº 105/2001; b) Aplicação retroativa da Lei nº 10.174/2001 para apuração de créditos tributários referentes a exercícios anteriores ao de sua vigência."

[208] O julgamento foi finalizado em 21.02.2016. Por maioria, vencidos os Ministros Marco Aurélio e Celso de Mello, o Tribunal julgou improcedente o pedido formulado nas ADIs. O RE teve o seu provimento negado, pela mesma maioria.

[209] SEGUNDO, Hugo de Brito Machado. Autorizou-se a quebra do sigilo bancário: e agora?. **Consultor Jurídico,** 11 dez. 2019. Disponível em: <https://www.conjur.com.br/2019-dez-11/consultor-tributario-autorizou-quebra-sigilo-bancario-agora>. Acesso em: 13 fev. 2021.

Embora o estudo, que aqui desenvolvemos, tenha o enfoque nos dados protegidos pelo sigilo fiscal, a abordagem é fundamental para compreendermos a evolução e os valores que acobertam o compartilhamento de informações. Ademais, vale lembrar que uma vez repassadas à Fazenda Pública, essas informações adquirem a proteção do sigilo fiscal para então dar continuidade ao fluxo do compartilhamento.

O Ministro Edson Fachin, relator do RE paradigma e cujo voto fora acompanhado pela maioria do Tribunal, vencidos os Ministros Marco Aurélio e Celso de Mello, deixou o registro de que o tema era "grave e complexo". Afirmações como essas não são incomuns nos outros julgados que discutem o compartilhamento de dados e a configuração, ou não, de quebra de sigilo bancário e fiscal. São alertas que de fato antecipam a dificuldade da temática.

Do julgamento, dentre tantos elementos igualmente importantes, destaca-se a premissa contida no art. 145, §1º da CF, com base na qual ao Fisco é conferido o amplo acesso ao patrimônio, rendimentos e atividades econômicas dos contribuintes. Trata-se de uma busca da proteção da arrecadação e da preservação da isonomia de acordo com a capacidade contributiva.

Esse raciocínio deriva do pressuposto de que a tributação tem por finalidade a produção de igualdade, o financiamento de direitos; ou seja, o nosso modelo constitucional de tributação refletiria um verdadeiro Estado Fiscal[210]. Nas ADI's, o Rel. Ministro Dias Toffoli, seguiu a mesma linha de pensamento[211].

O Ministro Gilmar Mendes, reconhecendo o papel dos tributos para o Estado Social de Direito, ressaltou que o tema sob julgamento ia além da mera autorização do Fisco para acessar os dados financeiros para alcançar a sua utilização como forma de "promover cruzamentos, averiguações e conferências com outros de que já dispõe e, ao fim, exigir os tributos".

Dito isso, a questão ali posta poderia ser resumida no duelo entre o direito ao sigilo bancário e o dever de pagar tributos, ou seja, a autonomia individual

[210] FUCK, Luciano Felício. **Estado Fiscal e Supremo Tribunal Federal.** São Paulo: Saraiva, 2017, p. 49).

[211] Conforme voto proferido no âmbito das ADI's nºs 2390, 2386 e 2397, julgadas em conjunto, o Ministro Dias Toffoli ressaltou: "O tributo corresponde, pois, à contribuição de cada cidadão para a mantença do Estado e, consequentemente, para a realização de atividades que assegurem os direitos fundamentais – notadamente os direitos daqueles que possuem menos condições de contribuir financeiramente com o Estado". Com isso, o Ministro relator, acompanhado pela maioria dos demais Ministros, reconhece o Estado Fiscal, uma vez que a função dos tributos seria a de financiar as atividades, assim como a correlação entre tributo e a capacidade contributiva.

de um lado e, do outro, o autogoverno coletivo, o que transforma o sigilo bancário e a privacidade em uma norma de caráter não absoluto quando confrontado com as "legítimas expectativas de obtenção de receitas públicas"[212].

Com essa diretriz de interpretação, baseada na dicotomia sigilo, intimidade e privacidade versus o dever de pagar tributos, onde este último deve prevalecer, construiu-se o entendimento de que o dever de sigilo segue observado durante todo o fluxo de informações da esfera fiscal para a bancária. Nesse sentido, em resumo:

> Foram três os principais fundamentos da tese vencedora: (1) a necessidade de instrumentos eficientes de fiscalização tributária, (2) a estreita conexão entre o acesso à informação e a concretização da Justiça fiscal, por meio da capacidade contributiva (dever fundamental de pagar impostos), e (3) a tendência internacional ao fim do sigilo bancário contra o Fisco e à troca de informações entre países. Haveria, segundo a maioria, não propriamente uma "quebra", mas uma "transferência" de sigilo dos bancos para a Administração Tributária, que se comprometeria a preservá-lo.[213]

Mudou-se, portanto, o posicionamento anterior, no qual se lançou mão da interpretação de que primeiro entendia o compartilhamento de dados bancários com a Receita Federal como uma quebra de sigilo e, depois, se apoiava na impossibilidade de estender essa quebra de sigilo a situações outras que não aquelas ligadas à investigação ou instrução penal – e desde que contasse com a autorização do Judiciário[214].

A alteração da jurisprudência considerou como suficiente, para efeitos da ressignificação da intimidade, privacidade e do sigilo, o fato de a LC

[212] Segundo o Ministro Fachin, em seu voto proferido no RE nº 601.314: "Ao fim e ao cabo, o litígio constitucional posto se traduz em um confronto entre o direito ao sigilo bancário e o dever de pagar tributos, ambos referidos a um mesmo cidadão e de caráter constituinte no que se refere à comunidade política."

[213] CORREIA NETO, Celso de Barros; MÜLLER, Rebeca Drummond de Andrade. Faltam parâmetros para compartilhar informações entre Fisco e MP. **Consultor Jurídico,** 14 set. 2019. Disponível em:
<https://www.conjur.com.br/2019-set-14/faltam-parametros-compartilhamento-informacoes-entre-fisco-ministerio-publico >. Acesso em: 14 fev. 2021.

[214] O entendimento anterior pode ser resgatado por meio do voto-condutor do Ministro Marco Aurélio, relator do RE nº 389.808 (DJe 10.05.2011), no qual se delimita que "apenas se permite o afastamento do sigilo mediante ato de órgão equidistante, mediante ato do Estado-juiz, que não figura em relação jurídica a envolver interesses, e, mesmo assim, para efeito de persecução criminal".

nº 105/2001 trazer parâmetros para o envio das informações bancárias, tais como os previstos em seu art. 6º (processo administrativo prévio e indispensabilidade do exame de documentos pela autoridade competente), além da preservação e manutenção do sigilo, somadas às diretrizes do Decreto nº 3.724/2001, responsável por regulamentar o dispositivo.

Em 2009, conforme relembrado pelo Ministro Fachin na condução de seu voto no RE, a percepção de que haveria hipóteses em que o sigilo bancário deveria ser relativizado ou mitigado já havia sido capitaneada pelo Ministro Luiz Fux, quando ainda compunha a Primeira Turma do Superior Tribunal de Justiça (STJ).

Ao apreciar o Resp nº 1.134.665/SP, submetido ao rito dos recursos repetitivos, o Rel. Ministro Fux, ponderou que, quando do outro lado estivessem "transações bancárias (...) denotadoras de ilicitude", o sigilo bancário não poderia ser enxergado como absoluto.

Outro destaque interessante é para o voto do Ministro Roberto Barroso, quem afirmara que os dados sensíveis, relativos à religião, à orientação sexual, à saúde e de ordem política atrairiam liames mais rigorosos por comporem o "núcleo essencial da intimidade", ligado à personalidade. Caminho contrário seria o do sigilo bancário.

O seu posicionamento foi no sentido de entender a singularidade da discussão envolvendo o sigilo quando se está a falar da Receita Federal. Para o Ministro – argumento que também foi ressaltado pela maioria –, o princípio da transparência é um dos pilares da relação que envolve tanto o Estado quanto o contribuinte.

Ademais, diferentemente do que sinalizou o Ministro Edson Fachin[215], a oposição de sigilo bancário ao Fisco não se relacionaria com as garantias constitucionais à intimidade e à privacidade e, para além disso, o legislador possui relativa liberdade para restringir, **com razoabilidade**, o sigilo de informações financeiras – o qual "não se encontra no núcleo essencial do direito à intimidade" ou, "ainda que tenha, não estão no seu núcleo essencial a ponto de apresentarem a eficácia jurídica de regra"[216].

[215] Em seu voto, o Ministro Fachin reconhece que "do ponto de vista da autonomia individual, o sigilo bancário é uma das expressões do direito de personalidade que se traduz em ter suas atividades e informações bancárias livres de ingerências ou ofensas, qualificadas como arbitrárias ou ilegais, de quem quer que seja, inclusive do Estado ou da própria instituição financeira".

[216] Voto do Ministro Roberto Barroso no RE nº 601.314.

Outro pressuposto considerado pelo Ministro Roberto Barroso foi o de que as informações, objeto de repasse das instituições financeiras ao Fisco, deveriam ter sido fornecidas, voluntariamente, pelo próprio contribuinte, a fim de que o lançamento tributário pudesse ser feito. Desse modo, aquelas instituições enviariam algo que já era, de antemão, uma obrigação do contribuinte (via obrigações acessórias, previstas pelo §2º do art. 113 do CTN).

Todavia, as afirmações atraem algumas reflexões. A evolução do debate sobre o compartilhamento de dados bancários e fiscais nos mostra que, mais do que discutirmos a obrigação da prestação de informações pelo contribuinte à Autoridade Fiscal, a utilização e a finalidade desses dados, em nome da proteção a essas informações, assim como por meio de quais instrumentos esse compartilhamento irá ocorrer, deve ser objeto de preocupação e alerta contínuo.

De qualquer sorte, um diferencial inaugurado nesse julgamento, e posteriormente amadurecido pelas análises que se seguiram nos anos seguintes, foi a preocupação externada por quase todos os ministros quanto à movimentação de cooperação global no combate a crimes como o de lavagem de dinheiro e o terrorismo.

Merece destaque, inclusive, a mudança de posicionamento do Ministro Ricardo Lewandowski diante desse novo argumento. Em 2010, no RE nº 389.808, o ministro proferiu interpretação restritiva ao art. 5º, XII, da CF.

Veja-se, pois, que, em 2016, por meio do RE nº 601.314, preponderou o enfoque voltado à proteção da arrecadação. Isso é relevante para entendermos, ao longo dos próximos tópicos, o alcance do compartilhamento de dados e a sua evolução, passando a abranger novos atores no fluxo da sistemática. O Ministro Gilmar Mendes, por exemplo, delimitou o debate, nesse sentido:

> Colocando o problema de forma simplificada, cabe a seguinte indagação: pode a lei autorizar o Fisco a acessar ou obter dados bancários dos contribuintes independentemente de autorização judicial? Em outras palavras, o sigilo bancário é oponível ao Fisco?

Segundo o Ministro, diferenciando o caso em julgamento de outros que diziam respeito à esfera criminal e haviam sido citados como jurisprudência, "[A]qui, a temática é outra, é essencialmente tributária."

Os apontamentos reforçam que em 2016 a Suprema Corte não tratou de questões outras envolvendo o compartilhamento de dados fiscais – isto é, se seria possível o envio para outros órgãos além da Receita Federal, como o Ministério Público, o COAF ou o Tribunal de Contas.

Com base nas discussões mantidas, entendemos que o seu centro estava voltado para o compartilhamento de dados protegidos pelo sigilo bancário, sem a intervenção prévia do Poder Judiciário, pelas instituições financeiras à Receita Federal.

Em verdade, o envolvimento de outros órgãos da Administração Pública nessa relação somente ficaria mais claro a partir de 2019. Isso porque, em 2016, nada obstante os debates tenham preponderado sobre instituições financeiras e Fisco, em determinado momento a dúvida pairou sobre se o alcance seria limitado a apenas essa relação.

No julgamento, o Ministro Ricardo Lewandowski indaga sobre o recebimento de informações protegidas pelo sigilo bancário e o seu posterior intercâmbio com qualquer outro órgão da Administração Pública, a exemplo do TCU e da CGU. Todavia, a dúvida permaneceu sem uma resposta correspondente.

Para além das ponderações de direitos fundamentais, o elemento crucial se resumiu na sedimentação da premissa de que o compartilhamento de informações, nessas circunstâncias, não tratava de quebra do sigilo, mas mera transferência deste, com a obrigação de os agentes envolvidos o resguardarem.

Nas palavras do Ministro Dias Toffoli, relator das ADIs, "[T]rata-se, desse modo, de uma transferência de dados sigilosos de um determinado portador, que tem o dever de sigilo, para outro, que mantém a obrigação de sigilo". Portanto, "essa utilização não desnatura o caráter sigiloso da movimentação bancária do contribuinte, e, dessa forma, não tem o condão de implicar violação de sua privacidade".

Para o Recurso Extraordinário, a tese de Repercussão Geral quanto ao compartilhamento de dados bancários com a Receita Federal ficou assim definida:

> O art. 6º da Lei Complementar 105/01 não ofende o direito ao sigilo bancário, pois realiza a igualdade em relação aos cidadãos, por meio do princípio da capacidade contributiva, bem como estabelece requisitos objetivos e o translado do dever de sigilo da esfera bancária para a fiscal.

Já com relação às ADI's, prevaleceu o mesmo racional da tese fixada na Repercussão Geral, incluindo o art. 5º da mesma lei, sendo delimitados, ainda, parâmetros que guiarão o compartilhamento de informações bancárias com a Receita, a ser enfrentado nas diretrizes estabelecidas no âmbito dos Três Poderes.

Portanto, os arts. 5º e 6º da LC nº 105/2001, assim como o Decreto nº 4.489, que regulamenta o citado art. 5º, foram reconhecidos como constitucionais e o acesso da Receita Federal às informações protegidas pelo sigilo bancário definido em duas etapas, separadas como acesso amplo ou sistêmico e acesso incidental, à luz da própria Lei Complementar. São eles:

> **1ª Etapa – Acesso amplo ou sistêmico (art. 5º, §§1º e 2º da Lei Complementar nº 105/2001)**
>
> Acesso do Fisco (Federal, Estadual, Distrital ou Municipal) limitado à identificação dos titulares das operações bancárias e dos montantes globais mensalmente movimentados (dados genéricos e cadastrais). Vedado qualquer elemento que identifique a origem ou a natureza dos gastos.
>
> **2º Etapa – Acesso incidental (art. 5º, §4º e art. 6º da Lei Complementar nº 105/2001)**
>
> Acesso do Fisco (Federal, Estadual, Distrital ou Municipal), após verificação de indícios de irregularidades, falhas ou incorreções, a informações mais detalhadas, condicionado à instauração de Processo Fiscal e à indispensabilidade do exame dos documentos, livros e registros das instituições financeiras, incluindo os referentes a contas de depósitos e aplicações financeiras.

No caso do acesso incidental, ou seja, na segunda etapa do acesso aos dados bancários, a instauração do Procedimento Fiscal implica a intimação do contribuinte e todas as garantias processuais inerentes ao procedimento, com apoio da Lei nº 9.784/1999, que regulamenta o processo administrativo federal, além, claro, do Decreto nº 3.724/2001, que regulamenta o art. 6º da LC nº 105/2001.

Em 2016, então, inicia a jornada que passa a influenciar, do ponto de vista da estrutura de precedentes, o compartilhamento de dados fiscais sigilosos. Extraímos que (i) o sigilo passa a ser flexibilizado para prestigiar a proteção da arrecadação; (ii) foi sedimentada a premissa de transferência de sigilo; e (iii) foram esclarecidas as duas etapas necessárias – acessos amplo/sistêmico e incidental – para o fornecimento de informações protegidas pelo sigilo bancário à Receita Federal.

2.1.4.2 Ano de 2019: Proteção da arrecadação versus atividades de inteligência e a persecução penal

Em 2019, o tema sobre a (im)possibilidade de compartilhamento de dados fiscais sigilosos sem autorização judicial volta à tona por meio do RE nº 1.055.941/SP, Tema nº 990 da Repercussão Geral. Dessa vez, entretanto, com novas nuances e com a inclusão de outros atores no fluxo dessa sistemática.

Se em 2016 as delimitações do paradigma levavam em consideração a primeira etapa do fluxo do compartilhamento – das instituições financeiras para a Receita Federal (transformação do sigilo bancário em sigilo fiscal) –, em 2019 o retrato inicial mostrava o envio de dados, já em posse do Fisco, para o Ministério Público Federal.

Tratava-se, portanto, da utilização de dados para fins penais, ou seja, uma finalidade que atrai contornos cuidadosos em razão da restrição potencial da liberdade de um indivíduo, sobretudo ao considerarmos que o MPF, além de parte interessada no processo, detém poder investigatório e acusatório.

No caso concreto, houve o encaminhamento, após a constituição do crédito tributário, da íntegra da Representação Fiscal para Fins Penais (RFFP) ao MPF, cujo conteúdo incluía dados acobertados pelo sigilo fiscal, inclusive aqueles repassados na etapa anterior, com apoio do art. 6º da Lei Complementar nº 105/2001, pelas instituições financeiras a pedido da Receita Federal.

Estavam sob análise a inviolabilidade de dados (inciso XII do art. 5º da CF) e o direito à intimidade e à vida privada (inciso X do art. 5º da CF), igualmente relacionada à honra. O Tema nº 990 da Repercussão Geral reconhecida em 13.04.2018, foi assim delimitado:

> Possibilidade de compartilhamento com o Ministério Público, para fins penais, dos dados bancários e fiscais do contribuinte, obtidos pela Receita Federal no legítimo exercício de seu dever de fiscalizar, sem autorização prévia do Poder Judiciário.

Assim como nas ADI's julgadas em 2016, a relatoria do RE nº 1.055.941 foi distribuída ao Ministro Dias Toffoli. O julgamento, por sua vez, finalizou em 04.12.2019, com a publicação do acórdão em 06.10.2020.

Um dos elementos de relevo que influenciou na discussão do caso concreto trata da expansão para incluir a análise do fluxo de compartilhamento das informações entre a então Unidade de Inteligência Financeira (UIF), hoje COAF[217], e o compartilhamento de informações, via Relatório de Inteligência Financeira (RIF), para o Ministério Público, dada a premissa de que o compartilhamento dos dados entre os órgãos de fiscalização e controle também ocorre sob a égide da LC nº 105/2001.

A inclusão do COAF na análise rendeu alguma polêmica, o que levou o Procurador-Geral da República a levantar questão de ordem com o intuito de que o julgamento se limitasse a analisar o fluxo Receita Federal – Ministério Público, além de reiterar a possibilidade de, na linha do precedente de 2016, ser prescindível a reserva de jurisdição para que ocorra o envio das RFFPs ao MPF. O aparte lançado pelo PGR naquela oportunidade merece dois destaques que valem ponderações antes de retomarmos a cronologia do julgamento.

O primeiro se refere à afirmação de que os relatórios de inteligência produzidos pelo COAF se distinguem dos relatórios fiscais. Isso porque, enquanto estes são acompanhados de Processo Administrativo Fiscal, trazendo consigo um ambiente em que o contribuinte exercera o contraditório, a ampla defesa e o devido processo legal, aqueles, originados do COAF, tratariam de um ato de inteligência, servindo apenas "como elementos informativos para que se busquem provas, que é um outro lado da realidade".

Ademais, considerando que supostamente o MPF não requisita as informações, não haveria "interferência humana. Há apenas uma relação passiva de recepção de dados, seja *ex officio* pela UIF, seja pela solicitação também de recepção passiva do MP."

Esse panorama acende o alerta para o desenvolvimento da cultura de proteção de dados, considerando que a concepção atual admite que todas as informações carregam consigo a capacidade de se transmudarem em revelações íntimas do indivíduo. Assim, se torna cada vez mais delicado afirmar – e aqui é um dos grandes desafios dos que estudam o tema –, como constou da manifestação do Procurador-Geral, que apenas alguns dos "elementos mais profundos" é que diriam respeito à privacidade[218].

[217] Vale lembrar que a UIF constava da MP nº 893/2019 e foi posteriormente revogada quando de sua conversão na Lei nº 13.874/2020, sendo mantida, pois, como COAF.

[218] "Ou seja, é possível o compartilhamento das informações sem a reserva de jurisdição, desde que essa reserva de jurisdição não atinja esses elementos mais profundos que dizem respeito à privacidade.". Cf. acórdão do RE nº 1.055.941/SP.

O segundo destaque advém da afirmação de que "o MP não requisita" informações ao COAF, rebatida pelo Ministro Dias Toffoli, que, em seu voto, trouxe os dados demonstrando o fluxo do envio de RIF ao MP, incluindo esfera estadual, e a Polícia Federal:

> Pode não ser na forma de requisição, mas faz na forma de requerimento. E, em 3 anos, foram 1.165. Quatorze deles, especificamente, feitos pela Procuradoria-Geral da República.
>
> Requerimentos de Ministério Público estaduais: 2.820. As 6 mil RIF que existem envolveriam as tais 600 mil pessoas físicas e jurídicas, pois cada RIF tem umas 100 pessoas envolvidas, 100 CNPJ ou 100 CPF.
>
> Vejam, os ministérios públicos estaduais requereram 2.880 e receberam, de ofício, 2.300, ou seja, os ministérios públicos estaduais requerem mais do que recebem de ofício.
>
> RIF encaminhados por requerimentos da Polícia Federal – a PF é recordista -: 3.221. Praticamente a metade dos RIF a Polícia Federal recebeu por requerimento próprio. RIF encaminhados de ofício à Polícia Federal: 2.845. Ou seja, a Polícia Federal recebeu menos de ofício e requereu mais por moto-próprio. São alguns dados que são importantes.

A contraposição inserida na fala do Ministro relator faz coro com a previsão do inciso VI do art. 129 da CF, apontado pelo próprio MPF como um dos dispositivos violados pelo acórdão recorrido, pois é por meio dela que o *Parquet* tem defendido a impossibilidade de oposição do sigilo ao argumento do exercício de suas funções institucionais, reforçando que há, sim, requisições feitas a partir do Ministério Público.

O artigo delimita que uma das funções institucionais do MP é a de requisitar informações e documentos para instrução dos processos administrativos de sua competência. Vale lembrar que a premissa não pode ser interpretada de maneira absoluta na era da proteção de dados e fato é que os números trazidos em confronto com a afirmação feita pelo PGR convergem com as incertezas sobre como de fato se dá o fluxo de compartilhamento de informações.

Para adicionar outro elemento de incerteza, e que se baseia na mesma abertura dada pela interpretação do dispositivo constitucional, colocamos à prova a requisição ou solicitação de informações pelo Ministério Público diretamente à Receita Federal, prática esta não incomum e que será tratada no tópico sobre os fluxos de compartilhamento.

Nos tempos atuais, em verdade, todas as formas – troca, compartilhamento, solicitação ou se requisição – ensejam o tratamento de dados, nos moldes do inciso X do art. 5º da LGPD.[219]

Assim, nos parece que, hoje, o enfrentamento dos tribunais tangenciará, mais do que as nomenclaturas que são dadas (troca, compartilhamento, solicitação ou requisição), as discussões e perplexidades geradas sobre o que está dentro da concepção da mera transferência do sigilo entre uma autoridade e outra, e quais são os seus consequentes freios e parâmetros.

Repassando o enfoque da discussão para o voto do Ministro Alexandre de Moraes, que restou vencedor ao conduzir a divergência parcial, vale o destaque para a afirmação de que a análise "é uma das mais relevantes em relação à persecução penal, ao combate à criminalidade organizada e à corrupção, principalmente em virtude de crimes reflexos, sonegação fiscal, evasão de divisas".

Além disso, também ficou chancelado o reconhecimento de que as informações bancárias, financeiras e fiscais integram a intimidade e a vida privada da pessoa física **ou jurídica**[220], um importante recorte que se alinha à necessidade de proteção dos dados e do sigilo fiscal também dos contribuintes pessoas jurídicas.

O sigilo de dados, afiançado pelos incisos XII e X do art. 5º da CF, contou com a possibilidade de sua relativização a partir do estabelecimento da premissa de que, na hipótese de tratamento de informações, não há uma "previsão expressa e absoluta da cláusula de reserva jurisdicional", diferentemente do que ocorre com o sigilo telefônico e a inviolabilidade do domicílio, ocasiões em que o aval prévio do Poder Judiciário é requisito inafastável.

Com esse ponto de partida – ie., ausência de determinação expressa, pela Constituição, de decisão judicial prévia para acesso a dados sigilosos –, o sigilo de dados, sejam eles bancários ou fiscais, não é um direito absoluto.

Assim, se a situação concreta ensejar critérios como o da **excepcionalidade, razoabilidade e proporcionalidade**, não apenas o Poder Judiciário

[219] "Tratamento: toda operação realizada com dados pessoais, como as que se referem a coleta, produção, recepção, classificação, utilização, acesso, reprodução, transmissão, distribuição, processamento, arquivamento, armazenamento, eliminação, avaliação ou controle da informação, modificação, comunicação, transferência, difusão ou extração".

[220] "Nesse contexto, em regra, não podemos deixar de considerar que as informações bancárias, sejam as constantes nas próprias instituições financeiras, sejam as constantes na Receita Federal, COAF/UIF ou organismos congêneres do Poder Público, constituem parte da intimidade e vida privada da pessoa física ou jurídica".

pode reconhecer, de forma fundamentada, essa relativização, como também pode o Poder Legislativo, "de maneira abstrata, estabelecendo hipóteses e requisitos", a exemplo do que fez por meio da LC nº 105/2001, reconhecida como constitucional em 2016, e, para as atividades de inteligência financeira, por meio da Lei nº 9.613/1998.

Ainda dentro dos critérios de excepcionalidade, razoabilidade e proporcionalidade, estaria circunscrito a essa esfera, na outra ponta, uma finalidade, digamos, maior. Uma finalidade que evita a utilização de direitos fundamentais como escudo para atividades ilícitas e está, ao mesmo tempo, interligada ao interesse público, como é o combate ao crime organizado e, como prevaleceu no precedente de 2016, à proteção das bases tributárias. Extraímos essa interpretação a partir do seguinte trecho do voto do Ministro Alexandre de Moraes:

> Repita-se, de maneira excepcional e razoável, sob pena de inconstitucionalidade, tanto da lei quanto de decisão judicial abusivas – as leis relativizam o sigilo financeiro (fiscal e bancário) de forma excepcional e razoável, com a finalidade de defesa da probidade, combate ao crime organizado e à corrupção, pretendendo evitar a utilização dos direitos fundamentais – no caso, a intimidade e o sigilo de dados, como verdadeiro escudo protetivo para a prática de atividades ilícitas.

Comprovando que, no campo do compartilhamento de dados, os parâmetros são similares seja para dados protegidos pelo sigilo fiscal ou bancário, seja para dados outros, o raciocínio baseado no tripé excepcionalidade, razoabilidade e proporcionalidade foi utilizado no julgamento de 2020, no âmbito das ADI's nºs 6387, 6388, 6389, 6390 e 6393, onde, ao impedir a transferência de informações de usuários de serviços telefônicos ao IBGE, a Suprema Corte reconheceu a proteção dos dados e a autodeterminação como um direito autônomo e fundamental.

Ressaltamos que os parâmetros são similares, e não idênticos, pois entendemos que, por exemplo, o princípio da autodeterminação informacional encontra entraves face aos dados protegidos por sigilo fiscal, conforme analisamos ao falar dos contornos da LGPD.

Além do parâmetro atinente à verificação da constitucionalidade de uma lei ou de decisão judicial que autoriza o acesso a dados sigilosos, as balizas para o compartilhamento, previstas pela LC nº 105/2001 e reconhecidas pelo STF em 2016, refletem também no envio de informações ao MP.

Conforme recordou o Ministro Alexandre de Moraes, ao explicitar que as regras já estariam bem colocadas pela legislação e pelo próprio precedente da Corte, o acesso em duas etapas, retratado no tópico anterior, vem à tona como baliza para o compartilhamento com o *Parquet*.

Somente após o acesso amplo ou sistêmico (1ª etapa, com previsão no art. 5º, §2º da LC nº 105/2001) das instituições financeiras à Receita Federal e da instauração de procedimento administrativo fiscal (2ª etapa, prevista no art. 6º da LC nº 105/2001) é que, havendo indícios de crime, o MP terá acesso às informações imprescindíveis. Em seu voto, o ministro alertou:

> Há necessidade, então, da instauração de um procedimento formal, no âmbito da administração tributária, referente ao sujeito passivo tributário específico e questões específicas. Aqui não é uma devassa, o procedimento administrativo fiscal não é uma devassa na vida do contribuinte, pois foi detectado um erro e, em relação a esse erro, será feita uma investigação.

Portanto, o pressuposto é de que as provas obtidas com base no envio de informações pela Receita Federal ou pelo COAF ao Ministério Público, por estarem baseadas em leis que foram reconhecidas constitucionais (LC nº 105/2001 e Lei nº 9.613/1998, respectivamente), serão consideradas lícitas até que se prove o contrário, ou seja, até que seja comprovado eventual desvirtuamento na produção probatória.

Pelo registro da corrente vencedora, é importante que analisemos uma lacuna que, em uma primeira análise que aqui fazemos, pode acarretar um novo chamamento do STF. A delimitação do fluxo de compartilhamento de dados fiscais com o MP ficou restrita ao envio com a utilização das RFFP's, alinhando-se com o próprio caso concreto[221].

Isso fica claro no parâmetro mencionado acima, sobre o envio condicionado ao cumprimento das duas etapas, inerente às RFFP's, e com o seguinte trecho do voto-vencedor do Ministro Alexandre de Moraes:

> Se houver excesso, o excesso deve ser combatido, até porque – faço questão de salientar isso – sempre haverá uma supervisão posterior judiciária.

[221] Os processos administrativos fiscais que ensejaram o envio das RFFP's e a abertura da ação penal são os de nºs 10865.000762/2006-93 e 10865.000763/2006-38.

> Essa interpretação coincide com o art. 198, § 3º, inciso I, ao dizer que não é vedada a divulgação de informações relativas a representações fiscais, ou seja, tudo que embasou o lançamento do tributo, tudo que embasou o procedimento administrativo.
>
> Dessa forma, Presidente [Min. Dias Toffoli], peço vênia a Vossa Excelência para divergir. Entendo que é possível o compartilhamento de todas as informações produzidas pela Receita Federal, inclusive os sigilos bancário e fiscal, que ensejaram o lançamento definitivo do tributo, porque, somente a partir desse momento, nos termos da Súmula Vinculante 24, a materialidade do delito ficou constatada.

Todavia, a requisição de informações fiscais sigilosas realizadas pelo MP à Receita Federal permanece em aberto, acobertados por balizas antigas, desenhadas no período de 1993 a 2010[222], quando a proteção de dados ainda passava ao largo da carga de importância que hoje ela tem no Brasil.

O CTN, ao dispor, em seu inciso I do §3º o art. 198, que a RFFP pode veicular informações sigilosas, sem necessidade de decisão judicial, obtidas "em razão do ofício sobre a situação econômica ou financeira do sujeito passivo ou de terceiros e sobre a natureza e o estado de seus negócios ou atividades" (*caput* do art. 198), na linha do que prevaleceu no julgamento ora analisado, não trata das hipóteses em que o fluxo das informações é reverso, ou seja, quando há **requisição** pelo MPF. Nem mesmo a LC nº 105/2001 prevê essa possibilidade.

Atualmente, o envio de informações protegidas pelo sigilo fiscal a partir da requisição do MPF é um dever da Receita Federal. Esse posicionamento se dá a partir da interpretação feita pela Administração Pública, originada da Nota Técnica nº 179/DENOR/CGU/AGU, aprovada pelo então Advogado-Geral da União, hoje Ministro do STF, Dias Toffoli, na qual, em resumo, consta o entendimento de que o rol do art. 198 do CTN não é exaustivo.

Nesse sentido, é preciso analisar se, nessa modalidade requisitória, o mesmo rigor procedimental que ocorre no âmbito das RFFP's é seguido e se, para além disso, não haveria violação à Súmula Vinculante nº 24, que

[222] BRASIL. MPU, **Nota Técnica nº 179/DENOR/CGU/AGU,** de 21 de dezembro de 2007. Aprovada pelo Consultor-Geral da União, por meio do Despacho CGU nº 428/2007, e pelo Advogado-Geral da União, além da Lei Complementar nº 75, de 20 de maio de 1993 e a Solução de Consulta Interna COSIT nº 24, de 30 de agosto de 2010. Disponível em: https://www.gov.br/receitafederal/pt-br/assuntos/orientacao-tributaria/sigilo-fiscal/ministerio-publico-da-uniao Acesso em: 24 jun. 2021.

impede a tipificação de crime contra a ordem tributária enquanto não houver lançamento definitivo do tributo, uma vez que informações com conteúdo probatório podem, em tese, ser enviadas antes que ocorra referido lançamento.

Essa percepção contrasta, inclusive, com a afirmação feita pela PGFN na oportunidade em que, da tribuna, prestou esclarecimentos solicitados pelo Ministro Ricardo Lewandowski no julgamento conjunto do RE nº 601.314 e das ADI's 2390, 2386 e 2397, precursores no entendimento da transferência de sigilo entra instituições financeiras e a Administração Tributária. A pergunta do Ministro foi a seguinte:

> Uma vez obtidos os dados para instruir um processo administrativo fiscal, se porventura esse processo administrativo fiscal redundar num processo criminal, ou seja, em uma sonegação fiscal passível de uma persecução criminal, esses dados poderão ser compartilhados com a autoridade responsável pela persecutio criminis?[223]

Na ocasião, foi respondido que "para os crimes contra a ordem tributária, faz-se necessário o esgotamento da via administrativa. Então, somente após o esgotamento da via administrativa, com o lançamento, faz-se a comunicação ao MPF".

É preciso, assim, que cada caso seja analisado. A partir dessas linhas, com enfoque à Súmula Vinculante nº 24, jamais o MP, recebendo informações da Receita Federal por ele requisitadas, poderia se valer delas para imputar algum crime contra a ordem tributária. Nos resta atentarmos para, por outro lado, quais outras finalidades esses dados são por ele recebidos e utilizados.

Não se ignora que o Ministro Alexandre de Moraes afirma ser favorável à permissão do "amplo compartilhamento, para fins estritamente penais, sem a intermediação do Poder Judiciário", seja como iniciativa do próprio MP, seja para quando ele necessitar complementação das RFFPs já enviadas. Todavia, enxergamos como um *obiter dictum*.

[223] BRASIL. STF, **RE nº 601.314,** Rel. Ministro Edson Fachin, Repercussão Geral, Tribunal Pleno, DJe de 15/9/2016. Disponível em: http://www.stf.jus.br/portal/jurisprudenciaRepercussao/verAndamentoProcesso.asp?incidente=2689108&numeroProcesso=601314&classeProcesso=RE&numeroTema=225 Acesso em: 22 jun. 2021.

As discussões mantidas e a tese que prevaleceu foram claras ao se aterem ao universo das Representações e ao fluxo de envio para o MP – e não em sentido contrário. Esse, aliás, é o retrato do caso concreto.

Com relação ao compartilhamento de informações do COAF ao MP, via Relatório de Inteligência Fiscal, prevaleceu o entendimento de que esse envio seria constitucional.

Não iremos aprofundar essa discussão, pois, considerando que o tema tanto pende mais para a esfera penal e de inteligência voltada à segurança estatal do que a tributária, como se interliga mais aos dados bancários do que fiscais, escaparíamos do escopo do tema aqui desenvolvido, especialmente em razão de não haver autorização legal para que a Receita Federal compartilhe dados com o COAF, órgão que compõe o SISBIN.[224]

Assim, o Tema nº 990 da Repercussão Geral, com o paradigma do RE nº 1.055.941 ora analisado, ficou definido da seguinte forma:

> 1. É constitucional o compartilhamento dos relatórios de inteligência financeira da UIF e da íntegra do procedimento fiscalizatório da Receita Federal do Brasil – em que se define o lançamento do tributo – com os órgãos de persecução penal para fins criminais sem prévia autorização judicial, devendo ser resguardado o sigilo das informações em procedimentos formalmente instaurados e sujeitos a posterior controle jurisdicional;
>
> 2. O compartilhamento pela UIF e pela RFB referido no item anterior deve ser feito unicamente por meio de comunicações formais, com garantia de sigilo, certificação do destinatário e estabelecimento de instrumentos efetivos de apuração e correção de eventuais desvios.

Portanto, o STF avalizou a constitucionalidade do compartilhamento direto, i.e., sem a necessidade de intervenção judicial, de informações sigilosas para fins criminais "com os órgãos de persecução penal" – ou seja, além do MP, Federal e Estadual, há ainda a Polícia Judiciária.

[224] A impossibilidade de compartilhamento de dados fiscais entre a Receita Federal e o COAF fora confirmada por meio da consulta nº 03005.009563/2021-44, direcionada ao Ministério da Economia, feita com base na Lei de Acesso à Informação. Na oportunidade, solicitamos "a confirmação sobre se dados fiscais protegidos por sigilo, mantidos pela Receita Federal e pela PGFN, são compartilhados com os demais órgãos pertencentes ao Sistema Brasileiro de Inteligência (SISBIN)". Recebemos a resposta tanto da RFB como da PGFN, ambas afirmando a impossibilidade de envio de informações para qualquer órgão do SISBIN.

O envio de dados, contudo, ocorrerá por intermédio dos RIFs, no caso do COAF, e da **íntegra** da RFFP, no caso da Receita Federal. Reforçando os parâmetros já previstos pela legislação, notadamente pela LC nº 105/2001, o compartilhamento deverá ocorrer por meios formais, mediante procedimentos que possam ser eventualmente valorados pelo Poder Judiciário e que assegurem a manutenção/transferência do sigilo.

Também parece importante mencionarmos que o voto inicial do Ministro Dias Toffoli havia traçado algumas diretrizes para as duas hipóteses de compartilhamento:

COAF e Ministério Público

(i) É possível o compartilhamento dos RIFs, produzidos pelo COAF, por solicitação do MP ou de outras autoridades competentes (a exemplo da Polícia Federal);

(ii) COAF possui autonomia, não sendo obrigado a gerar ou disseminar relatórios por solicitação das autoridades investigativas. Assim, nem o MPF e nem a autoridade judicial possuem poder requisitório nesse sentido;

(iii) a disseminação de informações deve ser feita única e exclusivamente por meio de sistemas eletrônicos de segurança, com registros de acesso e estabelecimento de instrumentos efetivos de apuração de desvios. Isto é, não poderia ocorrer o compartilhamento com a utilização de e-mails ou expedientes não controlados;

(iv) proibição de fishing expeditions, ou seja, não é permitida a geração de Relatório de Inteligência Financeira (RIF) por encomenda, contra cidadãos que não possuem investigação criminal prévia ou alerta anterior da unidade de inteligência; e

(v) os RIFs não constituem meio de obtenção de prova.

Receita Federal e Ministério Público

(i) É possível o compartilhamento de informações com o MP, mas desde que haja processo administrativo fiscal prévio, incluindo a notificação do contribuinte;

(ii) O encaminhamento da RFFP ao MPF somente poderá ocorrer quando houver indícios de crimes contra a ordem tributária, previdência social, lavagem de dinheiro e dos demais crimes de descaminho e contrabando. A RFFP não poderia ser acompanhada da íntegra do processo administrativo fiscal. Documentos como extratos bancários ou declaração de Imposto de Renda somente seriam disponibilizados mediante autorização judicial;

(iii) Uma vez recebido o RFFP, pelo MP, um procedimento investigatório deveria ser imediatamente instalado, com a comunicação ao juízo competente, a fim de que possibilitasse a supervisão judicial sobre as informações compartilhadas (evitando-se, assim, que as informações acabassem em um verdadeiro "limbo").

Apesar de não ter sido a corrente vencedora, o relator trouxe elementos importantes, que valem a reflexão e se alinham com muitos dos debates internacionais. Embora alguns possam estar aparentemente implícitos na legislação atual, como a punição a possíveis irregularidades, tal como caso ocorra a quebra de sigilo, itens como o compartilhamento de dados, fora do bojo da RFFP, com o MP mediante processo administrativo fiscal prévio poderiam evitar a lacuna que mencionamos.

Ainda, o Ministro Dias Toffoli havia adotado posicionamento restritivo ao não abarcar a possibilidade do envio da integralidade das informações contidas na Representação Fiscal para Fins Penais – como vimos, prevaleceu, nesse aspecto, a constitucionalidade do envio de todas as informações que a compõe.

Por fim, na seara tributária (assim como da segurança pública), a inclinação da Suprema Corte em chancelar compartilhamentos menos restritivos e com apoio sobretudo da LC nº 105, desenhada a partir de parâmetros gerais discutidos nos anos 2000, deve acender o alerta para a unidade informacional que se constrói[225].

[225] Conforme Juliano Maranhão e Ricardo Campos mencionam, com base no alerta do Professor alemão Spiros Simitis, a "unidade informacional" é uma ameaça na "era na qual o poder se confunde com o controle da informação", o que motivou o conceito de "divisão informacional de poderes" (ou separação informacional), "segundo o qual a finalidade de coleta e tratamento de dados pessoais por cada órgão público circunscreve-se à estrita definição de sua competência legal, sendo vedado o uso para outra finalidade dentro da Administração. (MARANHÃO, Juliano; CAMPOS, Ricardo. A divisão informacional de poderes e o cadastro base do cidadão. **JOTA,** 18 out. 2019. Disponível em: < https://www.jota.info/opiniao-e-analise/artigos/a-divisao-informacional-de-poderes-e-o-cadastro-base-do-cidadao-18102019#sdfootnote4anc >. Acesso em: 10 fev. 2021).

Essa é uma realidade que vai além da dimensão do debate que hoje orbita a (des)necessidade de autorização judicial, conforme alertado pelos juristas Luís Greco e Alaor Leite, "[n]ão se trata de disputa informacional entre órgãos estatais ou de mera questão de competência ou atribuição, mas de limitação legal do poder informacional do Estado"[226].

A preocupação é mais do que justa e as discussões são cada vez mais necessárias, sendo imprescindível a inclusão, nesse rol de atores, do Poder Legislativo. Isso para que, conforme haja o crescimento do tratamento dos dados, as lacunas normativas sejam preenchidas com as leis necessárias.

No julgamento que acabamos de analisar, o próprio Ministro Alexandre de Moraes repassou a mensagem. Segundo consta de seu voto, o Brasil deveria ir além para ampliar "a capacidade de análise dessas informações, com programas novos, computadores e algoritmos melhores, pois somente um sistema de inteligência realmente efetivo conseguirá prevenir diversas práticas ilícitas.". Ou seja, é um movimento dinâmico e ascendente, que reclamará atenção na mesma proporção.

O argumento a partir da visão de que o sigilo funciona como um escudo e por isso deve ser combatido, além de perigoso ao Estado Democrático (do mesmo modo que a sua oposição sem o peso da balança), passa a ser utilizado para justificar revisões de regimes especiais como o RERCT (Regime Especial de Regularização Cambial), criado pela Lei nº 13.254/2016 para permitir a regularização e repatriação voluntária de bens ou recursos enviados ao exterior.

Se trata de uma benesse extraordinária – com o objetivo de arrecadar receitas em momento de instabilidade econômica e de garantir a regularização fiscal – pois foi flexibilizada a necessidade de cumprimentos de algumas formalidades legais, além de garantir imunidade penal. Em contrapartida, garantiu-se o sigilo fiscal das informações prestadas pelo contribuinte, o que inclui a impossibilidade, sob pena de quebra do sigilo, do compartilhamento, sem autorização judicial, de informações com Estados, Distrito Federal e Municípios.

A proteção foi questionada na ADI nº 5.729/DF, de relatoria do Ministro Roberto Barroso, ajuizada pelo Partido Socialista Brasileiro (PSB), em uma tentativa de ser declarada a sua inconstitucionalidade. Um dos argumentos

[226] GRECO, Luís; LEITE, Alaor. Discussão do Supremo sobre caso COAF joga luz em lacuna legislativa. **Folha de S. Paulo,** 19 nov. 2019. Disponível em: https://www1.folha.uol.com.br/poder/2019/11/discussao-do-supremo-sobre-caso-coaf-joga-luz-em-lacuna-legislativa.shtml . Acesso em: 15 fev. 2021.

lançava mão da utilização do programa para que investigados ou condenados repatriassem valores e bens oriundos de atividades ilícitas.

Contudo, em um freio de arrumação em prol da segurança jurídica, o Plenário do STF, seguindo o voto do Ministro relator, julgou improcedentes os pedidos para declarar a constitucionalidade dos dispositivos e a consequente vedação ao compartilhamento de informações prestadas pelos contribuintes aderentes ao RERCT e os entes subnacionais. A sessão virtual ocorreu entre os dias 26.02.2021 e 5.03.2021.

A lembrança do caso está interligada à intensificação do compartilhamento de dados protegidos pelo sigilo fiscal e a dose de reforço, garantida aqui pela Suprema Corte, que freia o combate pelo combate, isto é, o simplório argumento de que atividades ilícitas precisam ser combatidas e as autoridades, por conseguinte, já resguardam o sigilo. Nas palavras do Ministro Roberto Barroso, a "adesão ao programa envolve a prestação de informações sensíveis que merecem a proteção e não há qualquer limitação a que sejam fornecidas por determinação judicial, se for o caso".

2.1.4.3 Ano de 2020: Proteção dos dados como um direito autônomo e fundamental

Na sessão extraordinária do dia 07.05.2020, realizada por videoconferência, o Pleno do Supremo Tribunal Federal referendou a Medida Cautelar concedida pela relatora, Ministra Rosa Weber, nas ADI's nºs 6.387, 6.388, 6.389, 6.390 e 6.393, para suspender a eficácia da Medida Provisória nº 954/2020, que dispôs sobre o compartilhamento de dados de usuários de telefônicas[227] com o Instituto Brasileiro de Geografia e Estatística (IBGE) para fins de produção de estatísticas relacionadas à pandemia do coronavírus.

As ações apreciadas não tiveram como escopo os dados fiscais ou bancários, entretanto, a análise feita utilizou a ponderação dos mesmos princípios e garantias fundamentais daqueles aplicáveis ao compartilhamento de informações financeiras e tributárias, quais sejam a intimidade e a vida privada, acompanhados da concepção do sigilo de dados. O cerne da questão, portanto, permanece centrado nos incisos X e XII do art. 5º da Constituição Federal.

Prevaleceu, nesse julgamento, a proteção dos direitos e garantias fundamentais do cidadão contra a intromissão do Estado em sua esfera íntima ou privada por meio do reconhecimento da proteção de dados e da

[227] Dados como a relação dos nomes, dos números de telefone e dos endereços dos usuários.

autodeterminação informativa como direitos fundamentais autônomos, "extraídos da garantia da inviolabilidade da intimidade e da vida privada (art. 5º, X), do princípio da dignidade da pessoa humana (art. 1º, III) e da garantia processual do *habeas data* (art. 5º, LXXII)"[228]. Recorda-se que ao tempo o direito à proteção de dados ainda não havia sido incorporada ao ordenamento constitucional; somente no ano de 2022 o inciso LXXIX passou a fazer parte do rol de garantias fundamentais.

Do outro lado da balança não havia um elemento de igual envergadura, como o interesse público ou a proteção da arrecadação tributária, capaz de, no momento do sopesamento dos direitos e garantias, da razoabilidade e da proporcionalidade, dotar os direitos à privacidade e à intimidade com carga reduzida. Para além disso, faltaram parâmetros bem estabelecidos pela Medida Provisória para que salvaguardassem melhor a dinâmica na qual os dados transitariam.

O Ministro Alexandre de Moraes, nesse sentido, relembrou que, no "caso COAF" (RE nº 1.055.941, julgado em 2019 e abordado no tópico anterior), avalizar a impossibilidade de compartilhar os dados naquela hipótese colidiria com outras proteções constitucionais, a impactar no bem-estar de uma sociedade democrática, uma vez que a prevalência do sigilo forneceria um escudo protetivo às atividades ilícitas ou para a redução dos deveres tributários.

Na mesma sessão de julgamento, o Ministro também enfatizou que os comandos do Texto Constitucional endereçam uma proibição expressa dirigida às autoridades e órgãos públicos, referente à não violação da privacidade, da intimidade e do sigilo dos dados, tratando-se de "afastamento da ingerência estatal no âmbito da esfera jurídica individual". Ao contribuir com o debate, o Ministro Alexandre de Moraes frisou que a esfera jurídica individual mencionada abrange tanto a proteção da pessoa física como a da pessoa jurídica, já que a Medida Provisória se referia a ambas.

Desse modo, a calibragem utilizada para resolver a limitação de direitos e garantias individuais fora realizada com base nos parâmetros constitucionais de adequação, excepcionalidade, razoabilidade e proporcionalidade, cujo objetivo é o de alcançar a finalidade de satisfação às justas exigências: moral, bem-estar e a ordem pública de uma sociedade[229].

[228] Transcrição retirada da ementa que consta no acórdão da ADI nº 6387 MC-Ref/DF.

[229] No que diz respeito ao compartilhamento de dados pela Administração Pública, a jurisprudência vinculante do STF nos mostra que, a partir de 2016, com o julgamento do Tema nº 225 da Repercussão Geral, a intimidade e a privacidade (incisos X e XII do art. 5º) podem ser relativizadas

Um outro ponto que merece atenção, e que fora trazido pelo voto da relatora, Ministra Rosa Weber, e reforçado pelo Ministro Alexandre de Moraes, é o de que o sigilo de dados (inciso XII do art. 5º) também pode, **excepcionalmente**, sofrer mitigações – e não só pelo Poder Judiciário, que deve fazer, sempre, de maneira concreta e fundamentada. O Poder Legislativo, de forma abstrata, e desde que estabelecendo requisitos e hipóteses para relativizar, também poderá mitigá-lo, sempre de forma proporcional e razoável.

Um exemplo de mitigação do sigilo por iniciativa do Poder Legislativo que podemos relembrar é a LC nº 105/2001 e o art. 198 do CTN. Nesse sentido, consta da própria Exposição de Motivos, enviada pelo Ministro da Fazenda, do Projeto de Lei nº 77/1999, transformado na LC nº 104/2001 e responsável por alterar os arts. 198 e 199 do CTN, que:

> O objetivo das alterações propostas para o art. 198 é a flexibilização do sigilo fiscal, retirando de seu âmbito situações em que tal restrição não se justifica, inclusive nos casos de intercâmbio de informações no âmbito da Administração Pública, bem assim nas situações de representações fiscais para fins penais, inscrição na Dívida da Fazenda Públicae parcelamentos concedidos, onde a transparência da ação do Poder Público se sobrepõe aos interesses individuais.

Já o art. 199, com a inclusão de seu parágrafo único, a intenção, segundo o legislador, era a de "pacificar o entendimento quanto à possibilidade de intercâmbio de informações com Estados estrangeiros, com base em tratados, acordos ou convênios".

Se retomarmos as razões fixadas nos paradigmas julgados em 2016 (RE nº 601.314/SP e ADI's nºs 2390, 2386 e 2397) e em 2019 (RE nº 1.055.941/SP), quando da análise do envio de informações de instituições financeiras para a esfera fiscal e, depois, da esfera fiscal para órgãos de investigação e persecução penal, como o MP, prevaleceu, em suma, o entendimento de que os parâmetros estabelecidos na LC nº 105/2001 e no CTN se encaixam nos critérios de proporcionalidade e razoabilidade.

Com base na hermenêutica lançada pela Suprema Corte, concluímos que o legislador chancelou a relativização do sigilo com base em premissas que, aos

nas situações em que haja o compartilhamento de dados entre os órgãos públicos. Todavia, essa ponderação deverá ser feita levando em conta os critérios de adequação, excepcionalidade, razoabilidade e proporcionalidade.

olhos da Constituição Federal, soaram razoáveis, tais como a proteção da arrecadação e o impedimento para que o sigilo se transformasse em escudo para o cumprimento das obrigações legais e constitucionais dos contribuintes.

Ademais, o sigilo não seria excluído dessa operação. Em hipóteses como essas, que são específicas, previstas em lei, ele é mantido por meio de sua transferência entre uma instituição para a outra, com previsões que punem criminalmente aqueles que não obedecerem aos parâmetros legais.

No caso concreto, envolvendo as empresas de telecomunicação e o IBGE, a diferença que se sobressai quando comparamos aos demais casos reside no fato de a Medida Provisória, ao instituir o compartilhamento para efeitos estatísticos, não ter previsto a parametrização da sistemática. Assim, para além da discussão em que também teve lugar a análise da urgência da MP, no que diz respeito ao compartilhamento dos dados com o IBGE não estariam presentes balizas indispensáveis como:

> (i) a delimitação do objeto da estatística a ser produzida;
> (ii) a finalidade específica;
> (iii) a amplitude do compartilhamento;
> (iv) a necessidade de disponibilização dos dados;
> (v) como os dados serão efetivamente utilizados;
> (vi) mecanismo técnico ou administrativo apto a proteger os dados pessoais contra acessos não autorizados, vazamentos acidentais ou utilização indevida.[230]

Por esse motivo, com a constatação da ausência de adequação, proporcionalidade e razoabilidade para que o sigilo fosse, nessa hipótese, relativizado para autorizar a dissipação dos dados sem o consentimento do cidadão, a Medida Cautelar foi deferida pela maioria do colegiado, vencido o Ministro Marco Aurélio, "para suspender a eficácia da Medida Provisória nº 954/2020, a fim de prevenir danos irreparáveis à intimidade e ao sigilo da vida privada de mais de uma centena de milhão de usuários dos serviços de telefonia fixa e móvel".[231]

230 ADI's nºs 6387, 6388, 6389, 6393 e 6390.

231 BRASIL. STF, **Compartilhamento de dados telefônicos com IBGE e medidas emergenciais estão na pauta desta quarta-feira (6),** 06 maio 2020. Disponível em: https://portal.stf.jus.br/noticias/verNoticiaDetalhe.asp?idConteudo=442727&ori=1 Acesso em: 24 jun. 2021.

Veja-se que o principal critério de ponderação (adequação, proporcionalidade, etc.) ficara mais explícito nesse julgamento; um marco importante que serve de parâmetro para o controle das iniciativas – sejam elas legislativas ou judiciais – que busquem mitigar o sigilo dos dados por meio da troca e do compartilhamento de informações de qualquer espécie.

As ADIs acabaram perdendo o seu objeto e foram julgadas prejudicadas, uma vez que a Medida Provisória encerrou a sua vigência sem ter sido convertida em lei no prazo constitucional. Apesar disso, a discussão mostrou um norte, por parte da Suprema Corte brasileira, para aquele que é um tema desafiador da atualidade. Nas palavras da Ministra Rosa Weber, registradas em seu voto na ADI nº 6387, "as condições em que se dá a manipulação de dados pessoais digitalizados, por agentes públicos ou privados, consiste em um dos maiores desafios contemporâneos do direito à privacidade".

De fato, o alcance e a proporção que os dados assumiram na era digital hoje desafiam toda a estrutura clássica de poder. Os julgamentos que vimos até aqui certamente não irão suplantar todas as discussões em torno do tema e o STF deverá ter novos encontros marcados com a temática.

Exemplo da afirmação que se faz é o recente reconhecimento da existência de Repercussão Geral (Tema nº 1.121), representada pelo RE nº 1.296.829, da constitucionalidade do compartilhamento de dados fiscais de pessoas físicas e jurídicas com o MP eleitoral. Até o fechamento deste trabalho, o mérito não havia sido analisado.

Outro tema está na ADI nº 6.529/DF, de relatoria da Ministra Cármen Lúcia, e trata do compartilhamento de informações entre o SISBIN[232] e a ABIN. Os debates orbitaram o uso da ferramenta para possíveis interesses privados/políticos e se interligam aos dados fiscais, já que a Receita Federal é um dos órgãos que compõe o SISBIN.

Na sessão do dia 13.08.2020, o Pleno do STF deferiu parcialmente Medida Cautelar para dar interpretação conforme ao parágrafo único do art. 4º da Lei nº 9.883/1999, que trata do fornecimento, à ABIN, de "dados e conhecimentos específicos relacionados com a defesa das instituições e dos interesses nacionais" e foi regulamentado em 2020 pelo Decreto nº 10.445.

Nessa primeira etapa, a Corte fixou balizas importantes para impedir o fluxo indiscriminado de informações dos órgãos que compõem o SISBIN para

[232] O SISBIN é atualmente composto por 48 órgãos dentre ministérios e instituições federais "de áreas como segurança, forças armadas, saúde, transportes, telecomunicações, fazenda e meio ambiente." (BRASIL. ABIN. **Composição,** 22 set. 2020. Disponível em: < https://www.gov.br/abin/pt-br/assuntos/sisbin/composicao-do-sisbin >. Acesso em: 24 jun. 2021.

a ABIN. Foram traçados os seguintes parâmetros, muito semelhantes àqueles estabelecidos nos casos do envio de dados controlados pela Receita Federal:

> (i) Comprovado interesse público;
> (ii) Motivações das decisões que solicitem dados, para eventual controle de legalidade do Poder Judiciário;
> (iii) Dados de comunicações telefônicas ou aqueles sujeitos à reserva de jurisdição não podem ser compartilhados, salvo com autorização do Poder Judiciário (sob pena de configurar a quebra de sigilo);
> (iv) Instauração formal de procedimento;
> (v) Sistemas eletrônicos de segurança e registro de acesso, inclusive para efeitos de eventuais responsabilizações.[233]

A Ministra Cármen Lúcia deixou claro em seu voto que o compartilhamento de informações entre os órgãos públicos é um ato administrativo legítimo, mas desde que feito nos estritos ditames do interesse público. Nesse sentido:

> Qualquer fornecimento de informação entre órgãos que não cumpra os rigores formais do direito nem atenda estritamente ao interesse público, rotulado legalmente como defesa das instituições e do interesse nacional, configura abuso do direito, contrariando a finalidade legítima posta na norma legal.

O Ministro Alexandre de Moraes, conhecedor da dinâmica de compartilhamento que tem como objeto a segurança pública, fez breve digressão sobre a forma em que ocorre o compartilhamento, baseado, em verdade, na troca de dados e na diferenciação entre um sistema de inteligência e um sistema de investigação[234].

[233] BRASIL. STF, **Medida Cautelar na ADI nº 6.529**, Distrito Federal. (Plenário) Rel. Min. Cármen Lúcia, 13 ago. 2020. Disponível em: https://redir.stf.jus.br/paginadorpub/paginador.jsp?docTP=TP&docID=754105657 Acesso em: 24 jun. 2021.

[234] O Ministro Alexandre de Moraes destaca a troca: "Posso citar outros dois casos em que tive atuação direta. Todos se recordam das grandes manifestações que precederam o impeachment no Brasil. À época, eu era Secretário de Segurança Pública, e, obviamente, o SISBIN pegava informações para evitar principalmente a questão dos black blocs. Eram informações trocadas. Nunca

Segundo apontou, não há poder requisitório por parte da ABIN, pois não há ascendência hierárquica e tampouco previsão legal para tanto. De outro lado, na mesma linha que defendida pelo Advogado-Geral da União, com apoio do §4º do art. 6º do Decreto nº 4.376/2002[235], sequer a ABIN possui acesso direto às informações protegidas pelo sigilo fiscal ou bancário, sujeito à reserva jurisdicional[236].

Há alguns pontos de contato entre os fundamentos utilizados pelo STF quando da análise das Medidas Cautelares nas ADI's que tinham como objeto a constitucionalidade da então vigente MP nº 954/2020 e na ADI que trata do compartilhamento com a ABIN, a exemplo do reconhecimento ao direito fundamental à proteção dos dados pessoais e à autodeterminação. Em razão do conteúdo, os votos do Ministro Luiz Fux e do Ministro Gilmar Mendes, ao lado do voto condutor apresentado pela Rel. Ministra Rosa Weber, merecem grande destaque[237].

Reconhecendo a dicotomia entre a sociedade da informação e a tutela da privacidade, a interpretação dada concebe o direito fundamental à proteção de dados pessoais como um embrião da dignidade humana e da "concretização do compromisso permanente de renovação da força normativa da proteção constitucional à intimidade", prevista no inciso X do art. 5º da CF. Com esse vetor, devem ser considerados os riscos que derivam do avanço da

os órgãos remeteram investigações. Não se remetem investigações, até porque a coordenação realizada pela ABIN não pode seguir em investigações."

[235] "Art. 6º, § 4º: Os representantes mencionados no caput poderão acessar, por meio eletrônico, as bases de dados de seus órgãos de origem, respeitadas as normas e limites de cada instituição e as normas legais pertinentes à segurança, ao sigilo profissional e à salvaguarda de assuntos sigilosos."

[236] Nesse sentido, reforçando a afirmação do Ministro Alexandre de Moraes, a IN RFB nº 20/1998 disciplina que o compartilhamento de dados fiscais, incluindo sigilosos, ocorrerá mediante convênio, entre órgãos e entidades que detenham competência para cobrar e fiscalizar tributos. A Portaria RFB nº 1.384/2016, de outro lado, regulamenta a disponibilização de dados **não protegidos pelo sigilo fiscal** a outros órgãos da Administração Pública Federal.

[237] Em seu voto proferido na ADI nº 6387 MC-Ref/DF (pp. 9-11), o Ministro Luiz Fux relembra a jurisprudência do Tribunal Constitucional Alemão, "relevante porque reconheceu a autonomia dos direitos à proteção dos dados pessoais e à autodeterminação informacional, destacados do direito à privacidade". O Ministro Gilmar Mendes, por sua vez, inicia a sua análise enfatizando que a "adequada compreensão do parâmetro de controle invocado, no entanto, perpassa o aprofundamento do inevitável debate teórico acerca da afirmação da autonomia do direito fundamental à proteção de dados pessoais como categoria dentro do rol dos direitos fundamentais, para além da mera evolução do direito ao sigilo" (p. 14).

tecnologia e "no reconhecimento da centralidade do Habeas Data enquanto instrumento de tutela material do direito à autodeterminação informativa".

Como retratamos anteriormente, a LGPD afasta a obrigação da autodeterminação informativa nas hipóteses em que o tratamento de dados ocorra para o cumprimento de obrigação legal ou regulatória e quando necessário para a execução de políticas públicas.

Desse modo, enxergamos que os dois lados (obrigação legal e políticas públicas) que excepcionam a regra englobam a proteção das bases tributárias, consideradas tanto um dever da autoridade como algo passível de ser desenhado como uma política pública[238]. Portanto, na seara tributária, o compartilhamento de informações fiscais, dentro das hipóteses previstas em lei, prescindiria do consentimento do titular.

Todavia, e sobretudo por fugir à regra da autodeterminação, critérios e parâmetros precisam ser cautelosamente estabelecidos. Não é por outra razão que o Ministro Gilmar Mendes enfatizou que o afastamento do princípio da autodeterminação informacional precisa de um "dever de justificação minudente e exaustivo das finalidades atribuídas ao tratamento de dados" e, do outro lado, a norma legal deve possuir "um contorno mínimo de segurança sobre a finalidade do tratamento de dados".

Além disso, o legislador tem o dever de "dar ao titular condições de proceder a um controle próprio da forma como o Estado controlador lida com os dados" (princípio da transparência) e, por último, dotar a medida com proporcionalidade.

No caso concreto, é interessante notarmos que o objeto discutido na ADI nº 6.387 MC-Ref/DF, isto é, o do compartilhamento de informações com o IBGE, se trataria, a rigor, de uma **execução de política pública,** traduzida na coleta de dados para supostamente auxiliar no enfrentamento da pandemia.

Nesse viés, a própria MP nº 954/2020 (editada, vale lembrar, no contexto da pandemia da Covid-19), em seu §1º do art. 2º, ao desenhar, conforme frisado pelo Ministro Gilmar Mendes, a **finalidade** e o **modo de tratamento**, os traduziu como a utilização de informações coletadas "para a produção estatística oficial, com o objetivo de realizar entrevistas em caráter não presencial

[238] Conforme explica Maria Paula Bucci, "política pública é o programa de ação governamental, em cuja formação há um elemento processual estruturante". Esse elemento, por sua vez, se refere "à sucessão de etapas da 'vida institucional' de uma política pública, desde a inserção do problema na agenda política até a implementação da decisão". (BUCCI, Maria Paula Dallari. **Fundamentos para uma teoria jurídica das políticas públicas**. São Paulo: Saraiva, 2013, p. 72).

no âmbito de pesquisas domiciliares". Todavia, a despeito de se encaixar na execução de uma política:

> Nesse ponto, não há como deixar de observar, como já sustentado no voto da Ministra Rosa Weber que, o legislador de fato não se desincumbiu do ônus de instituir salvaguardas técnicas e administrativas efetivas que pudessem colmatar a necessária proteção ao tratamento de dados, seja estabelecendo formas de anomização dos dados compartilhados, seja contemplando mecanismos minimamente eficientes de transparência no tratamento. A norma, ao contrário, limitou-se a atribuir ao Presidente do IBGE o poder de estabelecer o "procedimento para a disponibilização dos dados" (art. 2º, § 2º).

E, ainda:

> No caso concreto, seria bastante difícil analisar a Medida Provisória pela ótica da adequação, já que a norma, como dito, adota redação essencialmente genérica ao indicar os objetivos do compartilhamento de dados. Não está claro em que medida e sob quais parâmetros os dados objeto do compartilhamento serão utilizados para fins da estatística oficial na época da pandemia[239].

O Ministro Luiz Fux igualmente enfatizou o raciocínio de que, para o tratamento de dados, é necessário critérios de proporcionalidade entre a coleta das informações e a finalidade pela qual ela está programada para ocorrer.

Todo esse panorama se transforma em importantes correntes para o compartilhamento de dados, incluindo os dados fiscais que aqui abordamos, pois, ao lado dos instrumentos legais e constitucionais, fornecem balizas que norteiam não apenas a Administração Pública, mas sobretudo os cidadãos, titulares dessas informações, permitindo que avaliemos o patamar em que a proteção dos direitos fundamentais dos contribuintes se encontra.

[239] Trechos retiradas do voto do Ministro Gilmar Mendes na ADI nº 6.387/DF.

2.2 Visão geral de fluxos do compartilhamento de dados fiscais sigilosos

Cada fluxo de compartilhamento de informações protegidas pelo sigilo fiscal guarda especificidades dependentes da análise e interpretação do conjunto normativo sobre o tema, o que nos motivou a separar este tópico para traçar o panorama de alguns desses trâmites a partir da Receita Federal.

Muitos dos traços já foram apresentados anteriormente, conforme analisávamos as fontes que embasam o compartilhamento. Todavia, outros aspectos estarão aqui concentrados, demonstrando como os parâmetros fixados são aplicados na prática atual.

Assim, diante da impossibilidade de abarcar, nessa oportunidade, todo o universo de compartilhamento dos dados fiscais sigilosos[240], selecionamos aqueles em que ainda há aspectos polêmicos e que necessitam de alguma ponderação. Também incluímos o fluxo que foi aprimorado a partir de disputas dentro da própria Administração Pública, como é o caso do envio de informações aos órgãos de controle (Tribunal de Contas da União e Controladoria-Geral da União).

Seguindo o que tratamos nos tópicos passados, recordamos que o acesso, naquela última hipótese, foi concedido após procedimento técnico, de auditoria, resultando na mudança da interpretação da legislação e por atos do Poder Executivo que buscaram um freio de arrumação para autorizar o acesso a dados fiscais sigilosos[241].

Outra situação que comporta debates, inclusive na esfera judicial, se refere ao acesso pelo Ministério Público da União e o Ministério Público Eleitoral. Será, certamente, uma discussão que exigirá esforços do Supremo Tribunal Federal.

Por fim, vale o esclarecimento de que não há inclusão do envio de informações abarcadas pelo sigilo fiscal ao COAF. Conforme o resultado da consulta realizada com base na Lei de Acesso à Informação (LAI), tanto

[240] Outros fluxos de envio podem ser consultados por meio do e-MSF, no seguinte endereço: BRASIL. Receita Federal. **Possibilidade de fornecimento de informações protegidas por sigilo fiscal por órgão ou autoridade solicitante ou requisitante,** 27 nov. 2020. Disponível em: https://www.gov.br/receitafederal/pt-br/assuntos/orientacao-tributaria/sigilo-fiscal/possibilidade-de-fornecimento-de-informacoes-protegidas-por-sigilo-fiscal-por-orgao-ou-autoridade-solicitante-ou-requisitante. Acesso em: 5 jun. 2021.

[241] Cf. Capítulo 2, tópico "O Decreto nº 10.209/2020".

a Receita Federal como a PGFN confirmaram a impossibilidade, por falta de autorização legal, salvo por determinação judicial, do compartilhamento com os demais órgãos do SISBIN.[242]

Com esse panorama, enxergamos as dinâmicas a seguir como um "puxadinho" normativo, construído para acomodar e balancear todas as legítimas necessidades e interesses públicos, mas que, preocupadas com seus objetivos, deixam de enfrentar verdadeiramente a proteção que se sobressai da realidade atual dos dados e informações.

2.2.1 Receita Federal, o Tribunal de Contas da União e a Controladoria-Geral da União

O compartilhamento de dados fiscais sigilosos com os órgãos de controle externo (TCU) e interno (CGU) da Administração Pública Federal deve ter como finalidade o desempenho das atribuições institucionais conferidas a ambos, sendo vedada a utilização dessas informações para qualquer outra ação que tenha o objetivo de alcançar o contribuinte. O enfoque deve estar todo voltado à auditoria e à inspeção dos órgãos públicos. Entendemos, portanto, que não poderia ser cogitado o compartilhamento entre o TCU ou a CGU e outros entes, a exemplo do MP.

Atualmente, o Decreto nº 10.209/2020 é a norma por meio da qual a requisição de informações à Receita, por ambos os órgãos de controle, está regulamentada. No caso da CGU, a regulamentação se reporta ao inciso VIII do art. 51 da Lei nº 13.844, de 18 de junho de 2019, que prevê, como área de competência da Controladoria, a "requisição a órgão ou a entidade da administração pública federal de informações e de documentos necessários a seus trabalhos ou a suas atividades". Para o TCU, o art. 42 da Lei nº 8.443/1992, que trata da organização dos órgãos da Presidência da República e dos Ministérios, é a base de referência para o citado Decreto[243].

[242] Consulta nº 03005.009563/2021-44, na qual consta a resposta pela RFB e pela PGFN à seguinte indagação, por nós formulada: "Solicito, por gentileza, a confirmação sobre se dados fiscais protegidos por sigilo, mantidos pela Receita Federal e pela PGFN, são compartilhados com os demais órgãos pertencentes ao Sistema Brasileiro de Inteligência (SISBIN). Caso seja positiva a resposta, esse envio de informações protegidas pelo sigilo fiscal ocorreria de forma automática ou mediante solicitação prévia de outro órgão?".

[243] "Art. 42. Nenhum processo, documento ou informação poderá ser sonegado ao Tribunal em suas inspeções ou auditorias, sob qualquer pretexto.

Uma baliza limitadora, ademais da finalidade restrita, é a de que os dados transferidos à Receita pelas instituições bancárias (sigilo bancário) não podem ser enviados ao TCU e para a CGU, e nem aqueles provenientes de acordo de cooperação internacional em que conste cláusula proibitiva.

Para além disso, outras observações merecem ser extraídas. A breve consulta aos dispositivos que são regulamentados pelo decreto em questão mostrará que tratam de leis que conferiram a atribuição para requerer informações e documentos, ou seja, elencaram meios por meio dos quais as instituições exercerão as suas competências. Não se trata, pois, de normas específicas.

Segundo consta do e-MSF, o direcionamento interno aos servidores da Receita Federal para atender o fornecimento de dados será de acordo com a Portaria RFB nº 1.421, de 20 de agosto de 2019. O instrumento, contudo, é mais um dos que não conseguimos localizar por simples consulta, seja via buscadores da internet, seja através do sítio eletrônico da Receita Federal.

Apesar de o Manual não mencionar, existe outro ato infralegal, a Portaria nº 4, de 22 de janeiro de 2021, que trata do Protocolo de Auditabilidade da Administração Tributária e Aduaneira[244]. Nele, constam diversos parâmetros para o acesso pelo TCU e pela CGU, além de definições (art. 2º) sobre informações, dados, controles etc., elementos típicos de lei e que em muito dissociam dos significados contidos na LGPD.

Até antes da edição do referido Decreto, formalizando a mudança de entendimento, a interpretação feita pelo Poder Executivo, para negar o acesso do TCU e da CGU, derivava da perspectiva restritiva do art. 198 do CTN, com base na qual se opunha o sigilo fiscal a ambos os órgãos.

Esse entrave com o compartilhamento de dados fiscais sigilosos entre a Receita Federal, o TCU e a CGU, gerou intensas discussões ao longo dos anos, motivando a realização de auditoria mais recente, em 2019, pelo TCU, baseada nos pilares da "auditabilidade do Sistema Tributário Nacional" e da transparência, com efeitos inclusive sobre a aferição das receitas arrecadadas

§1° No caso de sonegação, o Tribunal assinará prazo para apresentação dos documentos, informações e esclarecimentos julgados necessários, comunicando o fato ao Ministro de Estado supervisor da área ou à autoridade de nível hierárquico equivalente, para as medidas cabíveis.
§ 2° Vencido o prazo e não cumprida a exigência, o Tribunal aplicará as sanções previstas no inciso IV do art. 58 desta Lei."

[244] Portaria RFB nº 4, de 22 de janeiro de 2021, que dispõe sobre o Protocolo de Auditabilidade da Administração Tributária e Aduaneira, utilizado para viabilizar o compartilhamento de dados e informações protegidos pelo sigilo fiscal.

pela União e o respectivo repasse aos entes por intermédio dos Fundos constitucionais de Participação.[245]

Aquela mesma auditoria recomendou medidas como a reavaliação da Portaria RFB nº 3.541/2011, responsável por aprovar o Manual do Sigilo Fiscal antes vigente. Tempos depois, o Fisco reformulou e divulgou, com regras mais claras e transparentes, o e-MSF.

Assim, atualmente, a Receita Federal possui o dever de compartilhar informações – que não sejam provenientes do sigilo bancário e nem de acordos internacionais que vedem o compartilhamento interno – com o TCU e a CGU e estes, por sua vez, somente estão autorizados a utilizá-las para fins de auditoria e inspeção (art. 3º, §1º, IV do Decreto nº 10.209/2020).

A concepção menos restritiva sobreveio após a auditoria e foi derivada tanto das leis que conferiram aos órgãos de controle a competência para requisitar documentos aos entes públicos, como da interpretação de que o rol do art. 198 do CTN seria extensivo.

Desse modo, o compartilhamento para efeitos de controle externo e interno estaria inserido no rol do interesse da Administração Pública (art. 198, §1º, II do CTN). A leitura ainda conta com o §2º do mesmo dispositivo como uma modalidade à parte (no caso, intercâmbio)[246], e não como uma regra que prevê um parâmetro para o envio de informações nas hipóteses do inciso I (requisição pela autoridade judiciária) e do inciso II (solicitação por autoridade administrativa), tal como concluímos no Capítulo 1[247].

Em que pesem as incongruências fruto de interpretações da legislação vigente e pela ausência de normas específicas, há de se reconhecer que a mudança acompanha a tendência mundial de conferir aos órgãos de controle a possibilidade de auditar outros órgãos, como a Receita Federal.

Portanto, temos o interesse público e bases importantes para a manutenção das instituições democráticas, sendo indiscutível a notoriedade do acesso, pelo TCU e pela CGU, a informações dessa natureza.

Por outro lado, é justamente em decorrência dessas mesmas interpretações que são expostas as fragilidades que se sobressaem tanto da concentração

[245] BRASIL. TCU, (Plenário). **TC nº 021.258/2018-0**. Rel. Min. Raimundo Carreiro, em 22 de maio de 2019.

[246] "§ 2º O intercâmbio de informação sigilosa, no âmbito da Administração Pública, será realizado mediante processo regularmente instaurado, e a entrega será feita pessoalmente à autoridade solicitante, mediante recibo, que formalize a transferência e assegure a preservação do sigilo."

[247] Cf. tópico "Diferenças terminológicas e definições", no qual tratamos sobre a definição de informações fiscais sigilosas.

e da disputa por dados sensíveis, pois sigilosos, como também da confecção de normas reguladoras que confrontam a melhor prática de proteção da privacidade e de dados pessoais. São elementos que, reunidos, demonstram a necessidade de nos preocuparmos com a sistemática atual e conectam-se ao que analisaremos no Capítulo 3.

2.2.2 Receita Federal, Procuradoria-Geral da Fazenda Nacional, instituições financeiras e outros órgãos ou entidades fazendárias

Na estrutura de compartilhamento entre Receita Federal e órgãos fazendários, que terá a finalidade de proteger a arrecadação, existe diferentes graus de vinculação. Para a Procuradoria-Geral da Fazenda Nacional, a discricionariedade é reduzida para que se mantenha uma permuta ampla e irrestrita.

O fluxo do compartilhamento de informações cadastrais e econômico-fiscais (protegidas pelo sigilo) tem como base o parecer construído em 2004 pela própria PGFN[248], cujo ponto de partida é o do racional da transferência do sigilo entre autoridades, posteriormente adotado pelo STF.

A interpretação lançada pela Procuradoria, por sua vez, deriva da reunião de mandamentos da CF quanto à proteção da arrecadação e dispositivos do CTN, os quais foram sopesados com o ganho de eficiência da Administração Pública derivados do tratamento de dados.

A dinâmica difere de órgãos como, por exemplo, a AGU. Nesse caso, a leitura que a Receita Federal faz é a de que a regra consiste na vedação ao compartilhamento de informações fiscais sigilosas à luz do que proíbe o art. 198 do CTN.

Todavia, caberá exceção a essa regra quando o objeto do fornecimento for informações sobre bens, direitos e rendas declarados, além de faturamento, e desde que para a execução de créditos ligados à União, conforme convênio celebrado[249].

[248] BRASIL. MF. **Parecer PGFN/PGA nº 980, de 1º de julho de 2004.** Sigilo fiscal. Possibilidade de acesso recíproco de dados econômico-fiscais entre a Secretaria da Receita Federal e a Procuradoria-Geral da Fazenda Nacional. Previsão constitucional de compartilhamento de cadastros e de informações fiscais: Emenda Constitucional nº 42, de 19 de dezembro de 2003. Disponível em: https://www.gov.br/pgfn/pt-br/acesso-a-informacao/atos-da-pgfn-1/pareceres-da-pgfn-aprovados-pelo-ministro-da-fazenda/2004/2004 . Acesso em: 17 jun. 2021.

[249] O convênio celebrado entre RFB e AGU, em 16 de fevereiro de 2000, está disponível apenas no sistema interno da Receita Federal (Intranet), não tendo sido possível consultá-lo.

No caso de informações fiscais sigilosas, atendendo à competência legal da AGU[250], o compartilhamento poderá ocorrer quando necessárias e relacionadas à defesa da União em processos judiciais tributários, "ou outra de interesse da RFB"[251].

Ao contrário do acesso especial, uma vez que amplo e irrestrito, concedido à PGFN, os órgãos e entidades "dotados de competência legal para cobrar e fiscalizar impostos, taxas e contribuições"[252], ou seja, as Secretarias de Fazenda dos Estados, Distrito Federal e Municípios, sofrem limitações no compartilhamento das informações protegidas pelo sigilo.

A regra, para essa hipótese de fluxo, delimitada pela Receita Federal, é uma das que mais condiz com os preceitos que defendemos em busca da proteção dos direitos fundamentais. Isso porque ela parte do desenho feito pelo inciso XXII da CF e do art. 199 do CTN ao condicionar a existência de lei ou convênio para o compartilhamento de cadastros e informações fiscais entre as administrações tributárias de todos os entes.

Entretanto, e a despeito, ainda, das discussões quanto a autorização via convênio[253], não havendo lei específica, o compartilhamento de dados fiscais sigilosos ocorre com as previsões genéricas dos arts. 198 e 199 do CTN e se vale, geralmente, dos parâmetros estabelecidos em 1998 com a IN SRF nº 20/1998.[254]

O STF também exerceu influência no compartilhamento entre a Receita e os órgãos e entidades fazendários com as balizas fixadas nas ADI's nºs 2390, 2386, 2397 e 2859, em conjunto com a definição do Tema nº 225 da Repercussão Geral, onde foi reconhecida a constitucionalidade do envio de informações protegidas pelo sigilo bancário à Receita Federal, sem a necessidade de intervenção do Poder Judiciário. Com o julgamento, restou limitado o compartilhamento de dados bancários entre o Fisco federal e os Fiscos estaduais e municipais.

[250] Art. 4º da Lei nº 9.028/1995.

[251] BRASIL. Receita Federal. **Orientação Tributária.** Disponível em: https://www.gov.br/receitafederal/pt-br/assuntos/orientacao-tributaria/sigilo-fiscal/AGU Acesso em: 24 jun. 2021.

[252] Conforme definição do art. 2º da IN SRF nº 20/1998.

[253] Aqui vale o aparte a título de ponderação quanto a previsão englobar também o convênio. Sem prejuízo de que esse instrumento continue sendo utilizado para firmar os compromissos entre os órgãos ou entidades envolvidas, o ideal, na linha da proteção dos direitos fundamentais, como veremos no Capítulo 3, seria a de as normas gerais para o compartilhamento e as respectivas autorizações para tanto estarem previstas somente em lei específica.

[254] IN SRF nº 20, de 17 de fevereiro de 1998.

A teor do que vimos , o precedente dividiu em duas etapas o acesso, pelo Fisco, às informações bancárias sigilosas. A primeira, denominada de acesso amplo ou sistêmico, regulada pelos §§1º e 2º do art. 5º da LC nº 105/2001 e regulamentada pelo Decreto nº 4.489/2002, limita-se às informações globais, sem qualquer elemento que identifique a origem ou a natureza dos gastos.

Nessa fase, a Receita Federal poderá repassar tais informações aos Fiscos locais mediante a celebração de convênio. A concentração de dados será restrita, em nome da eficiência, ao âmbito federal somente no fluxo que vai das instituições financeiras à Receita (art. 1º do Decreto nº 4.489/2002[255]).[256]

Contudo, resguardo importante fora feito para que o fornecimento às Receitas estaduais e municipais possa ocorrer. A própria Receita Federal disciplina que é necessária a edição de ato normativo específico para orientar os convênios celebrados entre os Fiscos, com requisitos básicos como (i) o acesso exclusivo pelos servidores concursados de carreira; (ii) o controle e rastreabilidade do acesso aos dados; e (iii) normas e procedimentos sobre a aplicação de sanções em caso de descumprimento das regras de sigilo.[257]

Apesar de acertado o posicionamento, a RFB entende que o "ato normativo específico" se bastaria com a edição de Portaria, colidindo com a análise sob a perspectiva da proteção de dados e da reserva legal, analisada no Capítulo 3.

A segunda etapa, regulada pelo §4º do art. 5º e pelo art. 6º, ambos da LC nº 105/2001, e regulamentada pelo Decreto nº 3.724/2001 (documentos, livros, registros, contas de depósito e aplicações financeiras), que trata do acesso incidental, ocorrerá após a verificação de indícios de irregularidades,

[255] "Art. 1º As instituições financeiras, assim consideradas ou equiparadas nos termos dos §§ 1º e 2º do art. 1º da Lei Complementar nº 105, de 10 de janeiro de 2001, devem prestar à Secretaria da Receita Federal do Ministério da Fazenda informações sobre as operações financeiras efetuadas pelos usuários de seus serviços, sem prejuízo do disposto no art. 6º da referida Lei Complementar."

[256] "Nesse contexto, inexiste fundamento constitucional ou legal que imponha a utilização prévia dos dados, em processos administrativos fiscais na RFB, numa alegada "depuração" de dados, para que somente então estes dados pudessem ser passíveis de compartilhamento, até mesmo porque os interesses específicos de cada administração tributária, estadual ou municipal – quer seja relativamente a setores econômicos, quer seja a valores e outros critérios de fiscalização – podem ser bastante distintos do interesse federal.". (BRASIL. **Solução de Consulta Interna COSIT nº 2, de 26 de fevereiro de 2018.** Normas Gerais de Direito Tributário. Disponível em: http://normas.receita.fazenda.gov.br/sijut2consulta/link.action?idAto=90415&visao=anotado. Acesso em: 22 maio 2021).

[257] BRASIL. **Nota COSIT nº 141, de 22 de maio de 2019.** Convênio com Municípios para a troca de informações sobre operações financeiras. Disponível em: http://normas.receita.fazenda.gov.br/sijut2consulta/link.action?visao=original&idAto=113888. Acesso em 16 jun. 2021.

falhas ou incorreções que necessitam de informações mais detalhadas. Para tanto, diferentemente da primeira etapa, é imprescindível a instauração prévia de Processo Fiscal.

Nessa circunstância, a Receita Federal não repassará informações aos Fiscos locais; estes deverão solicitar diretamente à instituição financeira por meio de regulamentação local, a qual observará os limites do Decreto nº 3.724/2001, como a relação temática que interliga as informações bancárias e o tributo objeto de cobrança no procedimento administrativo previamente instaurado.

De tudo o que fora traçado até aqui, concluímos que a sistemática de repasse de informações entre o Fisco federal, as instituições financeiras e os órgãos da Fazenda Pública é uma das que possuem regras mais próximas daquilo que é esperado em termos de parâmetros mínimos em busca não apenas do interesse público, mas que se alinha também à proteção dos direitos fundamentais dos contribuintes.

E isso em virtude de encontrarmos limites como a necessidade de norma específica que não apenas o dever de guardar o sigilo, mas o de limitar e resguardar o acesso, definindo, ainda, quais os tipos de informações e etapas, reforçado sobretudo pelo precedente do STF.

De toda a sorte, é preciso reconhecer também o contribuinte permanece refém de interpretações espalhadas por normas infralegais e pareceres exarados pela própria Administração Tributária. Essa situação prejudica sobremaneira o controle da legalidade, além de interferir em direitos fundamentais em desobediência à reserva legal.

Situações como a que ocorrera no Estado do Rio de Janeiro demonstram a exposição dos dados fiscais sigilosos diante da ausência de lei específica federal que trate das normas gerais. O ente, que editou o Decreto estadual nº 46.902/2020 com a pretensão de regulamentar o art. 6º da LC nº 105/2001, inseriu regra que possibilita (art. 4º)[258], quando constatado qualquer equívoco ou omissão das obrigações, o acesso de informações sigilosas de terceiros pela Administração Tributária local, que, por sua vez, dado o compartilhamento amplo e irrestrito, poderá enviar posteriormente para o Fisco federal.

[258] "Art. 4º Poderão ser requisitadas informações financeiras relativas ao sujeito passivo da obrigação tributária objeto do processo administrativo tributário ou do procedimento de fiscalização em curso, bem como de seus sócios, administradores e de terceiros, desde que vinculados, ainda que indiretamente, aos fatos ou ao sujeito passivo, quando sejam consideradas indispensáveis à verificação da existência de infrações à legislação tributária pelo Auditor Fiscal competente."

2.2.3 Receita Federal e o Ministério Público da União

O compartilhamento de informações fiscais sigilosas com o MPU talvez seja um dos mais polêmicos tendo em vista a importância da persecução penal no ecossistema de combate à corrupção e a prévia do que se debateu na construção do precedente de 2019 pelo STF (RE nº 1.055.941/SP, Tema nº 990 da Repercussão Geral).

Atualmente, o entendimento da Receita Federal é o de que há um dever de fornecer a toda a estrutura do MPU[259], que tem o poder de **requisitar** as informações sigilosas. Parâmetro importante, por outro lado, é que é vedado o "acesso amplo, irrestrito ou indiscriminado a banco de dados ou sistemas informatizados da RFB"[260]. Essa limitação tem o potencial de evitar, a princípio, a composição de uma unidade informacional, que abordamos no Capítulo 3, mas necessita de cautela constante, pois se trata de regra prevista em instrumento infralegal, qual seja a Nota RFB/ASESP nº 10/2010.

O fluxo de envio de informações é mais um que ocorre com o apoio de interpretação construída pela Administração Pública. O poder de requisição de informações pelo MPU foi assim sedimentado a partir da Nota Técnica nº 179/DENOR/CGU/AGU, de 21 de dezembro de 2007, a qual contou com a aprovação do então Advogado-Geral da União e hoje Ministro do STF, Dias Toffoli.[261]

[259] MPF, Ministério Público do Trabalho, Ministério Público Militar e MP do Distrito Federal e Territórios.

[260] BRASIL. MPU, **Nota Técnica nº 179/DENOR/CGU/AGU,** de 21 de dezembro de 2007. Aprovada pelo Consultor-Geral da União, por meio do Despacho CGU nº 428/2007, e pelo Advogado-Geral da União, além da Lei Complementar nº 75, de 20 de maio de 1993 e a Solução de Consulta Interna COSIT nº 24, de 30 de agosto de 2010. Disponível em: https://www.gov.br/receitafederal/pt-br/assuntos/orientacao-tributaria/sigilo-fiscal/ministerio-publico-da-uniao Acesso em: 24 jun. 2021.

[261] BRASIL. MPU, **Nota Técnica nº 179/DENOR/CGU/AGU,** de 21 de dezembro de 2007. Aprovada pelo Consultor-Geral da União, por meio do Despacho CGU nº 428/2007, e pelo Advogado-Geral da União, além da Lei Complementar nº 75, de 20 de maio de 1993 e a Solução de Consulta Interna COSIT nº 24, de 30 de agosto de 2010. Disponível em: https://www.gov.br/receitafederal/pt-br/assuntos/orientacao-tributaria/sigilo-fiscal/ministerio-publico-da-uniao Acesso em: 24 jun. 2021.
A Nota Técnica não está disponível ao público. O acesso ao seu conteúdo foi realizado após a solicitação, via Lei de Acesso à Informação, ao Ministério da Economia no bojo da manifestação de nº 03005.027320/2021-98, realizada por meio do portal "Fala.BR". (BRASIL. CGU. **Fala.BR** - Plataforma Integrada de Ouvidoria e Acesso à Informação. Disponível em:
https://falabr.cgu.gov.br/publico/Manifestacao/SelecionarTipoManifestacao.aspx# Acesso em: 24 jun. 2021).

A base do fundamento para tanto se deu a partir do paralelo entre o que dispõe o art. 198 do CTN quanto ao sigilo fiscal e a LC nº 75/1993, que em seu art. 8º atribui, dentre outras, a **competência** ao MP para requisitar informações à Administração Pública, que não poderá opor sigilo ao *Parquet* (§2º do art. 8º), à semelhança do que vimos com o TCU e a CGU. Como há, ainda, regras que determinam a preservação do sigilo, se trataria de mera transferência deste de um órgão a outra entidade.

Com a autorização em Lei Complementar – e, portanto, de mesma envergadura legislativa que o CTN –, o rol autorizado a transferir o sigilo, previsto pelo art. 198 do CTN, não seria exaustivo, mas exemplificativo. Qualquer outra LC poderia, então, incluir como hipótese de transferência, e, com isso, excepcionar a reserva de jurisdição, desde que atendido requisitos como o da preservação do sigilo fiscal, tal como fez a LC nº 75/1993.

Ao contrário do que possa parecer, a requisição pelo MP não foi analisada pelo STF, conforme adiantamos no tópico em que analisamos os precedentes da Corte. No julgamento do paradigma RE nº 1.055.941/SP, as razões de decidir que compuseram a decisão do Pleno se ativeram à possibilidade de compartilhamento de informações fiscais sigilosas via RFFP, prevista, ao contrário da requisição pelo MP, expressamente pelo §3º do art. 198 do CTN.

Algumas observações são relevantes na ponderação desse fluxo. A primeira diz respeito ao art. 198 do CTN, que prevê, além da RFFP, da inscrição em Dívida Ativa, do parcelamento ou moratória, a requisição por autoridade judiciária e a solicitação por autoridade administrativa.

De acordo com a letra da lei, o poder da requisição – ou seja, a obrigatoriedade de a Receita fornecer diretamente as informações – é concedido tão somente ao Poder Judiciário. Ainda que se incluísse na previsão de solicitação, seria preciso admitir que o MP é parte da estrutura da Administração Pública.

A segunda observação merece o resgate histórico da intenção do legislador, certamente guiada por um motivo e uma cautela para tanto. Quando reconheceu a impossibilidade de elevar o sigilo bancário a um "patamar de direito praticamente absoluto e indevassável", foi pontuado que, em conjunto com a ponderação da razoabilidade e do interesse público, a flexibilização somente alcançaria o acesso da Administração Tributária aos dados bancários – e desde que "com o devido processo administrativo instalado".[262]

[262] Parecer Senador José Roberto Arruda. (BRASIL. **Diário do Senado Federal,** 14 de dezembro de 2000, p. 25053 e ss. Disponível em: https://legis.senado.leg.br/diarios/ver/18666?sequencia=141. Acesso em: 10 fev. 2021)

À parte disso, consta o registro de que, à exceção do Congresso Nacional, como no caso de CPI instalada, nenhum outro órgão ou entidade pública, incluindo o MP e o Tribunal de Contas, teria o "poder excepcional concedido pela CF à autoridade tributária e ao Congresso Nacional".[263]

Por último, a leitura de um rol não taxativo do art. 198 do CTN tem o potencial de atrair leis não específicas que, se bastando com a previsão da competência de determinado órgão e a preservação do sigilo pelas autoridades envolvidas, possibilitarão o compartilhamento de informações sigilosas e a formação de uma unidade informacional.

A perspectiva da taxatividade é, inclusive, controvertida dentro da Receita Federal. Ao consultarmos o Ministério da Economia para a obtenção de informações sobre o compartilhamento de dados no âmbito do SISBIN, o órgão nos respondeu que a impossibilidade do fluxo de envio se daria em razão do:

> **Estrito respeito ao princípio da legalidade pela RFB, haja vista que: (a) o sigilo fiscal, imposto à administração tributária, está consignado no art. 198 do CTN, que enumera, num rol taxativo, as exceções a esse sigilo**, dentre as quais não se encontra o compartilhamento de dados e informações no âmbito do SISBIN; e (b) o SISBIN foi criado por meio de lei ordinária (Lei 9.883, de 7 de dezembro de 1999), espécie esta que não pode contrariar lei complementar (embora editado como lei ordinária, na vigência da Constituição Federal de 1988 o Código Tributário Nacional dispõe de status de lei complementar, por força do art. 146, III, da Constituição Federal).[264]

[263] "A esse respeito, cabe registrar que o projeto de lei em pauta prevê que somente com o devido processo administrativo instalado é que a autoridade fiscal poderá ter acesso a informações protegidas pelo sigilo bancário. Por outro lado, vale observar que a nossa Lei Maior não abre essa mesma possibilidade para outros órgãos e entidades públicas, exceção feita, obviamente, ao Congresso Nacional, que pode, em certas ocasiões, deter os poderes de investigação próprios das autoridades judiciais. Assim, não nos parece próprio estender a instituições como o MP, o TCU e a CVM, o poder excepcional concedido para Constituição à autoridade tributária e ao Congresso Nacional." Parecer Senador José Roberto Arruda. (BRASIL. **Diário do Senado Federal,** 14 de dezembro de 2000, p. 25056. Disponível em: https://legis.senado.leg.br/diarios/ver/18666?sequencia=141 . Acesso em: 10 fev. 2021).

[264] BRASIL. Ministério da Economia. Acesso à Informação. **Informações enviadas pela Receita Federal dentro do SISBIN – Pedido 03005009563202144,** 14 jan. 2021. Disponível em: http://www.consultaesic.cgu.gov.br/busca/_layouts/15/DetalhePedido/DetalhePedido.aspx?nup=03005009563202144 Acesso em: 24 jun. 2021.

Com todo esse panorama e diante da relação estabelecida, é importante que se considere a pretensão do afastamento do escrutínio judicial e, ainda que este ocorra, os frágeis parâmetros hoje vigentes que permitem o envio de informações mediante requisição do MP, pois a posse de dados sigilosos de contribuintes tem alcance de investigação e imputação criminal, destoando da finalidade primeira com a qual eles foram coletados, que é a da proteção à arrecadação.

Nesse sentido, ainda que possamos destacar a existência da LC nº 75/1993 para enfatizar a requisição de informações pelo MPU, a discussão precisa abarcar se lei não específica, que possui conteúdo genérico quando autoriza determinado ato para exercício da competência, condiz com a realidade de proteção de dados atual. No Capítulo 3 aprofundamos um pouco mais esse debate.[265]

Casos concretos e mais recentes reforçam a afirmação de que o fluxo entre o Fisco e o *Parquet* talvez seja um dos mais polêmicos.

O julgamento de dois recursos em *Habeas Corpus* (RHC nº 83.233/SP e RHC nº 83.447/SP, ambos de relatoria do Ministro Sebastião Reis Júnior) pela Terceira Seção do Superior Tribunal de Justiça, ocorrido em fevereiro de 2022, nos coloca frente a frente com o universo de possibilidades quando o assunto é compartilhamento de dados fiscais sigilosos.

Nos recursos citados temos um exemplo de solicitação de dados feita pelo *Parquet* ao Fisco federal (como declarações do Imposto de Renda) e a construção de limites que passa a contar com a importante participação do STJ, indicando que a Corte Superior será igualmente chamada cada vez mais a fortalecer a estrutura do sigilo fiscal e do compartilhamento de informações.

A jurisprudência ali formada reconheceu a ilicitude de provas obtidas por meio dos dados coletados com o envio de documentos pela Receita Federal, já que não houve autorização judicial prévia.

Em situação semelhante, no RHC nº 119.297, de relatoria do Ministro Ilan Paciornik, a Quinta Turma do STJ afirmou a inadmissibilidade no compartilhamento de informações fiscais sigilosas com o MP, sem a reserva jurisdicional, de **pessoas físicas e jurídicas**, quando sequer a fiscalização tributária foi concluída.

[265] Com destaque para os tópicos em que tratamos sobre a primeira e a segunda dimensão da proteção dos direitos fundamentais, abarcados pelo Capítulo 3.

2.2.4 Receita Federal e o Ministério Público Eleitoral

A Receita Federal disciplina que é vedado o fornecimento de informações fiscais sigilosas ao Ministério Público Eleitoral, à exceção de quando, investigando sujeito passivo por infração administrativa, houver solicitação ao Fisco, conforme a previsão do inciso II do §1º do art. 198 do CTN. Aqui, todavia, também é necessário esclarecer se, de fato, o MPE pode ser enquadrado como autoridade administrativa.

De qualquer sorte, a interpretação dada tem como base a taxatividade do rol do art. 198 do CTN, premissa que contrapõe a visão que vimos no tópico anterior. Vale considerar, ainda, que, diferentemente do fluxo com o MPU, não há LC possibilitando o acesso a informações sigilosas.

Apesar da orientação do Manual eletrônico do Sigilo Fiscal (e-MSF) no sentido da vedação, a Portaria Conjunta TSE/SRF nº 74, de 10 de janeiro de 2006, que não consta como revogada no sítio eletrônico da Receita Federal[266], regulamenta o intercâmbio de informações entre o TSE e a SRF.

O compartilhamento tem como finalidade a apuração de irregularidades em doações eleitorais, possibilitando que dados fiscais de pessoas físicas e jurídicas sejam enviados e recebidos por ambos os órgãos, incluindo o fornecimento posterior ao MPE, sem a necessidade de decisão judicial prévia. Dentre as informações que compõem esse fluxo estão o nome do doador, o valor da doação, os rendimentos declarados à Receita, o número do CNPJ ou do CPF.

A matéria chegou ao Supremo Tribunal Federal, tendo sido eleito o RE nº 1.296.829/RS, de relatoria do Ministro Ricardo Lewandowski, para representar o Tema nº 1.121 da Repercussão Geral, ainda pendente de julgamento.

O pano de fundo por trás do compartilhamento é, mais uma vez, o interesse público, invocado, em conjunto com outros argumentos, para justificar a necessidade do passe livre (sem decisão judicial) no envio e no recebimento de informações fiscais sigilosas.

O cuidado deve ser redobrado na análise, pois esse caso possui, mais do que qualquer outro, não apenas as balizas totalmente fixadas por convênio, mas sobretudo a previsão para tanto é materializada apenas na Portaria

[266] BRASIL. Portaria Conjunta TSE/SRF nº 74, de 10 de janeiro de 2006. Dispõe sobre o intercâmbio de informações entre o Tribunal Superior Eleitoral e a Secretaria da Receita Federal e dá outras providências. **Diário Oficial da União,** 12 jan. 2006, seção 1, p. 13. Disponível em: http://normas.receita.fazenda.gov.br/sijut2consulta/link.action?visao=anotado&idAto=22559. Acesso em: 20 jun. 2021.

celebrada pelo TSE e a Receita Federal. Ele deve ser, portanto, diferenciado dos precedentes do STF que analisamos.

É necessário considerar, aliada à ausência de lei, que na hipótese do poder conferido ao Fisco, a CF, no inciso XXII do art. 37, direciona a finalidade do compartilhamento de dados cadastrais e informações fiscais (nota-se, aliás, que ela sequer mencionou que seriam as sigilosas, sendo uma construção jurisprudencial) para a proteção da arrecadação e assim o faz concedendo a possibilidade de que a cooperação entre as Administrações Tributárias ocorra mediante lei ou convênio.

Portanto, não há previsão constitucional ou legal que autorize, à exceção dos fins estritamente fiscais, o compartilhamento de informações com finalidade eleitoral por meio de convênio.

Assim, o trânsito de dados fiscais sigilosos entre Receita Federal, TSE e o MPE, de forma automática, é sinalizado com inconsistências. De um lado, a orientação aos servidores que compõem a estrutura fiscal é a de negar o acesso, todavia, ainda vigente convênio que possibilita tal fluxo.

Por outro lado, a possibilidade e autorização de compartilhamento baseada exclusivamente em convênio gera as perplexidades que se conectam e reforçam a análise do Capítulo 3, a seguir abordado.

3. PROTEÇÃO DOS DIREITOS FUNDAMENTAIS DOS CONTRIBUINTES: ENTRE A UNIDADE E A SEPARAÇÃO INFORMACIONAL DE PODERES

Iniciamos esse trabalho explorando as terminologias que concentram o imbricado universo do compartilhamento de dados fiscais, na sequência, passamos pelas mais diversas disposições normativas em busca dos elementos responsáveis pelo fornecimento dos parâmetros e finalizamos, agora, com os efeitos que esse complexo sistema espraia sobre os direitos fundamentais dos contribuintes.

O capítulo que ora se desenvolve toma como ponto de partida a conclusão, a qual o capítulo anterior chegou, qual seja, a de que, embora a sistemática brasileira forneça algumas balizas limitadoras do compartilhamento, elas estão defasadas quando comparadas à evolução relacionada à proteção de dados. Como consequência, tampouco ofertam a segurança necessária para concretizar a proteção dos direitos fundamentais dos contribuintes, sobretudo em razão de a Lei nº 13.709/2018, a LGPD, ser limitada quanto às etapas do sigilo fiscal.[267]

Uma das limitações, vale lembrar, vai ao encontro da impossibilidade da plena aplicação do princípio da autodeterminação informativa[268] no fluxo

[267] Cf. tópico "Lei Geral de Proteção de Dados e o tratamento dos dados fiscais", no Capítulo 2.

[268] Ives Gandra e Gilmar Mendes, antevendo o debate sobre a autodeterminação no Brasil, ainda em 1992, ao tratar da quebra de sigilo bancário pelas CPIs e os critérios de proporcionalidade, razoabilidade e fundamentação das decisões proferidas nesse mesmo âmbito e com aquele objetivo, adicionaram o parâmetro de que, sob risco de violação à ampla defesa e do contraditório, "tal intervenção não há de verificar à revelia do titular do direito, que deverá ser devidamente notificado das providências requeridas antes mesmo de sua realização". (MARTINS, Ives Gandra da Silva; MENDES, Gilmar Ferreira. Sigilo bancário, direito de autodeterminação sobre informações e princípio da proporcionalidade. **Repertório IOB de jurisprudência:** tributário e constitucional. 2ª quinzena de dezembro de 1992, n. 24, 1992, p. 434). Em algumas circunstâncias (vide parametrizações abordadas ao longo do Capítulo 2), como a solicitação de fornecimento de dados fiscais sigilosos por autoridade administrativa, a instauração prévia de Processo

de informações fiscais sigilosas, sob pena de impossibilitar a competência constitucional garantida a órgãos estatais, como é o caso da Receita Federal e o seu dever de proteger a arrecadação.[269] Além disso, ela expressamente excetua as pessoas jurídicas de seu escopo.

Assim, da mesma forma como ocorre com o sigilo bancário, a realidade atual do sigilo fiscal remonta à sua horizontalização. Isso quer dizer que as regras do sigilo seguem rígidas quando impostas a outro particular, mas flexíveis quando se trata do acesso pelo Estado, sob a invocação insistente do interesse público e da consecução das competências intrínsecas aos órgãos e entidades governamentais.

Em paralelo, a concentração de informações nos mesmos órgãos e entidades é um fato cujo efeito é o surgimento da chamada "unidade informacional". Vimos que, nesse sentido, a concentração de informações sigilosas, e de seu tratamento, está submetida a um mosaico normativo de difícil manuseio, representado pelas mais diversas ordens (Instruções Normativas, Soluções de Consulta, Portarias, Decretos e leis).

Entre causas e efeitos – e o reconhecimento de que o antigo debate sobre a necessidade, ou não, de decisão judicial prévia para autorizar o compartilhamento foi suplantado pela força dos fatos da realidade atual –, algumas dimensões do tema começam a se tornarem distintas umas das outras permitindo um adensamento teórico acerca das suas diferenciações. É o que faremos nos tópicos seguintes.

Como Luís Greco e Alaor Leite chamam a atenção, a primeira delas toca diretamente a reserva legal, isto é, a impossibilidade de, em regimes democráticos, direitos individuais serem atingidos por regramento interno,

Administrativo é requisito. Nessa hipótese, consequentemente, haverá a intimação do sujeito passivo. Todavia, fluxos polêmicos como o entre a Receita e o MP, fora da RFFP, não se antecipam nesse sentido. Atualmente, a autodeterminação ganha maior abrangência, indo além do prévio consentimento do titular.

[269] O Tribunal Constitucional Federal da Alemanha, no emblemático caso Eppler, julgado em 1980, responsável por reconhecer a proteção da personalidade dentro do escopo da Lei Fundamental e, ademais, como um direito fundamental autônomo, antecedeu o que seria, mais tarde, o reconhecimento da autodeterminação informativa. (MENDES, Laura Schertel Ferreira. Autodeterminação informativa: a história de um conceito. **Revista de Ciências Jurídicas Pensar,** Fortaleza, v. 25, n. 4, p. 01-18, out./dez., 2020, p. 8. Disponível em: <https://doi.org/10.5020/2317-2150.2020.10828>. Acesso em: 10 jun. 2021). Esse reconhecimento se basearia na capacidade de os indivíduos decidirem, por si próprios, como querem se apresentar a terceiros ou ao público, ou seja, como desejam dispor de sua própria personalidade. (DENNINGER, Erhard. Die Trennung von Verfassungsschutz und Polizei und das Grundrecht auf informationelle Selbstbestimmung. **Kritische Justiz,** v. 18, n. 3, p. 215-244, 1985, p. 232. Disponível em: < www.jstor.org/stable/23996361 >. Acesso em 10 jun. 2021).

editados pelas próprias instituições, a exemplo de resoluções, portarias, dentre outras.[270] Essa dimensão encontra respaldo no "princípio da reserva legal proporcional", em que há legitimidade dos meios e fins que se valem o legislador e, ainda, que esses meios se adequem à consecução dos objetivos e à necessidade de sua utilização.[271]

A segunda dimensão, ainda seguindo a linha dos autores, diz que os aspectos procedimentais precisam de regulação bem delimitada, a exemplo do tempo em que os dados serão mantidos armazenados, quais os tipos de instituições para as quais o acesso será concedido, se alguma notificação ocorrerá para o proprietário daquelas informações e se estas serão apagadas ou seguirão para sempre disponíveis.

Indícios de vulnerabilidade da sistemática, e que retroalimentam a disputa pela informação entre as instituições[272], são os vazamentos ocorridos entre os anos de 2009 e 2010[273], período em que muitas das regras de hoje já estavam vigentes e, mesmo as que surgiram posteriormente, pouco fizeram para contê-los.

Além da divulgação ilegal, a utilização para outras finalidades que não aquelas inicialmente delimitadas para justificar a captação dos dados e informações é outra realidade apurada pelo presente trabalho.[274] As tentativas de

[270] GRECO, Luís; LEITE, Alaor. Discussão do Supremo sobre caso COAF joga luz em lacuna legislativa. **Folha de S. Paulo,** 19 nov. 2019. Disponível em: https://www1.folha.uol.com.br/poder/2019/11/discussao-do-supremo-sobre-caso-coaf-joga-luz-em-lacuna-legislativa.shtml . Acesso em: 15 fev. 2021.

[271] MENDES, Gilmar Ferreira. **Controle de Constitucionalidade:** aspectos jurídicos e políticos. São Paulo: Saraiva, 1990, p. 47.

[272] As buscas pelo acesso de informações sigilosas pelo MPU, pelo MPE, além do TCU e da CGU, vistas nos no Capítulo 2 demonstram a disputa pela informação sob o argumento da efetivação da competência atribuída a cada órgão/entidade.

[273] Conforme retratado no Relatório de Auditoria do TCU, ao mencionar Everardo Maciel, Secretário da RFB nos anos de 1995 a 2002, informações sigilosas de empresas como a Ford, o Banco Santander, Petrobras, a então BMF&BOVESPA e até mesmo candidatos políticos, vítimas de dossiês, sofreram a divulgação de seus dados fiscais sigilosos. (BRASIL. TCU (Plenário). **TC nº 021.258/2018-0.** Rel. Min. Raimundo Carreiro, em 22 de maio de 2019, p. 61). Confira-se, ainda, matéria que revelou o acesso ilegal, por membros do MP, de informações fiscais sigilosas no âmbito da operação Lava Jato: BALTHAZAR, Ricardo; BÄCHTOLD, Felipe. **Lava jato driblou lei para ter acesso a dados da Receita, mostram mensagens.** 18 de agosto de 2019. Disponível em: https://www1.folha.uol.com.br/poder/2019/08/lava-jato-driblou-lei-para-ter-acesso-a-dados-da-receita-mostram-mensagens.shtml Acesso em: 15 fev. 2021).

[274] A utilização para outras finalidades é uma incerteza que permeia a transação tributária (Lei nº 13.988/2020), o que pode ser verificado, por exemplo, por meio de movimentos como a apresentação do Projeto de Lei nº 1.147/2021, da Câmara dos Deputados, de autoria do Deputado Christino Áureo (PP/RJ).

conferir interpretação extensiva ao rol de dispositivos como os arts. 197 e 198 do CTN, para autorizar o acesso a dados fiscais sigilosos, seguem a mesma sorte.[275]

O nosso pressuposto teórico que funciona, nesse estudo, como uma hipótese que foi testada e respondida, é baseado no reconhecimento de que o sigilo de dados fiscais possui uma nova face, ou uma nova vertente, tal como apresentada no capítulo antecedente. Com a sua flexibilização, e igualmente a flexibilização da privacidade, pela legislação, chancelada pelo STF, é necessário que as disposições domésticas direcionem o seu enfoque à proteção dos dados e à nova realidade que dela surge, qual seja, a da mencionada unidade informacional.

Assim, somente com esse reconhecimento e a observância da separação, ou divisão, de poderes informacionais, o direito à privacidade, em seu sentido amplo[276], seria mais bem resguardado e os riscos que compõem as assimetrias das informações – e suas disfuncionalidades -, encontrariam meios para serem minimizados.

Por isso, nos tópicos a seguir, fecharemos a análise que nos propusemos com a abordagem sobre o que trata exatamente essa concentração de informações e as dimensões que dela decorrem.

Nosso suporte teórico combinará a doutrina alemã com a jurisprudência constitucional emanada daquele país, berço da autodeterminação e do princípio da separação informacional, sobretudo por meio das lições transmitidas por Luís Greco e Jürgen Wolter, as quais, em que pesem discutidas no contexto da persecução penal, guardam pertinência direta com a moldura tributária brasileira, de caráter marcadamente sancionador, com consequências que em tudo se aproximam – e mesmo se comunicam – com o direito penal.

275 VALOR ECONÔMICO. **TRF nega à Receita Federal acesso a informação de arbitragens**, 9 de março de 2020. Disponível em: <https://valor.globo.com/legislacao/noticia/2020/03/09/trf-nega-a-receita-federal-acesso-a-informacoes-de-arbitragens.ghtml>. Acesso em: 10 jun. 2021.

276 Conforme vimos no início do Capítulo 2, nos aliamos à doutrina de Tércio Sampaio Ferraz Jr. e Gilmar Ferreira Mendes, lá citada, entendendo que a privacidade em seu sentido amplo tem consigo as informações que, embora pertencentes a um indivíduo, possuem repercussão social. Assim, contra a sua utilização, como nos casos da Autoridade Tributária que, se atendo à finalidade de suas atribuições, busca a proteção da arrecadação, não se pode invocar o "direito de ser deixado só", como ocorre no sentido mais restrito da privacidade, ligado à intimidade. Esse último trata do "núcleo da esfera privada" que não admite intervenção, sendo, pois, intocável e o reflexo mais puro da dignidade humana. (WOLTER, Jürgen. **O inviolável e o intocável no direito processual penal:** reflexões sobre dignidade humana, proibições de prova, proteção de dados (e separação informacional de poderes) diante da persecução penal. Trad. Luís Greco, Alaor Leite, Eduardo Viana. São Paulo: Marcial Pons, 2018, p. 34).

São reflexões iniciais, que buscam ponderar princípios que deveriam ser aplicados ao direito tributário junto a balizas mínimas, a partir das quais todo o exame irá, no fim, levar à conclusão de que o Poder Legislativo precisa se preparar para discutir uma lei específica, considerando a realidade brasileira sobre o tratamento dos dados fiscais sigilosos dos contribuintes.

3.1 Autodeterminação, unidade e a separação informacional

"Uma sociedade, 'na qual os cidadãos não mais são capazes de saber quem sabe o que sobre eles, quando e em que situação', seria contrária ao direito à autodeterminação informativa, algo prejudicial tanto para a personalidade quanto para o bem comum de uma sociedade democrática".

Com a reprodução acima, cujo teor advém da decisão do Tribunal Constitucional Federal alemão (BVerfG) sobre a Lei do Censo de 1983[277], Laura Schertel resume a precursora discussão que reconheceu "o poder do indivíduo em determinar sobre a coleta e utilização de seus dados pessoais".[278]

Do desenvolvimento de anos da doutrina e jurisprudência, extraiu-se, a partir do direito à personalidade, o direito à autodeterminação informacional. O BVerfG, todavia, reconheceu a constitucionalidade parcial da lei, mas declarou a inconstitucionalidade de dispositivos como o que permitia que dados, anonimizados ou não, pudessem "ser transferidos a outras repartições federais e estaduais, para fins de cumprimento das respectivas competências (§9 II Lei do Censo)".[279]

[277] Luís Greco relembra que a Lei do Censo impunha o dever de o cidadão prestar informações como nome, endereço, estado civil, religião, fontes de renda, dentre outras. "Essa lei gerou uma discussão acalorada, em que, fazendo-se remissão à visão de Orwell em seu romance de 1984, denunciava-se a natureza totalitária de um Estado que tudo sabe e que reduz o ser humano a uma 'pessoa de vidro' (gläserner Mensch)". (WOLTER, Jürgen. **O inviolável e o intocável no direito processual penal:** reflexões sobre dignidade humana, proibições de prova, proteção de dados (e separação informacional de poderes) diante da persecução penal. Trad. Luís Greco, Alaor Leite, Eduardo Viana. São Paulo: Marcial Pons, 2018, p. 42).

[278] MENDES, Laura Schertel Ferreira. Autodeterminação informativa: a história de um conceito. **Revista de Ciências Jurídicas Pensar,** Fortaleza, v. 25, n. 4, p. 01-18, out./dez., 2020, p. 11. Disponível em: <https://doi.org/10.5020/2317-2150.2020.10828>. Acesso em: 10 jun. 2021

[279] WOLTER, Jürgen. **O inviolável e o intocável no direito processual penal:** reflexões sobre dignidade humana, proibições de prova, proteção de dados (e separação informacional de poderes) diante da persecução penal. Trad. Luís Greco, Alaor Leite, Eduardo Viana. São Paulo: Marcial Pons, 2018, p. 42.

A ideia da autodeterminação não é emanada apenas da proteção do indivíduo, mas também do interesse público, baseado na garantia de uma democracia livre e aberta, inclusive no que se refere à transparência na comunicação de informações. A tônica foi a mesma utilizada pelo STF para, no contexto do crescimento da vigilância estatal, reconhecer o direito autônomo à proteção de dados pessoais.[280]

Como todo direito fundamental, entretanto, dela não decorrerá qualquer revestimento absoluto, sendo admitida interferência quando demonstrado, do outro lado da balança, que esse mesmo interesse público supera o interesse individual.[281] Ao mesmo tempo, no campo das garantias, os direitos fundamentais possuem íntima vinculação com organização e procedimento. Nas importantes lições de Ingo Wolfgang Sarlet, enxergamos a "perspectiva jurídico-objetiva" dessa análise, a qual atrai deveres de proteção por parte do Estado por meio de normas procedimentais administrativas ou judiciais.[282]

É o que ocorre com o tratamento de dados fiscais, essenciais para a proteção da arrecadação pela Autoridade Fiscal – ou seja, um interesse público. Todavia, a mitigação da autodeterminação não significa que salvaguardas estejam alheias a esse manejo, mesmo porque ela não se esgota com o direito de resistência à coleta e ao tratamento dos dados, mas, mais do que isso, "ela protege também o interesse do indivíduo de saber sobre as medidas estatais de levantamento de dados que possam afetar seus direitos fundamentais".[283]

O viés da última proteção é o foco do que abordamos, considerando que, afastado o consentimento prévio do cidadão-contribuinte, restam amparos que devem ser aplicados ainda que ocorra a flexibilização do direito, a exemplo do reconhecimento do Habeas Data como uma ferramenta, derivada da autodeterminação, para obtenção "dos dados concernentes ao pagamento de

[280] ADI's nºs 6387, 6388, 6389, 6393 e 6390.

[281] HORNUNG, Gerrit; SCHNABEL, Christoph. Data protection in Germany I: The population census decision and the right to informational self-determination. **Computer Law & Security Review**, v. 25, n. 1, p. 84-88, 2009, p. 86.

[282] SARLET, Ingo Wolfgang. Proteção de dados pessoais como direito fundamental na Constituição Federal brasileira de 1988: contributo para a construção de uma dogmática constitucionalmente adequada. **Direitos Fundamentais & Justiça**, Belo Horizonte, ano 14, n. 42, p. 179-218, jan./jun. 2020.

[283] SEER, Roman. Proteção de dados e tributação na Alemanha: repercussões do Regulamento Geral sobre Proteção de Dados. **Revista Jurídica da Presidência**. Trad. Diogo Brandau Signoretti. Brasília, v.22, n.126, p. 20-47, fev./maio. 2020, p. 25.

tributos do próprio contribuinte constantes dos sistemas informatizados de apoio à arrecadação dos órgãos da administração fazendária".[284]

Para Roman Seer, por outro lado, nada obstante o autor reconheça a tutela jurídica da proteção dos dados no direito tributário, ele ressalta "que o contribuinte não possui qualquer direito à autodeterminação informativa fiscal", uma vez que a existência do sigilo fiscal supre a proteção necessária para que o cidadão-contribuinte coopere e divulgue seus dados ao Fisco.[285]

Entretanto, analisando a matriz normativa brasileira, que encontra seu fundamento de validade na CF de 1988, não é possível concluir que o sigilo fiscal, ainda que aliado a mudanças pontuais em legislações tributárias amplas, seria suficiente para resguardar os direitos fundamentais dos contribuintes. O panorama regulatório e a prática atual do compartilhamento, retratados no Capítulo 2, bem demonstram o cuidado redobrado que a temática merece, sob pena de esvaziamento do núcleo essencial da proteção constitucional nas múltiplas relações entre o Estado e o contribuinte.

Um dos pontos a ser considerado é o de que todo o processamento de dados deve ser realizado com regras que confiram a transparência necessária para o controle da legalidade sobre elas. Isso inclui o repasse de informações com finalidades diferentes das que justificaram a primeira coleta dos dados e o armazenamento sem parâmetros.

As "intervenções secretas", aquelas realizadas à margem do conhecimento do indivíduo, ainda que necessárias em determinadas áreas, possuem um impacto maior na estrutura democrática, com o deletério "efeito intimidador", capaz de contaminar a comunicação como um todo, daí a razão pela qual cresce a necessidade de regulamentações específicas.[286]

Seer destaca que a proteção vai além "de dados que caracterizam o núcleo dos direitos da personalidade", no que a autodeterminação, por ir além da esfera privada, alcança "elementos individualizáveis da tributação" que exprimem grandezas econômicas, tais como o faturamento, o lucro, a renda e aquelas informações intrínsecas às relações pessoais, profissionais, corporativas e empresariais. Além disso, a conservação e o emprego dos dados, ainda que de

284 Conforme definido no bojo do Tema nº 582 da Repercussão Geral.

285 SEER, Roman. Proteção de dados e tributação na Alemanha: repercussões do Regulamento Geral sobre Proteção de Dados. **Revista Jurídica da Presidência**. Trad. Diogo Brandau Signoretti. Brasília, v.22, n.126, p. 20-47, fev./maio. 2020, p. 28.

286 HORNUNG, Gerrit; SCHNABEL, Christoph. Data protection in Germany I: The population census decision and the right to informational self-determination. **Computer Law & Security Review,** v. 25, n. 1, p. 84-88, 2009, p. 86.

baixo conteúdo informativo, "podem repercutir consideravelmente na liberdade do indivíduo quando objetos de técnicas de tratamento e cruzamento de dados".[287]

A realidade da sociedade contemporânea, encampada pela informação, repercute o alerta de Spiros Smitis, destacado por Juliano Maranhão e Ricardo Campos, sobre a "era na qual o poder se confunde com o controle da informação"[288].

Tal poder estaria concentrado no que se chamou de "unidade informacional", de onde, à semelhança do conceito que precede à clássica separação de poderes, decorre a "divisão informacional de poderes", ou separação informacional (*informationelles Trennungsprinzip*), "segundo o qual a finalidade de coleta e tratamento de dados pessoais por cada órgão público circunscreve-se à estrita definição de sua competência legal, sendo vedado o uso para outra finalidade dentro da Administração"[289].

Assim como a autodeterminação, a unidade informacional consta da decisão sobre a Lei do Censo. O pressuposto repousa na impossibilidade de o Estado se portar como uma entidade única no que diz respeito à coleta e ao tratamento de dados.

Finalidade e proporcionalidade são peças-chave nessa construção, ou seja, a razão da coleta dos dados precisa estar especificada desde o início e nunca poderá haver a reunião de informações para além do que é necessária à consecução daquela finalidade (e.g., coleta de dados fiscais para proteção da arrecadação). Cada autoridade pública, portanto, é um "processador de dados" individualizado[290], mas vinculado, ou seja, com sua discricionariedade mitigada pela finalidade daquela coleta que deve se dar de modo proporcional,

[287] SEER, Roman. Proteção de dados e tributação na Alemanha: repercussões do Regulamento Geral sobre Proteção de Dados. **Revista Jurídica da Presidência**. Trad. Diogo Brandau Signoretti. Brasília, v.22, n.126, p. 20-47, fev./maio. 2020, p. 23.

[288] MARANHÃO, Juliano; CAMPOS, Ricardo. A divisão informacional de poderes e o cadastro base do cidadão. **JOTA,** 18 out. 2019. Disponível em: < https://www.jota.info/opiniao-e-analise/artigos/a-divisao-informacional-de-poderes-e-o-cadastro-base-do-cidadao-18102019#sdfootnote4anc>. Acesso em: 10 fev. 2021.

[289] MARANHÃO, Juliano; CAMPOS, Ricardo. A divisão informacional de poderes e o cadastro base do cidadão. **JOTA,** 18 out. 2019. Disponível em: < https://www.jota.info/opiniao-e-analise/artigos/a-divisao-informacional-de-poderes-e-o-cadastro-base-do-cidadao-18102019#sdfootnote4anc >. Acesso em: 10 fev. 2021.

[290] HORNUNG, Gerrit; SCHNABEL, Christoph. Data protection in Germany I: The population census decision and the right to informational self-determination. **Computer Law & Security Review,** v. 25, n. 1, p. 84-88, 2009, p. 87.

correspondendo ao mínimo uso do aparato estatal para a consecução do que se pretende com aquela restrição da liberdade ou da privacidade de indivíduos.

Isso não significa, contudo, que o compartilhamento dentro da Administração Pública ou com órgãos de persecução penal, jamais poderá ocorrer. Pelo contrário; a ideia é a de que, ao mesmo tempo em que se confira proteção e a manutenção do Estado Democrático, o trâmite seja baseado em provisões legais que vão ao encontro com os mais altos padrões de clareza e segurança jurídica.[291]

Portanto, a visão organizacional da autodeterminação no contexto do tratamento de dados deve ser resguardada quando se tratar de informações fiscais protegidas pelo sigilo, uma vez que o Poder Público não pode ser considerado como um ente único, detentor dos dados, de modo que a sua atuação seja tal que implique na livre circulação dentro de sua estrutura, ao argumento de autoridade, baseado no interesse social.

De qualquer sorte, reconhecendo e amparando a necessidade de garantir o desenvolvimento das competências em razão das quais os órgãos e entidades foram criados, lei específica deve trazer em seu bojo a aplicação do princípio, estipulando salvaguardas e limites. É a forma de envolver a arena pública por definição representativa das partes afetadas, qual seja, o Poder Legislativo, onde essas partes podem vocalizar suas pretensões e formalizar seus receios, submetendo, ao escrutínio democrático, as razões pelas quais se receia que o Estado esteja avançando mais do que o necessário quanto ao uso de instrumentos para a consecução de suas necessidades de arrecadação.

Desse modo, as balizas lançadas pelo legislador possibilitarão não apenas que o contribuinte tenha meios de segurança jurídica, mas também o judiciário terá a ferramenta para verificar a legalidade do tratamento, efetivando as garantias da privacidade e da proteção de dados ao mesmo tempo em que o interesse público seja atingido por todas as partes, isto é, tanto da perspectiva democrática, como a do funcionamento das instituições estatais. É a forma de submeter essas iniciativas aos controles ínsitos às democracias.

Tomando como apoio a doutrina de Tercio Sampaio Ferraz Júnior, é preciso que entendamos que a CF, ao inserir no rol de salvaguardas a privacidade e a inviolabilidade do sigilo de dados, vincula o legislador ao dever de assegurar e organizar o processo de comunicação. E isso se dará "por meio

[291] HORNUNG, Gerrit; SCHNABEL, Christoph. Data protection in Germany I: The population census decision and the right to informational self-determination. **Computer Law & Security Review,** v. 25, n. 1, p. 84-88, 2009, p. 87.

de dispositivos que tanto garantam aos comunicadores uma formulação aberta de informações, passível de ser por eles reconhecida", como por meios que tenham a habilidade de impedir "estratégias comunicacionais de manipulação" e "violação do circuito informático".[292] Essa vinculação importa, pois o seu desrespeito atrai espaço normativamente autorizado para a correção por parte de autoridades competentes, como as que integram o Poder Judiciário.

Com isso, simples modificações em regulamentos esparsos ou a confiança de que haverá proteção decorrente das previsões que resguardam o sigilo não acompanham a demanda atual que tem como base a concentração de poder sobre as informações.

A partir das principais dimensões que o raciocínio enseja, dedicamos os próximos tópicos à intermediação legislativa da questão e às conexões com a mitigação dos direitos fundamentais e com a existência de procedimentos mínimos que deveriam ser aplicados ao tratamento dos dados fiscais protegidos pelo sigilo.

3.2 Primeira dimensão: Reserva legal e a mitigação de direitos fundamentais

Por diversas vezes, foram o **interesse público** e o **exercício de competência** as dosagens para a receita que, comprimindo o espaço ocupado pela privacidade em sentido amplo (que diz respeito às informações que repercutem socialmente), justificaram a necessidade da flexibilização do sigilo tanto pelo STF, como pelo legislador.

Exemplo prático nesse sentido é a proteção da arrecadação, o combate ao crime e o desempenho de atividades como as dos controles externo e interno da Administração Pública, pesos que elevaram o lado da balança para chancelar a constitucionalidade do envio e do recebimento de informações fiscais nos precedentes de 2016 e 2019, firmados pelo STF, a edição de normas como o Decreto nº 10.209/2020 e mesmo as Leis Complementares nº 104/2001 e nº 105/2001.[293]

[292] FERRAZ JÚNIOR, Tercio Sampaio. O acesso a dados sigilosos e o direito à privacidade contra o Estado. In: SARAIVA FILHO, Oswaldo Othon de Pontes. (Coord.). **Direitos Fundamentais dos contribuintes:** homenagem ao jurista Gilmar Ferreira Mendes. São Paulo: Almedina, 2021, p. 313.

[293] Vide Capítulo 2, tópico "Fonte jurisprudencial a partir do Supremo Tribunal Federal".

Do lado do entendimento fixado pela Suprema Corte, temos, ainda, um forte indicativo de que o compartilhamento de dados fiscais deve avançar cada vez mais, eliminando o máximo possível de entraves e restrições.[294] Se observarmos, o movimento foi mais cuidadoso quando em questão estava a coleta de dados de cidadãos para fins estatísticos, ocasião em que se reconheceu a proteção de dados como uma garantia[295], afinal, apesar de não estar expresso no Texto Constitucional, "as informações pessoais encontram-se inseridas, hodiernamente, aqui e alhures, no âmbito da proteção dos direitos fundamentais".[296]

A justificativa com base na competência de órgãos e entidades embora, à primeira vista, denote um objetivo altivo, não poderia abraçar a ideia de que dela decorreria, então, uma ampla autorização, baseada na flexibilização de um direito fundamental.

A doutrina alemã, por exemplo, desde a segunda metade do século XIX rechaça a existência de uma competência (que confere autoridade para algo) como uma autorização para adentrar na esfera de terceiros (*kein Schluss von der Aufgabe auf die Befugnis*). Concepção nesse sentido está ligada mais a um Estado de polícia do que a um Estado de Direito.[297] O bisbilhotismo estatal, essa atuação voluntarista por parte de órgãos de investigação ou, no caso em estudo,

[294] Conforme voto do Ministro Alexandre de Moraes, proferido no RE nº 1.055.941/SP, no sentido de que "é possível o compartilhamento de todas as informações produzidas pela Receita Federal, inclusive os dados bancário e fiscal, que ensejaram o lançamento definitivo do tributo".

[295] Cf. Capítulo 2. Ademais, o precedente do STF segue à semelhança do que o Tribunal Constitucional Alemão reconheceu, no julgamento da Lei do Censo (*Volkszählungsurteil*), de 1983, ao possibilitar ao titular dos dados a proteção contra levantamento, armazenagem, uso e transmissão irrestrita de seus dados pessoais. Em jogo estava o reconhecimento da autodeterminação informativa e o direito fundamental do indivíduo poder decidir sobre a exibição de seus dados pessoais. (MARTINS, Leonardo. **Tribunal Constitucional Federal alemão. Volume I:** Dignidade humana, livre desenvolvimento da personalidade, direito fundamental à vida e à integridade física, igualdade. São Paulo: Fundação Konrad Adenauer Stiftung, 2016, p. 56).

[296] MARTINS, Ives Gandra da Silva; MENDES, Gilmar Ferreira. Sigilo bancário, direito de autodeterminação sobre informações e princípio da proporcionalidade. **Repertório IOB de jurisprudência:** tributário e constitucional. 2ª quinzena de dezembro de 1992, n. 24, 1992, p. 438.

[297] Luís Greco, ao introduzir a obra de Jürgen Wolter, traz todo o panorama da doutrina e jurisprudência alemã, em conjunto com as questões da reserva legal, dignidade humana e proteção de dados. Apesar de se voltar sobretudo à persecução penal, a abordagem é aplicável aos direitos fundamentais. Ademais, a esfera tributária em muito se assemelha à penal, visto que ambas estão sujeitas a atividades estatais com impacto nas liberdades individuais e econômicas. (WOLTER, Jürgen. **O inviolável e o intocável no direito processual penal:** reflexões sobre dignidade humana, proibições de prova, proteção de dados (e separação informacional de poderes) diante da persecução penal. Trad. Luís Greco, Alaor Leite, Eduardo Viana. São Paulo: Marcial Pons, 2018, p. 37).

de arrecadação, costuma dar margem para violações de toda ordem, todas elas tensionadoras de direitos e garantias franqueadas, por Constituições como a de 1988, aos particulares.

E, se falamos em Estado de Direito em tempos de dados como matéria-prima, o ambiente jurídico necessita de fundamento legal para que haja intervenção em um direito fundamental que fora concebido como limitador à atuação do Estado, como é o caso da privacidade, seja ela em seu sentido restrito (intimidade) ou amplo.

Mais do que nos apegarmos à pergunta sobre se há uma lei regulamentadora – como se, com frequência, partíssemos do pressuposto de que o direito fundamental já nasce para ser reduzido e, mais do que isso, "como se apenas se tratasse de legislar sobre o como, e não sobre o se" –, devemos buscar leis específicas que **autorizem** ou fundamentem essa intervenção com regras claras e que imponham limites materiais e procedimentais.[298]

O art. 198 do CTN, ao vedar a divulgação de informações fiscais sigilosas e, na sequência, elencar as exceções ao sigilo, "como se se cuidasse de proibir algo em si lícito, e não exatamente o contrário", é um exemplo da dinâmica que busca "legislar sobre o como".[299]

A reserva legal para mitigar o direito fundamental à privacidade e, por conseguinte, o sigilo fiscal, difere daquela que confere ao órgão ou à entidade a sua competência. A ideia é explicada por Luís Greco a partir da percepção teórico-abstrata para demonstrar a razão de uma norma não substituir a outra.

Nesse sentido, "[n]o plano de fixação de competência, o Estado simplesmente distribui entre os seus o que incumbe a quem". A "distribuição interna de tarefas", contudo, "não dá a ninguém um direito de adentrar na esfera de um terceiro".[300]

[298] WOLTER, Jürgen. **O inviolável e o intocável no direito processual penal:** reflexões sobre dignidade humana, proibições de prova, proteção de dados (e separação informacional de poderes) diante da persecução penal. Trad. Luís Greco, Alaor Leite, Eduardo Viana. São Paulo: Marcial Pons, 2018, p. 37 e 40.

[299] Luís Greco utiliza o exemplo do art. 2º da Lei nº 9.296/1996, o qual afirma que "não será admitida a interceptação quando ocorrer qualquer das seguintes hipóteses". (WOLTER, Jürgen. **O inviolável e o intocável no direito processual penal:** reflexões sobre dignidade humana, proibições de prova, proteção de dados (e separação informacional de poderes) diante da persecução penal. Trad. Luís Greco, Alaor Leite, Eduardo Viana. São Paulo: Marcial Pons, 2018, p. 40).

[300] WOLTER, Jürgen. **O inviolável e o intocável no direito processual penal:** reflexões sobre dignidade humana, proibições de prova, proteção de dados (e separação informacional de poderes) diante da persecução penal. Trad. Luís Greco, Alaor Leite, Eduardo Viana. São Paulo: Marcial Pons, 2018, p. 38.

Do ponto de vista concreto-exemplificativo, Greco relembra, no âmbito da persecução penal alemã, que a competência do MP para realizar investigações preliminares não dá a ele "o direito de intervir na esfera jurídica de quem quer que seja", como a interferência por meio da requisição de dados de conexão de telecomunicação ou o endereço de IP do indivíduo. Se houver a necessidade, é preciso "atender aos pressupostos dos dispositivos específicos (...) isto é, às normas autorizativas específicas".[301]

Fica claro que a norma autorizativa deve ser específica e determinada. Isso não quer dizer que a Receita não possa desenvolver atribuições de fiscalização, como o seu acesso a dados fornecidos pelos contribuintes por meio de plataformas como o SPED para aferir o crédito tributário, dentre outras.

A autorização é, em verdade, a premissa necessária para que medidas interventivas concretas possam ocorrer, como o compartilhamento dos dados sigilosos e o acesso por terceiros. Não se trata de previsão de termos genéricos, funcionais, como o mero dever de obtenção de informações. Para que haja compatibilização do preceito legal com a matriz constitucional que lhe serve de fundamento é necessário que qualquer que seja a sua redação traga segurança aos contribuintes, controle do poder estatal e uma vinculação que permita o controle do cumprimento da finalidade e da proporcionalidade da ação do Estado na coleta dos dados.

O argumento da competência é tão delicado quanto o do interesse público, que, complementando aquele, tem sido invocado para legitimar intervenções em garantias constitucionais a partir de uma intenção genérica. No Brasil, o atual posicionamento da Receita Federal de permitir o compartilhamento de dados fiscais sigilosos, via requisição do MPU, com a base solitária do art. 8º da LC nº 75/1993, o qual prevê como exercício da competência do MPU a requisição de informações, se vale do peso do interesse público para conferir interpretação extensiva ao art. 198 do CTN – que nada tem de norma específica.

Uma coisa é utilizar o interesse público para limitar, na discussão sobre proteção de dados no domínio fiscal, o direito fundamental à autodeterminação informativa, reconhecendo que as informações nessa seara "denotariam

[301] WOLTER, Jürgen. **O inviolável e o intocável no direito processual penal:** reflexões sobre dignidade humana, proibições de prova, proteção de dados (e separação informacional de poderes) diante da persecução penal. Trad. Luís Greco, Alaor Leite, Eduardo Viana. São Paulo: Marcial Pons, 2018, p. 38.

'um retrato da realidade social' e, portanto, não poderiam ser atribuídas somente ao indivíduo"[302].

Outra acepção, porém, é aplicá-lo para embasar a limitação desse mesmo direito fundamental sem uma base legal que cumpra "tanto o imperativo da clareza das normas quanto o princípio da proporcionalidade".[303]

Item de primeira necessidade, e que não pode ser renegado, é o sopesamento da proporcionalidade no compartilhamento de dados, cuja verificação precisa partir de um documento legal em sentido estrito. Na Alemanha, por exemplo, a intensificação deletéria da mineração e a reunião de dados em banco acessado em conjunto e livremente pela polícia e pelos serviços de inteligência, prevista na Lei Antiterrorismo (*Antiterrordateigesetz II*), levou o Tribunal Constitucional, em dezembro de 2020, a reconhecer a desproporcionalidade do dispositivo que permitia o uso compartilhado de informações.[304]

Assim, tendo como referência a dinâmica do compartilhamento de dados fiscais, concluímos que a reserva legal, servindo como guia para a sociedade e para o Poder Judiciário, é premissa imprescindível para autorizar, de forma específica e determinada, a mitigação de direitos fundamentais como o da privacidade e o da autodeterminação informativa[305], o que nos leva a analisar, a seguir, a perspectiva material, ou seja, dos mecanismos de proteção contra o esvaziamento completo das garantias constitucionais.

[302] MENDES, Laura Schertel Ferreira. Autodeterminação informativa: a história de um conceito. **Revista de Ciências Jurídicas Pensar,** Fortaleza, v. 25, n. 4, p. 01-18, out./dez., 2020, p. 11. Disponível em: <https://doi.org/10.5020/2317-2150.2020.10828>. Acesso em: 10 jun. 2021

[303] Laura Schertel traça o percurso da jurisprudência alemã na formação da autodeterminação informacional como um direito fundamental. A autora relembra que o Tribunal Constitucional "reforça que o direito fundamental não seria ilimitado, pois as informações pessoais denotariam um 'retrato da realidade social' e, portanto, não poderiam ser atribuídas somente ao indivíduo. Todavia esses limites somente seriam justificados em nome de um interesse geral preponderante." (MENDES, Laura Schertel Ferreira. Autodeterminação informativa: a história de um conceito. **Revista de Ciências Jurídicas Pensar,** Fortaleza, v. 25, n. 4, p. 01-18, out./dez., 2020, p. 11. Disponível em: <https://doi.org/10.5020/2317-2150.2020.10828>. Acesso em: 10 jun. 2021).

[304] RUSCHEMEIER, Hannah. Eingriffsintensivierung durch Technik: Der Beschluss des Bundesverfassungsgerichts zum Antiterrordateigesetz II. **Verfassungsblog:** On matters constitutional. 16 dez. 2020. Disponível em: <https://verfassungsblog.de/eingriffsintensivierung-durch-technik/>. Acesso em 13 jun. 2021.

[305] Em decisão histórica, o STF, no julgamento das ADI's nºs 6387, 6388, 6389, 6390 e 6393, reconheceu o direito fundamental autônomo à proteção de dados pessoais e o direito à autodeterminação informativa.

3.3 Segunda dimensão: Reserva legal e garantias procedimentais

A evolução da jurisprudência alemã nos mostra que não há incompatibilidade entre a imprescindibilidade do acesso, pelo Estado, via Autoridade Tributária, aos dados fiscais dos cidadãos e a necessidade de requisitos para que a intervenção preserve o direito à proteção de dados.

De acordo com o que relembra Roman Seer, com referência às decisões do Tribunal Federal (*Bundesverfassungsgericht – BVerfG*), é reconhecida a premissa do "mandamento de clareza e certeza da norma", que refletirá no dever de o titular dos dados possuir em seu alcance mecanismos para "se preparar para o acesso a seus dados". A preparação, por sua vez, é conferida por meio do motivo, da finalidade, e do estabelecimento claro e preciso dos limites da restrição do direito fundamental à privacidade. Afinal, o "Tribunal vê uma especial ameaça à liberdade civil, quando a informação pode ser usada para uma variedade de finalidades ou ser cruzada com outros dados".[306]

A finalidade é um dos mais importantes parâmetros para a intervenção dos dados fiscais e está interligada aos outros elementos. Há, portanto, uma teleologia que vincula, ou seja, cujo descumprimento pode ser corrigido pela instância judicial ou ensejar reparações na esfera administrativa.

A lei deverá prever o motivo "da coleta e, minimamente, determinar qual ente estatal e para qual atividade deve o levantamento de informações ser autorizado", de modo que o tratamento estará interligado para a realização daquele fim que o motivou. Tudo isso para impedir que ocorra uma verdadeira "estocagem de informações pessoais protegidas pelos direitos fundamentais" e, para além disso, impedir que essas informações lá permaneçam por tempo indeterminado, o que violaria os preceitos constitucionais.[307]

O estoque de informações, sem finalidade clara, com a intenção de detê-las apenas "para qualquer necessidade", não deveria ocorrer sob a rede de proteção dos dados. Disso resulta, inclusive, o "imperativo de apagamento (*Löschung*) dos dados" tão logo seja atingida ou esgotada a finalidade,

306 SEER, Roman. Proteção de dados e tributação na Alemanha: repercussões do Regulamento Geral sobre Proteção de Dados. **Revista Jurídica da Presidência**. Trad. Diogo Brandau Signoretti. Brasília, v.22, n.126, p. 20-47, fev./maio. 2020, p. 25.

307 SEER, Roman. Proteção de dados e tributação na Alemanha: repercussões do Regulamento Geral sobre Proteção de Dados. **Revista Jurídica da Presidência**. Trad. Diogo Brandau Signoretti. Brasília, v.22, n.126, p. 20-47, fev./maio. 2020, p. 25.

"limitado, contudo, pelas exigências de documentação necessária para possibilitar um controle jurisdicional".[308]

Seer, percorrendo os casos julgados pelo BVerfG, ainda afirma que foi o Tribunal quem alertou ao legislador sobre a necessidade de se criar, via lei, um direito de informação do titular dos dados para o processo de tributação. Contudo, apenas quase dez anos após é que houve alguma reação do legislativo, pressionado pela GDPR, vigente desde 25 de maio de 2018, resultando em alterações no Código Tributário alemão.[309]

O direito de informação, nas hipóteses tributárias, pode se referir à:

(i) obrigação de dar ciência ao contribuinte sobre a natureza dos dados que serão submetidos a tratamento;
(ii) o fundamento legal para tanto;
(iii) a sua respectiva finalidade;
(iv) as referências sobre quem será o encarregado a garantir a proteção daqueles dados;
(v) a eventual intenção de transmitir a outras autoridades, incluindo países estrangeiros;
(vi) o prazo de armazenamento e o apagamento dos dados; e
(vii) informações sobre os direitos do titular dos dados.

Essas são fórmulas que inspiraram o *General Data Protection Regulation* (GDPR) e constam do seu art. 13, par. 2 e 3, marcados pela transparência, proporcionalidade e pelo "princípio da viseira aberta (*Grundsatz des offenen Visier*)", o qual se refere à possibilidade de o titular dos dados poder ter conhecimento de quem tratará os seus dados.[310]

308 WOLTER, Jürgen. **O inviolável e o intocável no direito processual penal:** reflexões sobre dignidade humana, proibições de prova, proteção de dados (e separação informacional de poderes) diante da persecução penal. Trad. Luís Greco, Alaor Leite, Eduardo Viana. São Paulo: Marcial Pons, 2018, p. 45.

309 "Mas foram necessários quase 10 anos para que o legislador, sobre pressão do RGPD da União Europeia (UE), de 27 de abril de 2016, implementasse, por meio da *Gesetz* [Lei] *zur Änderung des Bundesversorgungsgesetzes und anderer Vorschriften*, de 17 de julho 2017, o referido direito, ao inserir os §§ 32a-32f na AO." (SEER, Roman. Proteção de dados e tributação na Alemanha: repercussões do Regulamento Geral sobre Proteção de Dados. **Revista Jurídica da Presidência**. Trad. Diogo Brandau Signoretti. Brasília, v.22, n.126, p. 20-47, fev./maio. 2020, p. 25).

310 SEER, Roman. Proteção de dados e tributação na Alemanha: repercussões do Regulamento Geral sobre Proteção de Dados. **Revista Jurídica da Presidência**. Trad. Diogo Brandau Signoretti. Brasília, v.22, n.126, p. 20-47, fev./maio. 2020, p. 29.

No Brasil, por tudo o que vimos até aqui, as discussões sobre a proteção de dados fiscais deveriam ocorrer em sede de lei específica, não sendo suficiente alterações somente no CTN.[311]

Não é aceitável, nem recomendável, que, assim como ocorre hoje, as regulamentações que tocam o tratamento de dados fiscais sigilosos sejam feitas pelos próprios órgãos que irão lidar com as informações, sobretudo quando elas sofrem mudanças frequentes, o seu acesso é pouco transparente e, ainda, quando tais normas decorrem de interpretações emanadas da autoridade respectiva, diretamente interessada, à margem de qualquer participação dos outros interessados, isto é, os cidadãos-contribuintes.

Deixar entregue à Receita, cuja função constitucional é a de perseguir a arrecadação tributária em prejuízo do patrimônio dos particulares, a constituição dos estatutos protetivos aos direitos desses mesmos contribuintes no que diz respeito à coleta dos seus dados é privar partes afetadas e detentoras de direitos de levar seus receios ao conhecimento do Poder Legislativo para que, vocalizando direitos reputados fundamentais, possam amparar os particulares em suas relações com o Estado.

Por esse motivo, caberá apenas ao ambiente democrático do Legislativo lançar mão das regras, unificando-as com a participação da sociedade. É a própria arena pública, representativa, que, em seus múltiplos fóruns, expressa a vontade popular, e está, à luz da CF brasileira, a estabelecer um disciplinamento legal capaz de transmitir os pleitos de proteção dos contribuintes na espécie.

A ausência de parâmetros exigidos pela realidade atual já causa algumas perplexidades que valem a reflexão. Apenas como amostragem, a tentativa de acesso, pela Receita Federal, ao argumento padrão da transferência de sigilo, das informações contidas em autos de arbitragem, é uma delas. Foi necessário que o Poder Judiciário, ainda que sem mais ferramentas que não

[311] A teor do que relembra SEER, a alteração legislativa na Alemanha se deu por meio de um conjunto de regras no geral confuso e, ademais, com a alteração ocorrida no âmbito do Código Tributário, "o legislador fez isso em um processo legislativo não específico para a proteção jurídica de dados fiscais, no qual também não participou a Comissão de Finanças do Parlamento alemão e do qual foi excluída, em grande medida, a comunidade de juristas da área tributária". (SEER, Roman. Proteção de dados e tributação na Alemanha: repercussões do Regulamento Geral sobre Proteção de Dados. **Revista Jurídica da Presidência**. Trad. Diogo Brandau Signoretti. Brasília, v.22, n.126, p. 20-47, fev./maio. 2020, p. 30).

a do art. 198 do CTN, adotasse o entendimento de que o rol que permitira a flexibilização do sigilo é restritivo.[312]

Outra situação corriqueira pode ser relembrada por meio da inicial dos autos do RMS nº 52.818/SP, que tramitou no STJ e tratava do repasse de dados obtidos, pelo MPF, por meio de interceptações telefônicas de pessoa física, posteriormente repassados ao Fisco para embasar autuação contra pessoa jurídica.[313]

São exemplos que conectam as searas tributária e penal, ambas com poder, na linha do que já vimos no capítulo passado, de adentrar na esfera individual para restringir liberdades – sejam elas de locomoção ou econômica.

O desabafo de Jürgen Wolter dá a essência do que debatemos e se aplica às duas esferas. Para o jurista, "[d]iante da bandeira do 'combate' à criminalidade organizada, não são mais levantadas questões sobre a legitimação do Estado para submeter cidadãos à vigilância sem qualquer ensejo para investigação ou para uma transferência de dados sem suficiente suspeita inicial".[314]

No fim, não é difícil reconhecer que o interesse público possui vertentes que vão desde a competência institucional dos órgãos e entes estatais, buscando a proteção de valores caros à sociedade, como a isonomia decorrente da tributação, onde as bases tributárias sejam resguardadas e o adimplemento seja garantido de acordo com as capacidades contributivas de cada um, e alcançam até o combate ao crime organizado, este cada vez mais sofisticado e tecnológico.

Todavia, o interesse público irá, da mesma forma, passar pela manutenção do ambiente estatal que preserve as características do Estado de Direito e menos pelas faces de um Estado policial, em que se mitiga salvaguardas fundamentais sem, do outro lado, ofertar parâmetros eficientes, tudo ao argumento da busca por um objetivo maior.

[312] VALOR ECONÔMICO. **TRF nega à Receita Federal acesso a informação de arbitragens,** 9 de março de 2020. Disponível em: <https://valor.globo.com/legislacao/noticia/2020/03/09/trf-nega-a-receita-federal-acesso-a-informacoes-de-arbitragens.ghtml>. Acesso em: 10 jun. 2021.

[313] BRASIL. STJ, **Recurso em Mandado de Segurança nº 52.818/SP**, Rel. Min. Felix Fischer, Quinta Turma. Disponível em: https://stj.jusbrasil.com.br/jurisprudencia/549098788/recurso-em-mandado-de-seguranca-rms-52818-sp-2016-0338283-0 Acesso em: 24 jun. 2021.

[314] WOLTER, Jürgen. **O inviolável e o intocável no direito processual penal:** reflexões sobre dignidade humana, proibições de prova, proteção de dados (e separação informacional de poderes) diante da persecução penal. Trad. Luís Greco, Alaor Leite, Eduardo Viana. São Paulo: Marcial Pons, 2018, p. 160.

3.4 Visão geral dos parâmetros mínimos

A partir das dimensões que decorrem da necessidade de se reconhecer o fenômeno da unidade informacional e da consequente separação informacional de poderes quanto ao compartilhamento de dados fiscais protegidos pelo sigilo, e a premissa de que o tratamento pode repercutir na liberdade, alguns parâmetros mínimos podem ser reforçados.

Iniciamos pelo (i) "mandamento de clareza e certeza da norma". Ao contrário do que hoje presente no ordenamento brasileiro, o motivo, a finalidade e os limites que atraem a restrição do direito fundamental à privacidade devem estar dispostos de maneira clara e precisa.

Não podemos deixar de recordar que a (ii) finalidade é elemento de extrema importância e uma das bases primordiais na estrutura do princípio da separação informacional, pois a sua ausência representa uma ameaça à liberdade. Ela é, pois, um dos pressupostos de clareza e certeza. Isso significa que o legislador precisa estabelecer a finalidade da coleta dos dados, determinando, minimamente, como será o fluxo de compartilhamento e qual a atividade que aquele tratamento será autorizado.

A finalidade deverá levar em conta o exercício do interesse público e da respectiva competência constitucional ou legal do órgão ou entidade, aliada às demais balizas.

Deve ser previso, ainda, as possibilidades de (iii) tratamento posterior dos dados coletados, o que inclui a utilização das informações para apuração de outras espécies tributárias, sem abandonar a finalidade que ensejou o levantamento inicial.[315]

Além disso, o compartilhamento deve preceder a um (iv) processo administrativo-fiscal, em que conste, por exemplo, a autoridade responsável pelo tratamento daqueles dados e quais as sanções em caso de descumprimento do sigilo.

[315] Na Alemanha, a finalidade é adotada de forma estrita. Isso significa que ela se atrela à espécie tributária, ao período ou momento da tributação e ao respectivo sujeito passivo. Se a informação for necessária para outra espécie tributária, e desde que referente ao mesmo período de apuração, então haverá um tratamento posterior. Assim, a lei precisará elencas para elencar as hipóteses em que isso seja possível e desde que dentro da esfera de proteção da arrecadação. (SEER, Roman. Proteção de dados e tributação na Alemanha: repercussões do Regulamento Geral sobre Proteção de Dados. **Revista Jurídica da Presidência**. Trad. Diogo Brandau Signoretti. Brasília, v. 22, n.126, p. 20-47, fev./maio. 2020, p. 24-32).

O (v) estoque de informações deve ser proibido por meio de previsão que delimite o período em que elas poderão constar do banco de dados das autoridades públicas, a exemplo da regra de cinco anos prevista pelo Código Tributário Nacional para a constituição e cobrança do crédito tributário (arts. 173 e 174 do CTN). Exceções a essa regra devem ser expressamente previstas e sopesadas com a razoabilidade e proporcionalidade.

Esses são parâmetros mínimos que necessitam ser trazidos para a discussão e que podem se aliar a outros, como a decisão sobre, e de que maneira, estender os efeitos do tratamento aos contribuintes pessoas jurídicas; os procedimentos para que os dados fiscais sigilosos sejam tratados no âmbito do direito penal-tributário e como se dará a limitação do tratamento para os sujeitos passivos, evitando-se o cruzamento de informações que se refiram a terceiros, uma vez que estes, em regra, não constam da instauração do procedimento administrativo e poderiam ser deixados à margem da proteção.

CONCLUSÕES

Cada país desenvolve, inspirado pelo tipo de relação entre o Estado e os particulares, a sua forma de lidar com os seus contribuintes. Dentro do sistema democrático, elegemos a finalidade da arrecadação de tributos e o papel redentor dos direitos fundamentais, que, de tempos em tempos, necessita ganhar novos ares.

A lembrança desses pilares não é por acaso. O principal questionamento que veio à tona na construção do presente estudo foi o de se o regime atual que trata os dados fiscais sigilosos dos contribuintes por meio do compartilhamento seria capaz de garantir a proteção dos direitos fundamentais.

Após percorrer todo o caminho de contexto e conceitos, explorados no Capítulo 1, normas, fluxos e análises comparadas, analisadas no Capítulo 2, constatamos, em resumo, que (i) o Brasil possui, de fato, alguns parâmetros; (ii) tais parâmetros se encontram espraiados em um mosaico de normas, muitas das quais são pouco transparentes em seu conteúdo, além de jurisprudência dos Tribunais Superiores, sendo os precedentes do Supremo Tribunal Federal os responsáveis por conferir uma maior segurança, mas ainda deixando espaços abertos para a continuidade da discussão; (iii) a Lei Geral de Proteção de Dados tem limitações para proteger as informações protegidas pelo sigilo fiscal; e (iv) o regramento está concentrado majoritariamente em atos infralegais, como pareceres técnicos, portarias e Soluções de Consulta.

Ademais, ainda com base na análise do Capítulo 2, (v) o fornecimento de informações sigilosas pelo MPU somente foi reconhecido pelo STF no bojo das Representações Fiscais para Fins Penais, o que deve exigir novo posicionamento da Corte para a hipótese de requisição, atualmente praticada pelo *Parquet* na obtenção dos dados; e (vi) é necessário definir se o rol do art. 198 do Código Tributário Nacional é, ou não, taxativo.

Com esse conjunto de principais elementos, alcançamos algumas conclusões. A primeira é a de que o controle de legalidade do compartilhamento de dados fiscais sigilosos é tarefa árdua, pois, sob o regime vigente, difícil seguir a trilha em que as informações caminham, o que representa um risco às garantias fundamentais.

Nesse sentido, o interesse público e o pleno exercício da competência de órgãos e entidades ganharam enorme carga quando confrontados com a proteção do sigilo, porém, embora necessário reconhecer que há direitos fundamentais não absolutos, antes de tudo há a supremacia da Constituição Federal, de modo que a interferência precisa ganhar ares legais, parametrizados e proporcionais, o que, podemos afirmar, não ocorre hoje no Brasil.

Ademais, o pressuposto da transferência do sigilo somado à previsão constitucional ou legal que apenas confere determinada competência à autoridade ou a órgão público não pode ser justificativa suficiente para o compartilhamento de dados fiscais sigilosos.

A nova face do sigilo, materializada pela proteção de dados (art. 5º, LXXIX) e, por consequência na manutenção da privacidade, não parte da premissa de que o trânsito das informações não possa ocorrer. Pelo contrário, admitindo que a era atual necessita do insumo, ela coloca sobre a mesa as balizas necessárias para que as nações democráticas se valham.

Todavia, o regramento doméstico segue a tendência da flexibilização sem os parâmetros necessários à proteção de dados, seguindo rumo ao compartilhamento amplo e irrestrito. Não foi possível localizar, por exemplo, previsão de direitos básicos por meio de regras procedimentais, como o lapso temporal do armazenamento das informações e, em muitos casos, como o do envio de informações fiscais ao MPE, a finalidade que justificou a coleta do dado pela Receita (proteção da arrecadação) é desvirtuada para investigar doações ilegais com o suporte de convênio, ou seja, sequer ocorre com apoio de lei, ainda que não específica.

Em outro aspecto, concluímos, por meio do Capítulo 3, que a autodeterminação informacional é mitigada na esfera tributária, mas ela não afasta a necessidade da separação, ou divisão, do poder informacional, uma vez que a ausência de balizas contribui para a formação da chamada unidade informacional, reconhecida pela doutrina e jurisprudência alemã como uma concentração de informações coletadas e que são utilizadas pelos mais diversos órgãos e entidades, independente da finalidade.

Outra contribuição à vulnerabilidade dos contribuintes consiste na ausência de lei específica, ou seja, que seja dedicada ao compartilhamentos entre a Receita e demais órgãos da Administração Pública.

A sistemática atual contribui para a insegurança jurídica e à falta de transparência, pois concedem às próprias autoridades que irão tratar as informações a possibilidade de editarem as normas com as autorizações e parâmetros.

Por tudo isso, considerando o ecossistema de normas e o chamado da proteção de dados, entendemos que o compartilhamento de dados fiscais sigilosos precisa ser, em homenagem à reserva legal, debatido no ambiente do Poder Legislativo, no qual a construção de um regramento, aliada à participação da sociedade, possa efetivamente orientar o tratamento das informações dos contribuintes – pessoas físicas e jurídicas – com os mais altos padrões.

Ao contrário do solo em que os direitos fundamentais foram erguidos em sua primeira geração, ao serem confrontados com a expropriação de terras e a ilegitimidade do poder de tributar, no Século XXI a era digital reclama de todos, especialmente do Congresso Nacional, a proteção adicional contra a concentração de poder estatal derivada do uso dos dados de contribuintes.

REFERÊNCIAS

ALEXY, Robert. **Teoria dos direitos fundamentais.** Trad. Virgílio Afonso da Silva. São Paulo: Malheiros Editores, 2008.

AMORIM, Felipe. STF julga caso COAF e dita próximos passos de ação contra Flávio e Queiroz. **UOL,** Brasília, 19 nov. 2019. Disponível em: <https://noticias.uol.com.br/politica/ultimas-noticias/2019/11/19/stf-julga-caso-coaf-o-que-pode-acontecer-com-flavio-bolsonaro.htm>. Acesso em: 22 jan. 2021.

ARENDT, Hannah. **A condição humana**. Trad. Roberto Raposo. 13. ed. Rio de Janeiro: Forense Universitária, 2020.

BALTHAZAR, Ricardo; BÄCHTOLD, Felipe. **Lava jato driblou lei para ter acesso a dados da Receita, mostram mensagens.** 18 de agosto de 2019. Disponível em: https://www1.folha.uol.com.br/poder/2019/08/lava-jato-driblou-lei-para-ter-acesso-a-dados-da-receita-mostram-mensagens.shtml Acesso em: 15 fev. 2021.

BARAK, Aharon. **Purposive Interpretation in Law**. Trad. Sari Bashi. Princeton and Oxford: Princeton University Press, 2005.

BARBIERI, Carlos. **Governança de dados:** Práticas, conceitos e novos caminhos. Rio de Janeiro: Alta Books, 2019.

BARREIX, Alberto; ZAMBRANO, Raul. La factura electrónica en América Latina: processo y desafios. In: AFONSO, José R.; SANTANA, Hadassah L. (Coord.). **Tributação 4.0**. São Paulo: Almedina, 2020.

BERCOVICI, Gilberto. A Descentralização de Políticas Sociais e o Federalismo Cooperativo Brasileiro. **Revista de Direito Sanitário**, v. 3, n. 1, p. 13-28, ma./2002. Disponível em: https://www.revistas.usp.br/rdisan/article/view/81291 Acesso em: 22 jun. 2021.

BICHARA, Luiz Gustavo A. S; MONTENEGRO, Rafaela Monteiro. Os Limites da Fiscalização Tributária sob a Ótica das Novas Tecnologias: o Desafio do Uso de Algoritmos. In: AFONSO, José R.; SANTANA, Hadassah L. (Coord.). **Tributação 4.0**. São Paulo: Almedina,2020.

BIONI, Bruno Ricardo. **Proteção de dados pessoais:** a função e os limites do consentimento. Rio de Janeiro: Forense, 2019.

BLACK, Gillian; STEVENS, Leslie. Enhancing Data Protection And Data Processing In The Public Sector: The Critical Role Of Proportionality And The Public Interest. **Scripted,** v. 10, n. 1, p. 93-122, 2013.

BONETI, Lindomar. **Políticas públicas por dentro**. Buenos Aires: CLACSO, 2017.

BRASIL. ABIN. **Composição,** 22 set. 2020. Disponível em: <https://www.gov.br/abin/pt-br/assuntos/sisbin/composicao-do-sisbin >. Acesso em: 24 jun. 2021.

—. Câmara dos Deputados. **PEC nº 41/2003.** Altera o Sistema Tributário Nacional e dá outras providências. Disponível em: https://www.camara.leg.br/proposicoesWeb/fichadetramitacao?idProposicao=113717 Acesso em: 22 jun. 2021.

—. CGU. **Fala.BR** - Plataforma Integrada de Ouvidoria e Acesso à Informação. Disponível em: https://falabr.cgu.gov.br/publico/Manifestacao/SelecionarTipoManifestacao.aspx# Acesso em: 24 jun. 2021.

—. Constituição (1988). **Constituição da República Federativa do Brasil.** Brasília, DF: Centro Gráfico, 1988. Disponível em: http://www.planalto.gov.br/ccivil_03/constituicao/constituicao.htm Acesso em: 22 jun. 2021.

—. **Dataprev:** b-CPF. Disponível em: https://servicos.dataprev.gov.br/b-CPF/ Acesso em: 20 jan. 2021.

—. **Decreto-lei n° 2.848, de 7 de dezembro de 1940.** Código Penal. Disponível em: http://www.planalto.gov.br/ccivil_03/decreto-lei/del2848compilado.htm Acesso em: 22 jun. 2021.

—. **Decreto nº 3.724, de 10 de janeiro de 2001.** Regulamenta o art. 6° da Lei Complementar nº 105, de 10 de janeiro de 2001, relativamente à requisição, acesso e uso, pela Secretaria da Receita Federal, de informações referentes a operações e serviços das instituições financeiras e das entidades a elas equiparadas. Disponível em: http://www.planalto.gov.br/ccivil_03/decreto/2001/d3724.htm Acesso em: 22 jun. 2021.

—. **Decreto nº 4.376, de 13 de setembro de 2002.** Dispõe sobre a organização e o funcionamento do Sistema Brasileiro de Inteligência, instituído pela Lei n° 9.883, de 7 de dezembro de 1999, e dá outras providências. Disponível em: http://www.planalto.gov.br/ccivil_03/decreto/2002/d4376.htm Acesso em: 24 jun. 2021.

—. **Decreto nº 4.489, de 28 de novembro de 2002.** Regulamenta o art. 5º da Lei Complementar nº 105, de 10 de janeiro de 2001, no que concerne à prestação de informações à Secretaria da Receita Federal do Ministério da Fazenda, pelas instituições financeiras e as entidades a elas equiparadas, relativas às operações financeiras efetuadas pelos usuários de seus serviços. Disponível em: http://www.planalto.gov.br/ccivil_03/decreto/2002/d4489.htm#:~:text=Regulamenta%20o%20art.,pelos%20usu%C3%A1rios%20de%20seus%20servi%C3%A7os. Acesso em: 24 jun. 2021.

—. **Decreto nº 6.022, de 22 de janeiro de 2007.** Institui o Sistema Público de Escrituração Digital – SPED. Disponível em: http://www.planalto.gov.br/ccivil_03/_ato2007-2010/2007/decreto/d6022.htm Acesso em: 22 jun. 2021.

—. **Decreto nº 8.373, de 11 de dezembro de 2014.** Institui o Sistema de Escrituração Digital das Obrigações Fiscais, Previdenciárias e Trabalhistas – eSocial e dá outras providências. Disponível em: http://www.planalto.gov.br/ccivil_03/_ato2011-2014/2014/decreto/d8373.htm Acesso em: 22 jun. 2021.

—. **Decreto nº 8.789, de 29 de junho de 2016.** Dispõe sobre o compartilhamento de bases de dados na administração pública federal. Disponível em: http://www.planalto.gov.br/ccivil_03/_ato2015-2018/2016/decreto/d8789.htm Acesso em: 24 jun. 2021.

—. **Decreto nº 9.580, de 22 de novembro de 2018.** Regulamenta a tributação, a fiscalização, a arrecadação e a administração do Imposto sobre a Renda e Proventos de Qualquer Natureza. Disponível em: http://www.planalto.gov.br/ccivil_03/_ato2015-2018/2018/decreto/D9580.htm Acesso em: 22 jun. 2021.

—. **Decreto nº 10.046, de 9 de outubro de 2019.** Dispõe sobre a governança no compartilhamento de dados no âmbito da administração pública federal e institui o Cadastro Base do Cidadão e o Comitê Central de Governança de Dados. Disponivel em: http://www.planalto.gov.br/ccivil_03/_ato2019-2022/2019/decreto/D10046.htm Acesso em: 22 jun. 2021.

—. **Decreto nº 10.209, de 22 de janeiro de 2020.** Dispõe sobre a requisição de informações e documentos e sobre o compartilhamento de informações protegidas pelo sigilo fiscal. Disponivel em: http://www.planalto.gov.br/ccivil_03/_ato2019-2022/2020/decreto/D10209.htm Acesso em: 24 jun. 2020.

—. **Decreto nº 10.445, de 30 de julho de 2020.** Aprova a Estrutura Regimental e o Quadro Demonstrativo dos Cargos em Comissão e das Funções de Confiança da Agência Brasileira de Inteligência e remaneja e transforma cargos em comissão e funções de confiança. Disponível em: http://www.planalto.gov.br/ccivil_03/_ato2019-2022/2020/decreto/D10445.htm Acesso em: 24 jun. 2021.

—. **Diário do Senado Federal,** 14 de dezembro de 2000. Disponível em: https://legis.senado.leg.br/diarios/ver/18666?sequencia=141 . Acesso em: 10 fev. 2021.

—. **EC nº 42, de 19 de dezembro de 2003.** Altera o Sistema Tributário Nacional e dá outras providências. Disponível em: http://www.planalto.gov.br/ccivil_03/constituicao/emendas/emc/emc42.htm Acesso em: 22 jun. 2021.

—. IN SRF nº 19, de 17 de fevereiro de 1998. Disciplina os procedimentos de fornecimento de dados cadastrais e econômico-fiscais da Secretaria da Receita Federal – SRF, a outras entidades. **Diário Oficial da União,** 18 fev. 1998, seção 1, p. 19. Disponível em: <http://normas.receita.fazenda.gov.br/sijut2consulta/link.action?idAto=13242&visao=compilado>. Acesso em: 5 fev. 2021.

—. IN SRF nº 20, de 17 de fevereiro de 1998. Disciplina os procedimentos de fornecimento de dados cadastrais e econômico-fiscais da Secretaria da Receita Federal – SRF, a órgãos e entidades da Administração Pública direta e indireta que detenham competência para cobrar e fiscalizar impostos, taxas e contribuições instituídas pelo Poder Público. **Diário Oficial da União,** 24 fev. 1998, seção 1, p. 15. Disponível em: <http://normas.receita.fazenda.gov.br/sijut2consulta/link.action?visao=anotado&idAto=13269>. Acesso em: 5 fev. 2021.

—. IN SRF nº 341, de 15 de julho de 2003. Institui a Declaração de Operações com Cartões de Crédito (DECRED) e dá outras providências. **Diário Oficial da União,** 16 jul. 2003, p. 24. Disponível em: http://normas.receita.fazenda.gov.br/sijut2consulta/link.action?visao=anotado&idAto=15232 Acesso em: 24 jun. 2021.

—. IN RFB nº 1571, de 02 de julho de 2015. Dispõe sobre a obrigatoriedade de prestação de informações relativas às operações financeiras de interesse da Secretaria da Receita Federal do Brasil (RFB). **Diário Oficial da União,** 03 jul. 2015, seção 1, p. 32. Disponível em: http://normas.receita.fazenda.gov.br/sijut2consulta/link.action?idAto=65746 Acesso em: 24 jun. 2021.

—. **Lei nº 4.595, de 31 de dezembro de 1964.** Dispõe sobre a Política e as Instituições Monetárias, Bancárias e Creditícias, Cria o Conselho Monetário Nacional e dá outras providências. Disponível em: http://www.planalto.gov.br/ccivil_03/leis/l4595.htm Acesso em: 22 jun. 2021.

—. **Lei nº 5.172, de 25 de outubro de 1966.** Dispõe sobre o Sistema Tributário Nacional e institui normas gerais de direito tributário aplicáveis à União, Estados e Municípios. Disponível em: http://www.planalto.gov.br/ccivil_03/leis/l5172compilado.htm Acesso em: 22 jun. 2021.

—. **Lei nº 8.021, de 12 de abril de 1990.** Dispõe sobre a identificação dos contribuintes para fins fiscais, e dá outras providências. Disponível em: http://www.planalto.gov.br/ccivil_03/leis/L8021.htm Acesso em: 22 jun. 2021.

—. **Lei nº 8.443, de 16 de julho de 1992.** Dispõe sobre a Lei Orgânica do Tribunal de Contas da União e dá outras providências. Disponível em: http://www.planalto.gov.br/ccivil_03/leis/l8443.htm Acesso em: 24 jun. 2021.

—. **Lei nº 9.028, de 12 de abril de 1995.** Dispõe sobre o exercício das atribuições institucionais da Advocacia-Geral da União, em caráter emergencial e provisório, e dá outras providências. Disponível em: http://www.planalto.gov.br/ccivil_03/leis/l9028.htm Acesso em: 24 jun. 2021.

—. **Lei nº 9.311, de 24 de outubro de 1996.** Institui a Contribuição Provisória sobre Movimentação ou Transmissão de Valores e de Créditos e Direitos de Natureza Financeira – CPMF, e dá outras providências. Disponível em: http://www.planalto.gov.br/ccivil_03/leis/l9311.htm Acesso em: 22 jun. 2021.

—. **Lei nº 9.784 , de 29 de janeiro de 1999.** Regula o processo administrativo no âmbito da Administração Pública Federal. Disponível em: http://www.planalto.gov.br/ccivil_03/leis/l9784.htm Acesso em: 24 jun. 2021.

—. **Lei nº 9.883, de 7 de dezembro de 1999.** Institui o Sistema Brasileiro de Inteligência, cria a Agência Brasileira de Inteligência – ABIN, e dá outras providências. Disponível em: http://www.planalto.gov.br/ccivil_03/leis/l9883.htm Acesso em: 24 jun. 2021.

—. **Lei nº 10.174, de 9 de janeiro de 2001.** Altera o art. 11 da Lei no 9.311, de 24 de outubro de 1996, que institui a Contribuição Provisória sobre Movimentação ou Transmissão de Valores e de Crédito e Direitos de Natureza Financeira – CPMF, e dá outras providências. Disponível em: http://www.planalto.gov.br/ccivil_03/leis/leis_2001/l10174.htm Acesso em: 22 jun. 2021.

—. **Lei nº 12.527, de 18 de novembro de 2011.** Regula o acesso a informações previsto no inciso XXXIII do art. 5º , no inciso II do § 3º do art. 37 e no § 2º do art. 216 da Constituição Federal; altera a Lei nº 8.112, de 11 de dezembro de 1990; revoga a Lei nº 11.111, de 5 de maio de 2005, e dispositivos da Lei nº 8.159, de 8 de janeiro de 1991; e dá outras providências. Disponível em: http://www.planalto.gov.br/ccivil_03/_ato2011-2014/2011/lei/l12527.htm Acesso em: 22 jun. 2021.

—. **Lei nº 13.709, de 14 de agosto de 2018.** Lei Geral de Proteção de Dados Pessoais (LGPD). Disponível em: http://www.planalto.gov.br/ccivil_03/_ato2015-2018/2018/lei/l13709.htm Acesso em: 22 jun. 2021.

—. **Lei nº 13.844, de 18 de junho de 2019.** Estabelece a organização básica dos órgãos da Presidência da República e dos Ministérios; altera as Leis nos 13.334, de 13 de setembro de 2016, 9.069, de 29 de junho de 1995, 11.457, de 16 de março de 2007, 9.984, de 17 de julho de 2000, 9.433, de 8 de janeiro de 1997, 8.001, de 13 de março de 1990, 11.952, de 25 de junho de 2009, 10.559, de 13 de novembro de 2002, 11.440, de 29 de dezembro de 2006, 9.613, de 3 de março de 1998, 11.473, de 10 de maio de 2007, e 13.346, de 10 de outubro de 2016; e revoga dispositivos das Leis nos 10.233, de 5 de junho de 2001, e 11.284, de 2 de março de 2006, e a Lei nº 13.502, de 1º de novembro de 2017. Disponível em: http://www.planalto.gov.br/ccivil_03/_ato2019-2022/2019/lei/L13844.htm Acesso em: 24 jun. 2021.

—. **LC nº 73, de 10 de fevereiro de 1993.** Institui a Lei Orgânica da Advocacia-Geral da União e dá outras providências. Disponível em: http://www.planalto.gov.br/ccivil_03/leis/lcp/lcp73.htm Acesso em: 24 jun. 2021.

—. **LC nº 101, de 4 de maio de 2000.** Estabelece normas de finanças públicas voltadas para a responsabilidade na gestão fiscal e dá outras providências. Disponível em: <http://www.planalto.gov.br/ccivil_03/leis/lcp/lcp101.htm >. Acesso em: 22 jun. 2021.

—. **LC nº 104, de 10 de janeiro de 2001.** Altera dispositivos da Lei nº 5.172, de 25 de outubro de 1966 – Código Tributário Nacional. Disponível em: http://www.planalto.gov.br/ccivil_03/leis/lcp/lcp104.htm Acesso em: 22 jun. 2021.

—. **LC nº 105, de 10 de janeiro de 2001.** Dispõe sobre o sigilo das operações de instituições financeiras e dá outras providências. Disponível em: http://www.planalto.gov.br/ccivil_03/leis/lcp/lcp105.htm Acesso em: 22 jun. 2021.

—. **LC nº 123, de 14 de dezembro de 2006.** Institui o Estatuto Nacional da Microempresa e da Empresa de Pequeno Porte; altera dispositivos das Leis no 8.212 e 8.213, ambas de 24 de julho de 1991, da Consolidação das Leis do Trabalho - CLT, aprovada pelo Decreto-Lei no 5.452, de 1o de maio de 1943, da Lei no 10.189, de 14 de fevereiro de 2001, da Lei Complementar no 63, de 11 de janeiro de 1990; e revoga as Leis no 9.317, de 5 de dezembro de 1996, e 9.841, de 5 de outubro de 1999. Disponível em: http://www.planalto.gov.br/ccivil_03/leis/lcp/lcp123.htm Acesso em: 24 jun. 2021.

—. **LC nº 155, de 27 de outubro de 2016.** Altera a Lei Complementar no 123, de 14 de dezembro de 2006, para reorganizar e simplificar a metodologia de apuração do imposto devido por optantes pelo Simples Nacional; altera as Leis nos 9.613, de 3 de março de 1998, 12.512, de 14 de outubro de 2011, e 7.998, de 11 de janeiro de 1990; e revoga dispositivo da Lei no 8.212, de 24 de julho de 1991. Disponível em: http://www.planalto.gov.br/ccivil_03/leis/lcp/lcp155.htm Acesso em: 22 jun. 2021.

—. **Lista de Devedores da PGFN.** Disponível em: https://www.listadevedores.pgfn.gov.br/ . Acesso em: 06 jun. de 2020.

—. Ministério da Economia. Acesso à Informação. **Informações enviadas pela Receita Federal dentro do SISBIN – Pedido 03005009563202144,** 14 jan. 2021. Disponível em: http://www.consultaesic.cgu.gov.br/busca/_layouts/15/DetalhePedido/DetalhePedido.aspx?nup=03005009563202144 Acesso em: 24 jun. 2021.

—. Ministério da Economia. **Comissão de Valores Mobiliários.** Disponível em: https://www.gov.br/cvm/pt-br Acesso em: 24 jun. 2021.

—. MF. **Parecer PGFN/PGA nº 980, de 1º de julho de 2004.** Sigilo fiscal. Possibilidade de acesso recíproco de dados econômico-fiscais entre a Secretaria da Receita Federal e a Procuradoria-Geral da Fazenda Nacional. Previsão constitucional de compartilhamento de cadastros e de informações fiscais: Emenda Constitucional n° 42, de 19 de dezembro de 2003. Disponível em: https://www.gov.br/pgfn/pt-br/acesso-a-informacao/atos-da-pgfn-1/pareceres-da-pgfn-aprovados-pelo-ministro-da-fazenda/2004/2004. Acesso em: 17 jun. 2021.

—. MPU, **Nota Técnica nº 179/DENOR/CGU/AGU,** de 21 de dezembro de 2007. Aprovada pelo Consultor-Geral da União, por meio do Despacho CGU nº 428/2007, e pelo Advogado-Geral da União, além da Lei Complementar nº 75, de 20 de maio de 1993 e a Solução de Consulta Interna COSIT nº 24, de 30 de agosto de 2010. Disponível em: https://www.gov.br/receitafederal/pt-br/assuntos/orientacao-tributaria/sigilo-fiscal/ministerio-publico-da-uniao Acesso em: 24 jun. 2021.

—. **Nota COSIT nº 141, de 22 de maio de 2019.** Convênio com Municípios para a troca de informações sobre operações financeiras. Disponível em: http://normas.receita.fazenda.gov.br/sijut2consulta/link.action?visao=original&idAto=113888. Acesso em 16 jun. 2021.

—. Parecer nº 1.257, de 2000, da Comissão de Assuntos Econômicos, sobre o Projeto de Lei da Câmara nº 114, de 2000-Complementar (PLP nº 77, de 2000, na origem). Altera dispositivos da Lei nº 5.172, de 25 de outubro de 1966 – Código Tributário Nacional. **Diário do Senado Federal,** n° 200 de 14 dez. 2000, seção 13 dez. 2000, p. 25046-25052. Disponível em: https://legis.senado.leg.br/diarios/ver/18666?sequencia=135 Acesso em: 22 jun. 2021.

—. Portaria COTEC nº 21, de 9 de abril de 2020. Dispõe sobre os procedimentos de segurança da informação a serem adotados para entrega de documento eletrônico em formato digital, protegidos ou não por sigilo fiscal, a órgãos, entidades, autoridades ou cidadãos. **Boletim de Serviço da RFB,** 13 abr. 2020, seção 1, p. 2. Disponível em: http://normas.receita.fazenda.gov.br/sijut2consulta/link.action?visao=anotado&idAto=108541 Acesso em: 22 jun. 2021.

—. **Portaria n° 284, de 27 de julho de 2020.** Aprova o Regimento Interno da Secretaria Especial da Receita Federal do Brasil do Ministério da Economia. **Diário Oficial da União,** 27 jul. 2020, Edição 142-B, Seção 1, Extra, p. 01. Disponível em: <https://www.in.gov.br/en/web/dou/-/portaria-n-284-de-27-de-julho-de-2020-268758810 >. Acesso em: 1º fev. 2021.

—. Portaria MF nº 421, de 04 de outubro de 2018. Institui Grupo de Trabalho objetivando estabelecer padrão de integração e compartilhamento de dados entre os órgãos do Ministério da Fazenda e dá outras providências. **Diário Oficial da União,** 08 out. 2018, seção 1, p. 53. Disponível em: <http://normas.receita.fazenda.gov.br/sijut2consulta/link.action?visao=anotado&idAto=95582>. Acesso em: 18 mar. 2021.

—. Portaria MF nº 457, de 08 de dezembro de 2016. Dispõe sobre a disponibilização de acesso, para terceiros, pelo Serviço Federal de Processamento de Dados, a dados e informações que hospeda, para fins de complementação de políticas públicas. **Diário Oficial a União,** 09 dez. 2016, seção 1, p. 102. Disponível em: http://normas.receita.fazenda.gov.br/sijut2consulta/link.action?idAto=92167 Acesso em: 22 jun. 2021.

—. Portaria RFB nº 4, de 22 de janeiro de 2021. Dispõe sobre o Protocolo de Auditabilidade da Administração Tributária e Aduaneira, utilizado para viabilizar o compartilhamento de dados e informações protegidos pelo sigilo fiscal. **Diário Oficial da União,** 28 jan. 2021, edição 19, seção 1, p. 49. Disponível em: https://www.in.gov.br/web/dou/-/portaria-rfb-n-4-de-22-de-janeiro-de-2021-301145163 Acesso em: 22 jun. 2021.

—. **Portaria RFB nº 551, de 30 de abril de 2013.** Dispõe sobre o tratamento de expedientes oriundos de outros órgãos, entidades, autoridades ou cidadãos utilizados para solicitar dados econômico-fiscais de contribuintes, análise de situação fiscal ou instauração de procedimento fiscal no âmbito da RFB, inclusive no que se refere à preservação do caráter sigiloso de informações protegidas por sigilo fiscal. Disponível em: https://www.gov.br/receitafederal/pt-br/assuntos/orientacao-tributaria/sigilo-fiscal/possibilidade-de-fornecimento-de-informacoes-protegidas-por-sigilo-fiscal-por-orgao-ou-autoridade-solicitante-ou-requisitante Acesso em: 25 maio 2021.

—. Portaria RFB nº 1639, de 22 de novembro de 2016. Estabelece procedimentos para disponibilização de dados de que trata o Decreto nº 8.789, de 29 de junho de 2016. **Diário Oficial da União,** 24 nov. 2016, seção 1, p. 19. Disponível em: http://normas.receita.fazenda.gov.br/sijut2consulta/link.action?visao=anotado&idAto=78818 Acesso em: 24 jun. 2021.

—. Portaria RFB nº 2344, de 24 de março de 2011. Disciplina o acesso a informações protegidas por sigilo fiscal constantes de sistemas informatizados da Secretaria da Receita Federal do Brasil. **Diário Oficial da União,** 28 mar. 2011, p. 33. Disponível em: http://normas.receita.fazenda.gov.br/sijut2consulta/link.action?visao=anotado&idAto=30552 Acesso em: 22 jun. 2021.

—. Portaria RFB nº 1.277, de 9 de julho de 2012. Delega competência para classificação de informação sigilosa, no grau de sigilo reservado, nos termos da Lei nº 12.527, de 18 de novembro de 2011. **Diário Oficial da União,** 11 jul. 2012, p. 18. Disponível em: http://normas.receita.fazenda.gov.br/sijut2consulta/link.action?visao=anotado&idAto=38336 Acesso em: 22 jun. 2021.

—. Portaria RFB nº 34, de 14 de maio de 2021. Dispõe sobre o compartilhamento de dados não protegidos por sigilo fiscal com órgãos e entidades da Administração Pública Federal direta, autárquica e fundacional e dos demais Poderes da União. **Diário Oficial da União,** 18 maio 2021, edição 92, seção 1, p. 65. Disponível em: https://www.in.gov.br/web/dou/-/portaria-n-34-de-14-de-maio-de-2021-320353196 Acesso em: 22 jun. 2021.

—. Portaria RFB nº 2189, de 06 de junho de 2017. Autoriza o Serviço Federal de Processamento de Dados a disponibilizar acesso, para terceiros, dos dados e informações que especifica. **Diário Oficial da União,** 08 jun. 2017, seção 1, p. 53. Disponível em: http://normas.receita.fazenda.gov.br/sijut2consulta/link.action?idAto=83517 Acesso em: 24 jun. 2021.

—. Portaria RFB nº 4.255, de 27 de agosto de 2020. Altera a Portaria RFB nº 2.189, de 6 de junho de 2017, que autoriza o Serviço Federal de Processamento de Dados (SERPRO) a disponibilizar acesso, para terceiros, dos dados e informações que especifica. **Diário Oficial da União,** 01 set. 2020, edição 168, seção 1, p. 14. Disponível em: https://www.in.gov.br/en/web/dou/-/portaria-n-4.255-de-27-de-agosto-de-2020-275154555 Acesso em: 22 jun. 2021.

—. Portaria RFB nº 1.750, de 12 de novembro de 2018. Dispõe sobre representação fiscal para fins penais referente a crimes contra a ordem tributária, contra a Previdência Social, e de contrabando ou descaminho, sobre representação para fins penais referente a crimes contra a Administração Pública Federal, em detrimento da Fazenda Nacional ou contra administração pública estrangeira, de falsidade de títulos, papéis e documentos públicos e de "lavagem" ou ocultação de bens, direitos e valores, e sobre representação referente a atos de improbidade administrativa. **Diário Oficial da União,** 14 nov. 2018, seção 1, p. 57. Disponível em: <http://normas.receita.fazenda.gov.br/sijut2consulta/link.action?visao=anotado&idAto=96434>. Acesso em: 22 maio 2021.

—. Portaria Conjunta TSE/SRF nº 74, de 10 de janeiro de 2006. Dispõe sobre o intercâmbio de informações entre o Tribunal Superior Eleitoral e a Secretaria da Receita Federal e dá outras providências. **Diário Oficial da União,** 12 jan. 2006, seção 1, p. 13. Disponível em: http://normas.receita.fazenda.gov.br/sijut2consulta/link.action?visao=anotado&idAto=22559. Acesso em: 20 jun. 2021.

—. **Projeto de Lei nº 1.147/2021.** Altera a Lei nº 13.988, de 14 de abril de 2020, para dispor sobre o tratamento de informações e dados fiscais sigilosos no âmbito da transação tributária. Disponível em: <https://www.camara.leg.br/proposicoesWeb/fichadetramitacao?idProposicao=2275978&fichaAmigavel=nao>. Acesso em: 10 jun. 2021.

—. **Projeto de LC nº 77/1999.** Altera dispositivos da Lei nº 5.172, de 25 de outubro de 1966 – Código Tributário Nacional. Disponível em: https://www.camara.leg.br/proposicoesWeb/fichadetramitacao?idProposicao=25745 ehttps://www.camara.leg.br/proposicoesWeb/prop_mostrarintegra?codteor=1233038&filename=Dossie+-PLP+77/1999 . Acesso em: 14 jan. 2021.

—. Receita Federal. Ministério da Economia. **Receita Data.** Disponível em: https://receita.economia.gov.br/dados/receitadata . Acesso em: 10 fev. 2021.

—. Receita Federal. Ministério da Economia. **Representações fiscais para fins penais encaminhadas ao Ministério Público,** 09 set. 2019. Disponível em: http://receita.economia.gov.br/sobre/acoeseprogramas/simplificacaotributaria/operacaodeflagrada/representacoes-fiscais-para-fins-penais-enviadas-ao-mpf-ate-31082019-c-capa.pdf. Acesso em: 6 jun. 2021.

—. Receita Federal. **Requisições judiciais,** 27 nov. 2020. Disponível em: https://www.gov.br/receitafederal/pt-br/assuntos/orientacao-tributaria/sigilo-fiscal/requisicoes-judiciais. Acesso em: 23 maio 2021.

—. Receita Federal. **Solicitações de autoridade administrativa,** 27 nov. 2020. Disponível em: https://www.gov.br/receitafederal/pt-br/assuntos/orientacao-tributaria/sigilo-fiscal/solicitacoes-de-autoridade-administrativa Acesso em: 23 maio 2021.

—. Receita Federal. **Aspectos gerais sobre o sigilo fiscal,** 27 nov. 2020. Disponível em: https://www.gov.br/receitafederal/pt-br/assuntos/orientacao-tributaria/sigilo-fiscal/aspectos-gerais-sobre-o-sigilo-fiscal . Acesso em: 23 maio 2021.

—. Receita Federal. **Lista de RFFP's enviadas ao Ministério Público no período de 14.11.2018 a 30.04.2021.** Disponível em: https://www.gov.br/receitafederal/ptbr/acessoainformacao/acoeseprogramas/combate-a-ilicitos/fraude-tributaria/operacaodeflagrada/rffp-enviadas-ao-ministerio-publico-2021-04.pdf >. Acesso em: 22 maio 2021.

—. Receita Federal. **Manual eletrônico do sigilo fiscal (e-MSF).** Disponível em: <https://www.gov.br/receitafederal/pt-br/assuntos/orientacao-tributaria/sigilo-fiscal > Acesso em: 22 jun. 2021.

—. Receita Federal. **Exceções ao sigilo fiscal – § 3º do art. 198 do CTN,** 27 mov. 2020. Disponível em: https://www.gov.br/receitafederal/pt-br/assuntos/orientacao-tributaria/sigilo-fiscal/excecoes-ao-sigilo-fiscal-paragrafo-3-do-art-198-do-CTN. Acesso em: 6 jun. 2021.

—. Receita Federal. **Possibilidade de fornecimento de informações protegidas por sigilo fiscal por órgão ou autoridade solicitante ou requisitante,** 27 nov. 2020. Disponível em: https://www.gov.br/receitafederal/pt-br/assuntos/orientacao-tributaria/sigilo-fiscal/possibilidade-de-fornecimento-de-informacoes-protegidas-por-sigilo-fiscal-por-orgao-ou-autoridade-solicitante-ou-requisitante. Acesso em: 5 jun. 2021.

—. Receita Federal. **Orientação Tributária.** Disponível em: https://www.gov.br/receitafederal/pt-br/assuntos/orientacao-tributaria/sigilo-fiscal/AGU Acesso em: 24 jun. 2021.

—. Receita Federal. **Órgãos e entidades da Fazenda Pública,** 27 nov. 2020. Disponível em: https://www.gov.br/receitafederal/pt-br/assuntos/orientacao-tributaria/sigilo-fiscal/orgaos-e-entidades-da-fazenda-publica . Acesso em: 17 jun. 2021.

—. **REsp nº 1.134.665,** Rel. Min. Luiz Fux, 1ª Seção, DJe 18.12.2009. Disponível em: https://stj.jusbrasil.com.br/jurisprudencia/6205885/recurso-especial-resp-1134665-sp-2009-0067034-4/inteiro-teor-12336159 Acesso em: 24 jun. 2021.

—. SERPRO. **Receita Federal do Brasil.** Disponível em: https://intra.serpro.gov.br/sobre/lei-de-acesso-a-informacao-1/perguntas-frequentes/respostas/receita-federal-do-brasil Acesso em: 22 jun. 2021.

—. SERPRO. **Notícias.** Serpro desenvolve rede BlockChain para a Receita Federal. Disponível em: https://www.serpro.gov.br/menu/imprensa/Releases/serpro-desenvolve-rede-blockchain-para-a-receita-federal Acesso em: 23 nov. 2020.

—. SERPRO. **Conheça as vantagens da consulta NF-E.** Disponível em: https://www.loja.serpro.gov.br/consultanfe. Acesso em: 20 jan. 2021.

—. SERPRO. **Notícias.** Data Lake Serpro: uma nova forma de prover políticas públicas para a sociedade. Disponível em: <https://serpro.gov.br/menu/noticias/noticias-2018/data-lake-serpro-uma-nova-forma-de-prover-politicas-publicas-para-a-sociedade >. Acesso em: 16 maio 2021.

—. SERPRO. **Notícias.** Serpro implanta Data Lake para PGFN. Disponível em: <https://www.serpro.gov.br/menu/noticias/noticias-2020/serpro-implanta-data-lake-para-pgfn>. Acesso em: 16 maio. 2021.

—. **Solução de Consulta Interna COSIT nº 2, de 26 de fevereiro de 2018.** Normas Gerais de Direito Tributário. Disponível em: http://normas.receita.fazenda.gov.br/sijut2consulta/link.action?idAto=90415&visao=anotado. Acesso em: 22 maio 2021.

—. **Solução de Consulta Interna COSIT nº 24, de 12 de novembro de 2012.** Contribuições sociais previdenciárias, 20 nov. 2012. Disponível em: <http://normas.receita.fazenda.gov.br/sijut2consulta/link.action?idAto=50706&visao=anotado>. Acesso em: 4 jun. 2021.

—. STF, **ADI nº 2386,** Distrito Federal, Rel. Min. Sepúlveda Pertence, DJ 02/10/2001 PP-00033 Julgamento 24 de Setembro de 2001. Disponível em: https://stf.jusbrasil.com.br/jurisprudencia/14818483/acao-direta-de-inconstitucionalidade-adi-2386-df-stf Acesso em: 24 jun. 2021.

—. STF, **ADI nº 2387**, Rel. Min. DJ 05-12-2003 PP-00018 EMENT VOL-02135-06 PP-01037 Julgamento 21 de Fevereiro de 2001. Disponível em: https://stf.jusbrasil.com.br/jurisprudencia/778024/acao-direta-de-inconstitucionalidade-adi-2387-df Acesso em: 24 jun. 2021.

—. STF, **ADI nº 2.390**, Distrito Federal (Plenário), Rel. Min. Menezes Direito,DJe-036 DIVULG 28/02/2008 PUBLIC 29/02/2008 Julgamento 25 de Fevereiro de 2008. Disponível em: https://stf.jusbrasil.com.br/jurisprudencia/14774527/acaodiretade inconstitucionalidade-adi-2390-df-stf Acesso em: 24 jun. 2021.

—. STF, **ADI nº 6387/DF**, Rel. Min. Rosa Weber, Tribunal Pleno, julgado em 7 maio 2020, processo eletrônico – mérito dje-270, divulg. 11 nov. 2020, pub. 12 nov. 2020. Disponível em: https://redir.stf.jus.br/paginadorpub/paginador.jsp?docTP=TP&docID=754357629 Acesso em: 24 jun. 2021.

—. STF, **ADI nº 6388/DF**, Rel. Min. Rosa Weber, Tribunal Pleno, julgado em 7 maio 2020, processo eletrônico – mérito dje-270, divulg. 11 nov. 2020, pub. 12 nov. 2020. Disponível em: http://portal.stf.jus.br/noticias/verNoticiaDetalhe.asp?idConteudo=442823&tip=UN Acesso em: 24 jun. 2021.

—. STF, **ADI nº 6389/DF**, Rel. Min. Rosa Weber, Tribunal Pleno, julgado em 7 maio 2020, processo eletrônico – mérito dje-270, divulg. 11 nov. 2020, pub. 12 nov. 2020. Disponível em: https://portal.stf.jus.br/processos/detalhe.asp?incidente=5895168 Acesso em: 24 jun. 2021.

—. STF, **ADI nº 6390/DF**, Rel. Min. Rosa Weber, Tribunal Pleno, julgado em 7 maio 2020, processo eletrônico – mérito dje-270, divulg. 11 nov. 2020, pub. 12 nov. 2020. Disponível em: http://portal.stf.jus.br/processos/detalhe.asp?incidente=2190442 Acesso em: 24 jun. 2021.

—. STF, **ADI nº 6393/DF**, Rel. Min. Rosa Weber, Tribunal Pleno, julgado em 7 maio 2020, processo eletrônico – mérito dje-270, divulg. 11 nov. 2020, pub. 12 nov. 2020. Disponível em: http://portal.stf.jus.br/processos/detalhe.asp?incidente=2190442 Acesso em: 24 jun. 2021.

—. STF, **Medida Cautelar na ADI nº 6.529**, Distrito Federal. (Plenário) Rel. Min. Cármen Lúcia, 13 ago. 2020. Disponível em: https://redir.stf.jus.br/paginadorpub/paginador.jsp?docTP=TP&docID=754105657 Acesso em: 24 jun. 2021.

—. STF. **ACO nº 1.271/RJ**, Rel. Min. Joaquim Barbosa, Tribunal Pleno, julgado em 12 fev. 2014, processo eletrônico – mérito dje-213, divulg. 29 out. 2014, pub. 30 out. 2014, p. 7. Disponível em: https://redir.stf.jus.br/paginadorpub/paginador.jsp?docTP=TP&docID=7065977 Acesso em: 22 jun. 2021.

—. STF, **RE nº 389.808/PR**, Rel. Min. Marco Aurélio, Tribunal Pleno, julgado em: 15 dez. 2010, mérito dje-86, divulg. 9 maio 2011, pub. 10 maio 2011. Disponível em: https://stf.jusbrasil.com.br/jurisprudencia/19735568/recurso-extraordinario-re389808-pr Acesso em: 22 jun. 2021.

—. STF, **RE nº 468.523/SC**, Rel. Min. Ellen Gracie, Segunda Turma, julgado em 1º dez. 2009, processo eletrônico – mérito dje-030, divulg. 18 fev. 2010, pub. 19 fev. 2010. Disponível em: https://stf.jusbrasil.com.br/jurisprudencia/7243103/recurso-extraordinario-re-468523-sc/inteiro-teor-102303048?ref=juris-tabs Acesso em: 22 jun. 2021.

—. STF, **RE nº 601.314,** Rel. Ministro Edson Fachin, Repercussão Geral, Tribunal Pleno, DJe de 15/9/2016. Disponível em: http://www.stf.jus.br/portal/jurisprudenciaRepercussao/verAndamentoProcesso.asp?incidente=2689108&numeroProcesso=601314&classeProcesso=RE&numeroTema=225 Acesso em: 22 jun. 2021.

—. STF, **RE nº 673.707/MG**, Rel. Min. Luiz Fux, Tribunal Pleno, julgado em 17 jun 2015, processo eletrônico repercussão geral – mérito dje-195, divulg. 29 set. 2015, pub. 30 set. 2015. Disponível em: https://redir.stf.jus.br/paginadorpub/paginador.jsp?docTP=TP&docID=9487405 Acesso em: 24 jun. 2021.

—. STF, **RE nº 1.055.941/SP**, Rel. Min. Dias Toffoli, Tribunal Pleno, julgado em 4 dez. 2019, processo eletrônico repercussão geral – mérito dje-243, divulg. 5 out. 2020, pub. 6 out. 2020, p. 2877. Disponível em: https://redir.stf.jus.br/paginadorpub/paginador.jsp?docTP=TP&docID=754018828 Acesso em: 22 jun. 2021.

—. STF, **RE nº 1.296.829/RS,** Rel. Min. Ricardo Lewandowski. Disponível em: https://portal.stf.jus.br/processos/detalhe.asp?incidente=6038370 Acesso em: 24 jun. 2021.

—. STF, **Referendo na Medida Cautelar na ADI nº 6.387**, Distrito Federal (Plenário), Rel. Min. Rosa Weber. Disponível em: https://redir.stf.jus.br/paginadorpub/paginador.jsp?docTP=TP&docID=754357629 Acesso em: 24 jun. 2021.

—. STF, **Ministro apresenta proposta de teses de repercussão geral sobre compartilhamento de dados da UIF e da Receita Federal,** 21 nov. 2019. Disponível em: https://portal.stf.jus.br/noticias/verNoticiaDetalhe.asp?idConteudo=430386&ori=1 Acesso em: 24 jun. 2021.

—. STF, **Compartilhamento de dados telefônicos com IBGE e medidas emergenciais estão na pauta desta quarta-feira (6),** 06 maio 2020. Disponível em: https://portal.stf.jus.br/noticias/verNoticiaDetalhe.asp?idConteudo=442727&ori=1 Acesso em: 24 jun. 2021.

—. STF, **Súmula Vinculante nº 24.** Não se tipifica crime material contra a ordem tributária, previsto no art. 1º, incisos I a IV, da Lei 8.137/1990, antes do lançamento definitivo do tributo. Disponível em: http://www.stf.jus.br/portal/jurisprudencia/menuSumario.asp?sumula=1265 Acesso em: 24 jun. 2021.

—. STJ, **Recurso Especial nº 1.220.307/SP**, Rel. Min. Aldir Passarinho Júnior, Quarta Turma, julgado em 17 mar. 2011, divulg. 22 mar. 2011, pub. 23 mar. 2011. Disponível em: https://stj.jusbrasil.com.br/jurisprudencia/18659433/recurso-especial-resp-1220307-sp-2010-0192022-8/inteiro-teor-18659434 Acesso em: 22 jun. 2021.

—. STJ, **Recurso em Mandado de Segurança nº 52.818/SP**, Rel. Min. Felix Fischer, Quinta Turma. Disponível em: https://stj.jusbrasil.com.br/jurisprudencia/549098788/recurso-em-mandado-de-seguranca-rms-52818-sp-2016-0338283-0 Acesso em: 24 jun. 2021.

—. TCU, **Acórdão nº 1174/2019,** Rel. Marcos Bemquerer, Julgamento 26 de Fevereiro de 2019. Disponível em: https://tcu.jusbrasil.com.br/jurisprudencia/682195960/reforma-refo-4181720184 Acesso em: 24 jun. 2021.

—. TCU, (Plenário). **TC nº 021.258/2018-0.** Rel. Min. Raimundo Carreiro, em 22 de maio de 2019.

—. TCU, (Plenário). **TC nº 005.576/2019-9.** Rel. Min. Bruno Dantas, em 12 de agosto de 2020.

BRESSER-PEREIRA, Luiz Carlos. A crise financeira de 2008. **Revista de Economia Política,** v. 29, n. 1 (113), p. 133-149, jan./mar. 2009.

BUCCI, Maria Paula Dallari. **Fundamentos para uma teoria jurídica das políticas públicas**. São Paulo: Saraiva, 2013.

BUHL, Hans Ulrich et al. Big Data: A fashionable topic with(out) sustainable relevance for research and practice?. **Business & Information Systems Engineering**. v. 5, p.65-69, mar. 2013, p. 68. Disponível em: <https://fim-rc.de/Paperbibliothek/Veroeffentlicht/0001/wi-0001.pdf>. Acesso em: 31 maio 2021.

CARVALHO FILHO, José dos Santos. **Manual de direito administrativo**. 33. ed. São Paulo: Atlas, 2019.

CIAT. Centro Interamericano de Administraciones Tributarias. **Las TIC como herramienta estratégica para potenciar la eficiência de las administraciones tributarias.** 2020. p. 185. Disponível em: < https://biblioteca.ciat.org/opac/book/5731>. Acesso em: 16 maio 2021.

COCKFIELD, Arthur J. How countries should share tax information. **Vanderbilt Journal of Transational Law,** v. 50, n. 5, p. 1091-1132, 2017.

CORNELL LAW SCHOOL. **Legal Information Institute**. Disponível em: https://www.law.cornell.edu/uscode/text/26/6103. Acesso em: 18 out. 2020.

CORREIA NETO, Celso de Barros; MÜLLER, Rebeca Drummond de Andrade. Faltam parâmetros para compartilhar informações entre Fisco e MP. **Consultor Jurídico,** 14 set. 2019. Disponível em: <https://www.conjur.com.br/2019-set-14/faltam-parametros-compartilhamento-informacoes-entre-fisco-ministerio-publico >. Acesso em: 14 fev. 2021.

—; AFONSO, José Roberto R.; FUCK, Luciano Felício. Desafios Tributários na Era Digital. In: AFONSO, José R.; SANTANA, Hadassah L. (Coord.). **Tributação 4.0**. São Paulo: Almedina, 2020.

COSTA, Regina Helena. **Princípio da capacidade contributiva**. São Paulo: Malheiros, 1993.

DAURO, Maximiliano. La protección de datos personales en la actividad financeira. In: TRAVIESO, Juan Antonio (Coord.). **Regimén Jurídico de los Datos Personales**. Buenos Aires: Abeledo Perrot, 2014, v. 2.

DENNINGER, Erhard. Die Trennung von Verfassungsschutz und Polizei und das Grundrecht auf informationelle Selbstbestimmung. **Kritische Justiz**, v. 18, n. 3, p. 215-244, 1985. Disponível em: < www.jstor.org/stable/23996361 >. Acesso em 10 jun. 2021.

DONEDA, Danilo. A LGPD como elemento estruturante do modelo brasileiro de proteção de dados. In: MENDES, Laura; DONEDA, Danilo; CUEVA, Ricardo Villas Bôas. **Lei Geral de proteção de dados (Lei nº 13.709/2018):** a caminho da efetividade. São Paulo: RT, 2020.

ESTADO DO RIO DE JANEIRO. Tribunal de Justiça do Estado do Rio de Janeiro. **Notícia:** Ministro Ayres Brito ministra aula inaugural na EMERJ, 01 fev. 2013. Disponível em: http://www.tjrj.jus.br/noticias/noticia/-/visualizar-conteudo/5111210/5148471 Acesso em: 22 jun. 2021.

—. **Decreto nº 46.902 de 14 janeiro de 2020.** Regulamenta a aplicação do art. 6º da Lei Complementar Federal nº 105/2001, relativamente à requisição, acesso e uso, pela Receita Estadual do Rio de Janeiro, de dados e informações referentes a operações de usuários de serviços das instituições financeiras e das entidades a ela equiparadas. Disponível em: https://www.normasbrasil.com.br/norma/decreto-46902-2020-rj_388824.html Acesso em: 24 jun. 2021.

EXPOSIÇÃO DE MOTIVOS: **Anteprojeto de Lei de Proteção de Dados para segurança pública e persecução penal.** Disponível em: <https://static.poder360.com.br/2020/11/DADOS-Anteprojeto-comissao-protecao-dados-seguranca-persecucao-FINAL.pdf>. Acesso em: 16 jan. 2021.

FERRAZ JÚNIOR, Tércio Sampaio. Sigilo de dados: o direito à privacidade e os limites à função fiscalizadora do Estado. **Revista da Faculdade de Direito, Universidade de São Paulo**, São Paulo, p. 439-459, 1993.

—. **Introdução ao Estudo de Direito:** técnica, decisão, dominação. 10. ed. São Paulo: Saraiva, 2018.

—. O acesso a dados sigilosos e o direito à privacidade contra o Estado. In: SARAIVA FILHO, Oswaldo Othon de Pontes. (Coord.). **Direitos Fundamentais dos contribuintes:** homenagem ao jurista Gilmar Ferreira Mendes. São Paulo: Almedina, 2021.

—. **Interesse público.** [Blog]. Disponível em: <https://www.terciosampaioferrazjr.com.br/publicacoes/interesse-publico>. Acesso em: 4 jun. 2021.

FIGUEIREDO, Gustavo Henrique de Britto. Um novo paradigma na auditoria em meio digital. In: SECRETARIA DA RECEITA FEDERAL DO BRASIL. **Prêmio de Criatividade e Inovação Auditor-Fiscal da Receita Federal do Brasil José Antônio Schöntag.** 7. ed. Brasília: RFB, 2010, p. 15-54.

FUCK, Luciano Felício. **Estado Fiscal e Supremo Tribunal Federal.** São Paulo: Saraiva, 2017.

GRECO, Luís; LEITE, Alaor. Discussão do Supremo sobre caso COAF joga luz em lacuna legislativa. **Folha de S. Paulo,** 19 nov. 2019. Disponível em: https://www1.folha.uol.com.br/poder/2019/11/discussao-do-supremo-sobre-caso-coaf-joga-luz-em-lacuna-legislativa.shtml . Acesso em: 15 fev. 2021.

HOLMES, Stephen; SUNSTEIN, Cass, **The Cost of Rights:** Why Liberty Depends on Taxes. New York and London: W. M. Norton, 1999.

HORNUNG, Gerrit; SCHNABEL, Christoph. Data protection in Germany I: The population census decision and the right to informational self-determination. **Computer Law & Security Review,** v. 25, n. 1, p. 84-88, 2009.

JAMBEIRO, Jorge. A história do Sisam como a Vivi. **6º Concurso de Histórias de Trabalho da Receita federal do Brasil**, 2015. Disponível em: <https://bityli.com/yud8j> e < https://bityli.com/S71jM >. Acesso em: 2 fev. 2021.

KELSEN, Hans. **Teoria pura do direito**. 6. ed. São Paulo: Martins Fontes, 1999.

KÖCHE, Rafael. Inteligência artificial a serviço da fiscalidade: Sistema de seleção aduaneira por aprendizado de máquina (SISAM). In: MACHADO, Hugo de Brito (Coord.). **Tributação e novas tecnologias**. São Paulo: Editora Foco, 2021.

LIMA, Claudia Risso de Araujo et al. **Revisão das dimensões de qualidade dos dados e métodos aplicados na avaliação dos sistemas de informação em saúde**. Disponível em: <https://doi.org/10.1590/S0102-311X2009001000002>. Acesso em: 2 jun. 2021.

MACIEL, Everardo. Tópicos de administração tributária. In: VASCONCELLOS, Roberto França de (Coord.). **Política fiscal**. Série GVLaw. 2. ed. São Paulo: Saraiva, 2016.

MARANHÃO, Juliano; CAMPOS, Ricardo. A divisão informacional de poderes e o cadastro base do cidadão. **JOTA,** 18 out. 2019. Disponível em: <https://www.jota.info/opiniao-e-analise/artigos/a-divisao-informacional-de-poderes-e-o-cadastro-base-do-cidadao-18102019#sdfootnote4anc >. Acesso em: 10 fev. 2021.

MARTINS, Ives Gandra da Silva. **O sistema tributário na Constituição**. 6. ed. São Paulo: Saraiva, 2007.

—; MENDES, Gilmar Ferreira. Sigilo bancário, direito de autodeterminação sobre informações e princípio da proporcionalidade. **Repertório IOB de jurisprudência:** tributário e constitucional. 2ª quinzena de dezembro de 1992, p. 435-438, n. 24, 1992.

MARTINS, Leonardo. **Cinquenta anos de jurisprudência do Tribunal Constitucional Federal Alemão.** Uruguai: Fundação Konrad Adenauer, 2005.

—. **Tribunal Constitucional Federal alemão. Volume I:** Dignidade humana, livre desenvolvimento da personalidade, direito fundamental à vida e à integridade física, igualdade. São Paulo: Fundação Konrad Adenauer Stiftung, 2016.

MENDES, Gilmar Ferreira. **Controle de Constitucionalidade:** aspectos jurídicos e políticos. São Paulo: Saraiva, 1990.

—. **Jurisdição Constitucional:** o controle abstrato de normas no Brasil e na Alemanha. 5. ed. São Paulo: Saraiva, 2005.

—; CORREIA NETO, Celso Correia. Transparência fiscal. In: MARTINS, Ives Gandra da Silva; MENDES, Gilmar Ferreira; NASCIMENTO, Carlos Valder do. **Tratado de direito financeiro.** São Paulo: Saraiva, 2013.

MENDES, Gilmar Ferreira; BRANCO, Paulo Gustavo Gonet. **Curso de direito constitucional**. 7. ed. São Paulo: Saraiva, 2012.

MENDES, Laura Schertel. **Transparência e privacidade:** violação e proteção da informação pessoal na sociedade de consumo. 2008. 156 f. Dissertação (Mestrado em Direito)--Universidade de Brasília, Brasília, 2008. Disponível em: https://repositorio.unb.br/handle/10482/4782 Acesso em: 24 jun. 2021.

—. Autodeterminação informativa: a história de um conceito. **Revista de Ciências Jurídicas Pensar,** Fortaleza, v. 25, n. 4, p. 01-18, out./dez., 2020. Disponível em: <https://doi.org/10.5020/2317-2150.2020.10828>. Acesso em: 10 jun. 2021.

NABAIS, José Casabalta. **O dever fundamental de pagar impostos:** Contributo para a compreensão constitucional do estado fiscal contemporâneo. 3ª Reimpressão. Coimbra: Almedina, 2012.

NEAR-lab. **Separação de Poderes Informacional.** Disponível em: https://near-lab.com/2020/10/04/separacao-de-poderes-informacional/#_ftn7. Acesso em: 20 jun. 2021.

NEWS EUROPEAN PARLIAMENT. **Ending EU citizens' bank secrecy in Switzerland,** 27 out. 2015. Disponível em: https://www.europarl.europa.eu/news/en/press-room/20151022IPR98809/ending-eu-citizens-bank-secrecy-in-switzerland Acesso em: 22 jun. 2021.

OBERSON, Xavier. **International exchange of information in tax matters:** Towards global transparency. UK: Elgar, 2015.

OECD. **Improving access to bank information for tax purposes:** The 2007 progress report. 2007. Disponível em: <https://read.oecd-ilibrary.org/taxation/improving accesstobankinformationfortaxpurposes_9789264014268-en#page4 >. Acesso em: 11 maio 2021.

—. **Global Forum on Transparency and Exchange of Information for Tax Purposes.** Disponível em: https://www.oecd.org/tax/transparency/ . Acesso em: 11 maio 2021.

—. **Mission and impact.** Disponível em: https://www.oecd.org/tax/beps/about/#mission-impact. Acesso em: 11 maio 2021.

—. **The OECD privacy framework.** 2013. Disponível em <https://www.oecd.org/sti/ieconomy/oecd_privacy_framework.pdf >. Acesso em: 12 maio. 2021.

—. **Recommendation of the council concerning guidelines governing the protection of privacy and transborder flows of personal data.** 2020. Disponível em:<https://www.oecd.org/sti/ieconomy/oecdguidelinesontheprotectionofprivacyandtransborder flowsofpersonaldata.htm>. Acesso em: 12 maio. 2021.

—. **Confidentiality of Tax Information.** Disponível em: http://www.tiwb.org/get-involved/host-administration/confidentiality-of-taxinformation/>. Acesso em: 10 fev. 2021.

—. **Tax Administration 3.0:** The Digital Transformation of Tax Administration. Paris: OECD publishing, 2020. Disponível em: <https://www.oecd.org/tax/forum-on-tax-administration/publications-and-products/tax-administration-3-0-the-digital-transformation-of-tax-administration.pdf >. Acesso em: 2 jun. 2021.

—. **The era of bank secrecy is over:** The G20/OECD process is delivering results, 26 out. 2011. Disponível em: <https://www.oecd.org/ctp/exchange-of-tax-information/48996146.pdf>. Acesso em: 1º maio. 2021.

OGUTTU, Annet Wanyana. **International Tax Law:** Offshore tax avoidance in South Africa. Cidade do Cabo: Juta, 2015.

PAGE, Edward C. **The Oxford Handbook of public policy.** Oxford University Press. Oxford, 2006.

QUEIROZ, Rafael Mafei Rabelo; PONCE, Paula Pedigoni. Tércio Sampaio Ferraz Júnior e Sigilo de dados: o direito à privacidade e os limites à função fiscalizadora do Estado: o que permanece e o que deve ser reconsiderado. **Internet&Sociedade,** São Paulo, n. 1, v.1, p. 64-90, fev. 2020.

REALE, Miguel. **Lições preliminares de Direito**. 27. ed. Saraiva: São Paulo, 2002.

REVISTA CONJUR. **Anteprojeto de lei disciplina proteção de dados em investigações criminais,** 31 out. 2020. Disponível em: <https://www.conjur.com.br/2020-out-31/anteprojeto-disciplina-protecao-dados-investigacoes-criminais>. Acesso em: 25 nov. 2020.

RITSCHL, Albrecht. Fiscal destruction: confiscatory taxation of jewish property and income in nazi germany. **Discussion Paper Series**. 2019. Disponível em: <https://repec.cepr.org/repec/cpr/ceprdp/DP13594.pdf >. Acesso em: 5 jun. 2021.

ROCHA, Sérgio André. **Política fiscal internacional brasileira**. Rio de Janeiro: Lumen Juris, 2017.

ROSS, Alec. **The industries of the future**. Nova York: Simon & Schuster Paperbacks, 2016.

RUSCHEMEIER, Hannah. Eingriffsintensivierung durch Technik: Der Beschluss des Bundesverfassungsgerichts zum Antiterrordateigesetz II. **Verfassungsblog:** On matters constitutional. 16 dez. 2020. Disponível em: <https://verfassungsblog.de/eingriffsintensivierung-durch-technik/ >. Acesso em 13 jun. 2021.

SANTI, Eurico Marcos Diniz de. O sigilo e a Lei Tributária: Transparência, Controle da Legalidade, Direito à Prova e a Transparência do Sigilo Bancário para Administração Tributária na Constituição e na Lei Complementar nº 105/2001. In: PISCITELLI, Tathiane. (Org.). **Direito Tributário** – o Direito Tributário na Prática Dos Tribunais Superiores – Série Gvlaw. São Paulo: Saraiva, 2013, v. 1.

SARLET, Ingo Wolfgang. Proteção de dados pessoais como direito fundamental na Constituição Federal brasileira de 1988: contributo para a construção de uma dogmática constitucionalmente adequada. **Direitos Fundamentais & Justiça**, Belo Horizonte, ano 14, n. 42, p. 179-218, jan./jun. 2020.

SCARCELLA, Luisa. Tax compliance and privacy rights in profiling and automated decision making. **Internet Policy Review,** v.8. Issue 4, 2019.

SCHERTEL, Laura; DONEDA, Danilo. Reflexões iniciais sobre a nova lei geral de proteção de dados. **Revista dos Tribunais – Revista de Direito do Consumidor**, v. 120, p. 469-483, 2018.

SCHWAB, Klaus. **Aplicando a quarta revolução industrial**. São Paulo: Edipro, 2018.

SEER, Roman. Proteção de dados e tributação na Alemanha: repercussões do Regulamento Geral sobre Proteção de Dados. **Revista Jurídica da Presidência**. Trad. Diogo Brandau Signoretti. Brasília, v.22, n.126, p. 20-47, fev./maio. 2020.

SEGUNDO, Hugo de Brito Machado. **Código Tributário Nacional:** anotações à Constituição, ao Código Tributário Nacional e às leis complementares 87/1996 e 116/2003. 4. ed. São Paulo: Atlas, 2014.

—. Autorizou-se a quebra do sigilo bancário: e agora?. **Consultor Jurídico,** 11 dez. 2019. Disponível em: <https://www.conjur.com.br/2019-dez-11/consultor-tributario-autorizou-quebra-sigilo-bancario-agora>. Acesso em: 13 fev. 2021.

—. Tributação e Inteligência Artificial. **4º Aniversário da RJLB**, n. 1, p. 1, 2020. Disponível em: <https://www.cidp.pt/revistas/rjlb/2020/1/2020_01_0057_0077.pdf>. Acesso em: 5 mar. 2021.

SLOOT, B. van der. Do privacy and data protection rules apply to legal persons and should they? A proposal for a two-tired system. **Computer Law & Security Review,** 2015, p. 26-45. Disponível em: < https://doi.org/10.1016/j.clsr.2014.11.002 >. Acesso em: 6 jan. 2021.

TAKANO, Caio Augusto. Compliance tributário e os impactos da Lei Geral de Proteção de Dados – LGPD na proteção de dados dos contribuintes. In: MARTINS, Ives Gandra da Silva; MARTINS, Rogério Vidal Gandra da Silva (Coord.). **Compliance no Direito Tributário**. São Paulo: RT, 2020.

TAYLOR, John. **Global financial Warriors:** the untold story of international finance in the post-9/11 world. Nova York: W.W. Norton, 2007.

THURAISINGHAM, Bhavani. Data mining, national security, privacy and civil liberties. **ACM SIGKDD Explorations Newsletter**, v. 4, n. 2, p. 1-5, 2002. Disponível em: https://dl.acm.org/doi/10.1145/772862.772863 . Acesso em 10 jan. 2021.

TONELLI JR., Renato Rodolfo. **A troca internacional de informações em matéria tributária e a cláusula due processo of law:** uma análise do contexto brasileiro. Porto Alegre: Núrua Fabris, 2017.

TORRES, Heleno Taveira. Comentário ao artigo 145. In: CANOTILHO, J.J. Gomes et al. **Comentários à Constituição do Brasil**. São Paulo: Saraiva/Almedina, 2013.

UNIÃO EUROPEIA. **Regulamento Geral sobre Proteção de Dados (RGPD).** Disponível em: https://eur-lex.europa.eu/legal-content/EN/TXT/?uri=CELEX%3A02016R0679-20160504&qid=1532348683434 Acesso em: 19 jan. 2021.

VALOR ECONÔMICO. **TRF nega à Receita Federal acesso a informação de arbitragens**, 9 de março de 2020. Disponível em: <https://valor.globo.com/legislacao/noticia/2020/03/09/trf-nega-a-receita-federal-acesso-a-informacoes-de-arbitragens.ghtml>. Acesso em: 10 jun. 2021.

WANG, John; HU, Xiaohua; ZHU, Dan. Data mining in Public Administration. In: RAHMAN, Hakikur (Coord.). **Social and Political Inplications of Data Mining:** Knowledge Management in E-Government. New York: Information Science Reference, 2009.

WARREN, Samuel D; BRANDEIS, Louis D. The right to privacy. **Harvard Law Review**, v. 5, n. 5, p. 193, 1890. Disponível em: <http://links.jstor.org/sici?sici=0017811X%2818901215%294%3A5%3C193%3ATRTP%3E2.0.CO%3B2-C>. Acesso em: 2 jun. 2021.

WIMMER, Miriam. Regime Jurídico do Tratamento de Dados Pessoais pelo Poder Público. In: DONEDA, Danilo et al. **Tratado da Proteção de dados no Brasil, no Direito Estrangeiro e Internacional.** [No prelo].

WÖHRER, Viktoria. **Data Protection and Taxpayers' Rights:** Challenges Created by Automatic Exchange of Information. Amsterdam: IBFD, 2018.

WOLTER, Jürgen. **O inviolável e o intocável no direito processual penal:** reflexões sobre dignidade humana, proibições de prova, proteção de dados (e separação informacional de poderes) diante da persecução penal. Trad. Luís Greco, Alaor Leite, Eduardo Viana. São Paulo: Marcial Pons, 2018.